A STUDY ON BASIC PEOPLE'S
COURT OF NORTHWESTERN CHINA

变迁社会中的
西北基层人民法院

IN
A TRANSFORMING SOCIETY

韩宝 著

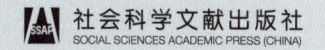

社会科学文献出版社
SOCIAL SCIENCES ACADEMIC PRESS (CHINA)

每一历史时代主要的经济生产方式和交换方式以及必然由此产生的社会结构,是该时代政治的和精神的历史所赖以确立的基础。

——《共产党宣言》1888年英文版序言

无论在当下还是在其他任何时候,法律发展的重心不在立法,不在法学,也不在司法,而在社会本身。

——〔奥〕欧根·埃利希(Eugen Ehrlich,1862~1922)

序

　　一直以来，韩宝都始终将其学术研究的聚焦点投向西北的基层司法。尽管其研究所关注的问题具有明显的延续性，但显然地，他的思考已具有更敏锐的触角、更开阔的视域以及更深沉的探究。阅读他的书稿，我自然而然地有着一种心有灵犀的感慨，于我而言，于他而言，一直关注着中国司法的运作样态，虽然角度有所不同，也深知诸多的考量和建言未必能够被认同，诸多的问题或许可能是无解的或极为难解的，却仍然固执地、持续地希冀呈现自己的思考，这或许也是作为法律人一厢情愿的一种责任感吧。

　　变迁的中国社会面临着极为复杂的司法差序格局，尽管司法改革的步伐不曾放慢过，但固有的问题似乎不断地处于困顿徘徊甚或是更为窘迫的状态中，这于基层的司法尤其是西北基层的司法可能尤为彰显。近时期的诸多改革，实际上是在一个科层结构固化甚而强化的同时不断向下释放案件压力的过程。客观而言，基层人民法院所承受的各种压力或许已达到了临界点，但无论是在人力资源上或是经济资源上却没有得到应有的倾斜，由此造就了"局促的基层司法"。而于西北的基层司法而言，由于其所处的地域在国家政治、经济以及文化等方面均不占优势，其所需要面对的窘境以及可能化解的路径则更易被忽略。有如韩宝所言，就我国司法的整体布局而言，制度似乎没有太多考虑基层司法的实际能量和它的重要意义。基层法院尽管有着相当的数量，但在整体的政治框架体系以及司法机制的金字塔中却有意无意地被淹没了。同时，尽管多年以来，我们不断地在宏观层面倡导更为多元的纠纷解决模式，但却极少真正关照因为地域的特质而呈现出的不同程度的基层司法的差异格局，对于基层司法的实践困境亦多有忽略。

西北的基层司法因其地理位置的特别而具有特殊性，而其"司法机能的发挥将主要依赖于何以在具体的空间范围内更好地实现司法的公平与正义。申言之，在大国的司法实践中如何才能更好地关注到因为地理等方面的差异而出现的实质性差异。解决的方向在于是减少与统一这些差异还是尊重与化解这些差异"。在韩宝看来，更多的尊重、更理性的包容、恰当而必要的分层治理都是对西北基层司法更为客观的认知。同时，西北基层司法所呈现的诸多问题亦同样包容了绝大多数基层司法的共性表征，例如，有限的司法资源面对案件数量不断增长的无力、专业与社会智识储备在应对日益多元矛盾中的不敷、宏大的法律叙事对细微繁琐纠纷化解照应的不周、审级制度未能如愿合理地担其所能、统一的法律与差序社会的张力、非司法化治理的重负与司法公信的提振，等等，都日益成为基层司法难以承受之重。因此，在国家治理现代化的进程中，于司法而言，无论是国家层面，或是最高司法机构以及上级司法机构层面，都应该更多地关注基层的司法问题，更为周全地照应因为地区发展的不平衡而呈现的司法运作的差异格局。

毋庸讳言，对于承担着90%以上案件的审理与执行重责的基层人民法院而言，无论我们对司法正义有任何的期许，它们都必然首当其冲。非此，所有司法改革的愿景都或许只是一厢情愿的空中楼阁。

厦门大学法学院　张榕
2020年3月

目 录

绪 论 ·· 001

第一章 差异：司法的地理之维

引 论 ·· 009
一 局促的基层人民法院 ··· 018
二 基层法院司法及其社会语境 ··· 029
三 基层法院司法差异的初步考察 ·· 034
四 地理（空间）差异下的西北基层法院司法 ························· 043
五 "基层法院司法的西北问题"及"西北基层法院的司法问题" ······ 046
六 基层法院"分层区别治理"的意义 ···································· 050

第二章 关系：个案中的基层法院与中级法院

引 论 ·· 055
一 基层法院日常生活认识 ··· 058
二 为什么说中级法院是终审法院 ·· 062
三 中级法院的终审案件裁判 ·· 065
四 中级法院之于基层法院的支配关系 ··································· 068

五 司法能力的不足与终审法院积案处理上的有限作为 …………… 075
六 基层法院存在的意义 …………………………………………… 085
余 论 ……………………………………………………………………… 098

第三章 空间：法律的"边疆"

引 论 ……………………………………………………………………… 103
一 法律地理学（法律－空间）研究的引入 ……………………… 108
二 "以区域作为方法"与法律地理学 …………………………… 119
三 法律与空间关系阐释的个案：甘南草场/草山边界纠纷 …… 126
四 谁之纠纷解决与怎样的纠纷解决 ……………………………… 136
五 空间之下的司法与司法中的空间 ……………………………… 146
六 地方司法的可能思路 …………………………………………… 152
余 论 ……………………………………………………………………… 158

第四章 观念："个体"意义上的基层法院

引 论 ……………………………………………………………………… 165
一 对"个体"的解释 ……………………………………………… 169
二 我们需要什么样的司法权？ …………………………………… 172
三 政治结构中的基层法院及其位置 ……………………………… 189
四 "边缘革命"的启示 …………………………………………… 194
余 论 ……………………………………………………………………… 198

第五章 反思：可欲司法之追寻

引 论 ……………………………………………………………………… 203
一 可欲之司法与正义的贫困 ……………………………………… 206

二　正义的思考范式选择	210
三　罗尔斯正义理论的价值	216
四　森的正义理念再思	223
五　从普遍"正义"到司法正义	231
六　法的空间性与司法正义	234
余　论	237

第六章　图绘：（西北）基层法院司法的另一种想象

引　论	243
一　"中国问题"的思考理路	245
二　"走出区域"抑或"进入区域"	251
三　桑托斯"迈向对法的对抗式后现代理解"	253
四　埃利希的"法律与社会"图景	257
五　"在分化社会中寻找凝聚的力量"	260
六　理想的基层法院及其司法	263

| 索　引 | 272 |
| 跋 | 275 |

绪 论

当下之中国社会无疑是一个"变迁社会"或者"转型社会",相对于所谓"成熟社会",这一社会有其特点。① 这些特点或多或少都会以某种方式呈现在深嵌于其中的各种制度中,法律/司法作为社会之一项重要制度,自不例外。那么,我国变迁社会下的法律/司法其样态、特点又是怎样的呢?又可以做怎样的研究呢?② 吉登斯(Anthony Giddens)在他《社会的构成:结构化理论纲要》一书中不无警醒地指出:"我认为,苦苦寻求某种社会变迁理论,注定不会有什么好结果。"在这个意义上,对于变迁社会中的西北基层法院司法,一种描述性或者反思性研究似乎更可取一些。

变迁社会中的法院司法,这至少要回答两方面的问题:一是突出社会之变迁特点,进而表明司法对此的反应、回应;二是突出司法,其目的在于描述社会变迁过程中司法的变与不变。大体上,前者强调的是现时性,后者则是历时性。至于从区域/地域(西北)的角度来考察法律及司法,这也是基于两方面的考量。一方面,本研究更加倾向于以"西北社会及其基层法院司法"为对象做个案式的观察思考;另一方面,尽管在制度的设计理想中,国家法律及法院司法可以不受或者能够超越地理差异的影响,或者退一步讲,即便有影响,理想主义的制度设计者也认为这种影响是可

---

① 李友梅等:《中国社会变迁:1949—2019》,社会科学文献出版社,2020。
② 法学之外一些学科的研究可以给我们很多的启发,比如张静《社会转型研究的分析框架问题》,《北京大学学报(哲学社会科学版)》2019年第3期。

以消除的。① 不过，如果能够稍微转变我们的某些"成见"，重新去认识法律与地理的关系，那么可能就会发现问题还会有其他样态。地理地或者空间地去理解法律，便是这样一种新思维，同法社会学等一样，它也是从外部来思考法律的一种思路。毕竟，法律、法学经过人类多年来的积累，我们能够达成如下共识：对国家有权机关或先在地或因应社会之变化而不断订立出的法律的理解只是认识/反思法律这一社会重要制度的一个方面，还要考察实践中的法律。

就全书的结构安排，笔者首先是将西北基层法院司法置于西北社会这个大的环境之下。在这一前提下，笔者期冀能够描述、阐释清楚两方面的内容。一是笔者基于基层法院与其上级法院关系之观察与分析，以及就西北基层法院在面对西北社会之某些特点，比如涉及一定民族宗教元素之纠纷时所可能遭遇之困难，提出所谓"基层法院分层区别治理"之可能的问题；二是将西北基层法院作为一个整体来进行分析，这主要是想表明，某种程度上西北基层法院一如西北社会在我国整体社会中的地位与位置，"弱势""劣势"还是很明显的。从根本上，司法存在之必要在于正义的实现，但囿于一定的社会背景及条件，正义往往处在一种"贫困"的状态之中。此即思考"可欲司法/正义"的必要。司法正义之实现不仅依赖于一个比较合理的制度结构，而且还需要制度在运作中能够体现最低的"公平"底线。这两个方面是全书贯穿比较全面的两个问题；另外的两个问题，一个是笔者基于基层法院司法现实困境的破解而提出的一种倾向于拟人化的类比——"个体"之价值理想角度完善制度运行理念的思考；另一个是笔者试图以某种方式尽可能达到对西北社会及其基层法院司法的图绘。

作为思考的一个起点，经由"社会-法律"的视角，我们发现实践中具体的司法过程不仅需要区别认识，而且它们确实也是有差异的。这种差异最普遍的几个层面表现为，一是法官个人认识及主观上的差异，这不属

---

① 尽管笔者在本书中用较大篇幅反复去论述"差异"存在的客观性以及国家立法、司法尊重这种"差异"的必要性；但是非常悖谬的是，我们当前的法律及其司法就是要在用种种方法去除"差异化"后建构起"均等化"。这究竟是我们制度设计上的不成熟抑或是实行法治的代价？对这一问题的论述可参见郭星华《当代中国纠纷解决机制的转型》，《中国人民大学学报》2016 年第 5 期。

于本书的主要讨论范围；二是因地理环境框定等而致的纠纷类型以及解决偏好、对待司法之态度而致的差异；三是对纯粹意义上国家法院体系的反思——无差别而带来的问题。在这后两个方面，首先，尽管我们说在全球化、一体化等潮流的影响下，地理之于制度的影响已经有了相当的减弱，但不可否认，其依然是一个形塑法律/司法的重要条件。是故，在本书的不少部分，笔者都希望借助于西北这样一个饱含政治、文化意义的地理概念，尽量呈现存在于这一环境下的基层人民法院司法。法国年鉴学派能在百年多的时间里生生不息，这不仅有其强大的阐释力，亦有其现实的魅力。如果说从地理研究中国是一个很好的视角，那么自地理观察、思考中国的法律/司法同样有其深切之意义。其次，在最后的一点上，这些差异，不仅体现在纵向不同审级的法院之间，也体现在横向的同级法院之间。后者尤为明显。在某种意义上，这种差异正是司法的特点之一。职是之故，从基层法院社会性之特点切入，客观上有对人民法院采取分层区别治理的必要。分层区别治理，这不仅是为了整个法院体系的合理，也是为了让我们"社会的最不利者"更能接近司法正义。由此，很有必要在概括地将全国的司法过程作为一个整体进行宏观思考的同时，再以切块的方式对组成法院体系之各相对独立法院进行研究。这在深层次上，实际上是要回答现代社会下何以实现法律的正常分化。①

假若"分层区别治理"这一分析具有一定的合理性，那么其可能的意义大致如下："分层"是为了矫正上下级法院之间在实际功能上的趋同。尽管不论哪一级法院，也无论怎样的原因，裁判案件都应该是其主要的业务，但这并不是说各级法院在面对案件的裁判时，都应该是一个模式，它们应该有所区别。具体而言，其间的法律含量以及社会引导作用应是层级越高越明显。司法改革虽已推进多年，但在这些方面成效并不明显，这从最高人民法院2019年2月27日发布的《最高人民法院关于深化人民法院司法体制综合配套改革的意见——人民法院第五个五年改革纲要（2019—2023）》仍在讨论相关制度的内容表述中就可以体会到。这表明改革还要触及更深层次的内容，特别是将基层法院作为一个重要问题来考虑。从数字上来看，以本书所选取的我国西北地区基层法院的个案为例，其负担了

---

① 在这一点上，主要是受涂尔干、卢曼理论的启发。

90%以上一审案件的裁判。相应地，中级法院也就成了事实上的终审法院。现实地看，这无形中进一步固化了中级法院之于基层法院的支配关系，但这并不是一种正常的司法伦理关系。因为这既没有考虑到基层法院的实际，还限制了司法机制特点的进一步发挥。结合目前我国法院案件的整体分配模式，它一方面使得进入司法程序的大多数案件被淹没、混杂在法院科层体系的底部——基层法院琐细烦乱的日常事务中；另一方面使得高级法院与最高法院没有可能去审理那些有实质法律争议和重大社会影响的案件。

就"区别"而言，主要还是考虑到各基层法院的司法实际。因为基层法院在事实认定、裁判效果上的压力更大。其中的事实认定，不只是要确立之后案件裁判所依赖的事实，还在于基层法院怎样以法律的语言回应基层社会的现实。纷繁复杂的社会给基层法院的司法提出了很多亟须解决的难题，甘南草场纠纷的个案便是这方面的一个典型。当传统的法学研究方法不能充分回答这些根本理论问题时，就有必要从法律之外寻求问题的答案。正在发展中的法律地理学便是这方面的一种尝试，它不仅能为回答这些问题提供崭新的思路，而且还能促使我们进一步反思基层法院的司法过程及其未来发展。要言之，从法律地理学的视角来看，法院之司法，特别是那些审理一审案件的基层法院，它们的司法过程很难只是法律的，而且严格意义上的统一司法也是有很大疑问的。至于基层法院如何在空间、地理的条件下回应司法中的具体问题，则是下一步我们需要充分思考的。

最后，虽然本书是以西北社会及其基层法院司法这一个案来讨论具体的法律、司法问题的，但无论如何这只是问题的一个部分。延伸出去，西北社会及其基层法院司法的讨论还是要落在我国司法的过去反思及未来发展上，而这必然涉及"大国如何司法"这一问题。我国是一个单一制国家，[①] 在司法上必然强调统一，但司法的现实则是普遍的差异性，这便是一个矛盾。诸多法律理论，比如法律多元论等都提供了反思的路径，但如何务实地应用在我国具体的司法实践中，则还有相当大的难度。在这个意义上，尽管本书依赖的是偏向于法社会学的研究方法，但更准确地说，在

---

① 按照地方职权的大小，单一制国家又可分为中央集权型单一制国家和地方分权型单一制国家。法国是典型的中央集权型单一制国家，英国是典型的地方分权型单一制国家。

具体的路径上秉持的还是自法哲学视角的基层法院及其司法的应然理想的思考。事实上，本书写作的最初动因即是希望能够"图绘"变迁社会中的（西北）基层人民法院及其司法。是故，正如笔者在本书最后引用较多的卡尔维诺（Italo Calvino，1923~1985）的《看不见的城市》，全书更像是笔者对（西北）基层人民法院及其司法的另一种"想象"。而这在一定程度上也是笔者对人民法院司法改革的一种期待。

第一章

差异：司法的地理之维

引　论

在一个整体环境处在快速变迁的社会中，我们还是比较容易看到制度在逐渐清晰过程中所留下的时代烙印。时代之烙印又往往因关键人物——比如某一位或一代领导人的风格而显得相当突出。① 尽管这一论断并不一定完全与真实的历史过程相吻合，但其毕竟提供了一种观察的视角。某种意义上，我们可以通过这一方法检讨、反思我国较近一段时期内的司法状况。具体来说，就 1999 年《人民法院五年改革纲要》、2005 年《人民法院第二个五年改革纲要（2004—2008）》、2009 年《人民法院第三个五年改革纲要（2009—2013）》、2015 年《人民法院第四个五年改革纲要（2014—2018）》、2019 年《人民法院第五个五年改革纲要（2019—2023）》发布以来这 20 余年间我国司法的整体风格而言，我们还是能够感到最高院现任周强院长与过去的王胜俊院长与过去的王胜俊院长、肖扬院长之间的不同。②

就最近一个时期的司法来看，非常突出的是其"改革"的主题。十八届三中全会通过《中共中央关于全面深化改革若干重大问题的决定》（2013 年 11 月 12 日），该决定第九部分即为"推进法治中国建设"；之后的四中全会更是首次以专题形式讨论了依法治国问题，并审议通过了《中共中央关于全面推进依法治国若干重大问题的决定》（2014 年 10 月 23 日），司法问题更是主要内容。自中央全面深化改革领导小组第一次会议（2014 年 1 月 22 日）起，截至中央全面深化改革委员会第十次会议

---

① 对于历史人物之于时代的影响，茨威格的《人类的群星闪耀时》（舒昌善译，生活·读书·新知三联书店，2015）、卡莱尔的《论历史上的英雄、英雄崇拜和英雄业绩》（周祖达译，商务印书馆，2005）等都是很好的范例。

② 参见王涌《技术主义的司法改革可以走多远？》，财新网，http://opinion.caixin.com/2016-03-25/100924753.html，最后访问日期：2019 年 10 月 13 日。亦见蒋惠岭《过去 15 年的中国司法改革》，《财经》2014 年年刊。

(2019年9月9日），直接和间接涉及法治改革（包括司法改革）的有40余件。① 以"司法人员分类管理制度、司法责任制、司法人员职业保障制度和省以下地方法院、检察院人财物统一管理"等四项内容为主要任务的本轮司法改革，自2014年6月开始，上海、吉林、湖北、广东、海南、贵州、青海7个省、直辖市开展第一批司法体制改革试点；2015年6月开始，山西、内蒙古、黑龙江、江苏、浙江、安徽、福建、山东、重庆、云南、宁夏11个省、自治区、直辖市开展第二批司法体制改革试点。2016年3月，北京等其他13个省、自治区、直辖市及新疆生产建设兵团开展第三批司法体制改革试点。2016年7月以后，上述四项重大改革在全国范围内全面推开。在2017年3月29日召开的中央司法体制改革领导小组会议上，孟建柱提出"努力实现党的十九大召开前基本完成司法体制改革任务的目标"。② 2017年7月习近平总书记对司法体制改革工作做出重要指示："党的十八大以来，政法战线坚持正确改革方向，敢于啃硬骨头、涉险滩、闯难关，做成了想了很多年、讲了很多年但没有做成的改革。"③ 党的十九大报告提出，深化司法体制综合配套改革，全面落实司法责任制，努力让人民群众在每一个司法案件中感受到公平正义。④

本轮改革将会对我国未来的司法产生何种影响？我们又该怎样认识这一改革过程？"让人民群众在每一个司法案件中都感受到公平正义"，又怎

---

① 参见陈菲、邹伟《由点到面、持续发力——司法体制改革四项试点将在全国推开》，《法制日报》2016年1月21日，第1版；王逸吟《司法改革已出台157个文件》，《光明日报》2016年1月22日，第4版；何帆《中央深改组历次会议司改文件概览》，《中国法律》2016年第6期；《中央全面深化改革领导小组历次会议通过的司法改革类文件（部分）》，《人民日报》2017年10月12日，第12版；周强《最高人民法院关于人民法院全面深化司法改革情况的报告（2017年11月1日在第十二届全国人民代表大会常务委员会第三十次会议上）》；《中国法院的司法改革（2013—2018）》等。
② "人民法院司法责任制等综合改革试点工作有关情况新闻发布会"（2017年7月3日上午，最高人民法院）。
③ 《习近平对司法体制改革做出重要指示强调：坚定不移推进司法体制改革坚定不移走中国特色社会主义法治道路》，《人民日报》2017年7月11日，第1版。
④ 值得注意的是，本轮司法改革之深度和广度是近20年来的司法改革所无法比拟的，特别是自2019年以来，本轮司法改革已经逐渐扩展到整个政法领域。比如2019年1月23日中央全面深化改革委员会第六次会议审议通过了《关于政法领域全面深化改革的实施意见》、2019年7月19日在四川成都召开了"政法领域全面深化改革推进会"都是这方面明显的体现。

样才能实现？有学者指出："本轮司法改革由最高决策层以顶层设计方式启动，意味着权能、资源和责任将在法官、检察官等微观的主体层面重新分配。改革的初始条件、环境或对象是作为'紧密型组织'的法院行政化管理及审判的'集体决策/责任扩散'机制与各种外部因素之间通过复杂的互动或'博弈'过程而形成的脆弱均衡。"① 某种意义上，这一回答所指出的是我们将向哪里去？那么，我们又是从哪里来？我们这样一种改革思路确立的依据又是什么？最简单的回答是，我们的司法还不尽符合司法的基本规律。即是说，千帆过尽、尘埃落定后，无论怎样的改革、无论怎样的愿景最终都要往其所应有的轨道——司法规律上去。② 司法规律是什么，某种意义上，这还是很抽象的。现实地看，一国司法制度的成形与发展受制于多重因素的影响，这比如政治、经济、社会、文化乃至地理等。在这多重的建构基础之中，怎样的组合和协作才能成就理想之司法？

在这些我国司法发展的诸影响性因素中，"政治"无疑是影响最大的，这不仅表现在我国司法机制日常的运行无不与政治紧密相关，而且就本轮

---

① 参见王亚新《解读司法改革——走向权能、资源与责任之新的均衡》，《清华法学》2014年第5期。

② 参见蒋安杰《回归司法规律的司法改革——专访中国应用法学研究所所长蒋惠岭》，《法制日报》2016年3月16日，第9版；陈光中、龙宗智《关于深化司法改革若干问题的思考》，《中国法学》2013年第4期；吴洪淇《司法改革转型期的失序困境及其克服——以司法员额制和司法责任制为考察对象》，《四川大学学报（社会科学版）》2017年第3期；龙卫球《司法改革应大胆认真地遵循司法规律》，收于龙卫球《法学的自觉》，北京大学出版社，2015；陈陟云、肖启明《回归本质：司法改革的逻辑之维与实践向度》，法律出版社，2015；等等。有关我国司法改革历史的文献可参见聂鑫《近代中国司法体制的现代化》，收于聂鑫《中西之间：历史与比较法视野下的法律现代化问题》，法律出版社，2015；何勤华《中国法学史纲》，商务印书馆，2012，第373页以次；张明杰主编《改革司法——中国司法改革的回顾与前瞻》，社会科学文献出版社，2005；公丕祥《中国司法改革的时代进程》（上）（中）（下），《光明日报》2008年12月15日，第9版，2008年12月22日，第9版，2008年12月30日，第12版；卫彦明《中国司法制度的沿革和发展》，求是网，http://www.qstheory.cn/politics/2014-10/20/c_1112900093.htm，最后访问日期：2017年5月10日；等等。另见《〈中国的司法改革〉白皮书》（2012年）、《中国法院的司法改革（2013—2018）》。关于中国历史上的改革可参见马立诚《历史的拐点：中国历朝改革变法实录》，东方出版社，2016；吴晓波《历代经济变革得失》，浙江大学出版社，2013；等等。

司法改革的启动以至推动来看也与政治有关。① 客观地说，司法之展开脱离不开政治，也不可能脱离政治之影响；但在现代国家的概念中，司法与政治还是有区别、有边界的。尽管在我国的《宪法》中早已对此有了规定，② 但问题是怎样才能形成司法与政治的有益边界。对此，学界已有了相当之研究，但其中的确有许多暂时解决不了，甚至是相当长一段时间里也难以解决的问题。③

我国是一个大国、一个古国、一个社会主义的国家，这样的描述还能列举出很多。申言之，我国的司法制度乃至理论话语体系的建构都要注意

---

① 有关"司法-政治"关系的详细阐述将在本书第四章展开。由于"政治"复杂、多义的面向，很难对其进行明确定义（参见〔德〕马克斯·韦伯《学术与政治》，钱永祥等译，广西师范大学出版社，2010，第197页以次）。本书中"政治"一词的内涵和外延，主要是常识意义上的。这种常识意义上的政治，确切地说很难界定为政治学意义上的政治，而带有更多的中国特色，这比如一种政府行政模式的司法运作方法、党对司法的领导等方面。客观地说，这种司法管理乃至裁判逻辑有其历史渊源，这比如今天我们依然很重视关于"人民司法"、马锡五审判方式的发扬等。如宁杰《周强在甘肃调研时强调：弘扬人民司法传统深入推进司法改革 为经济社会发展营造良好法治环境》，《人民法院报》2016年8月27日，第1版；另见杨建军《法治国家中司法与政治的关系定位》，《法制与社会发展》2011年第5期。至于一些观点论及的关于当下中国社会政治形态——特别是所谓威权主义（Authoritarianism）的认识问题，可参见许瑶《威权主义：概念、发展与困境》，《国外理论动态》2013年第12期；吴兴唐《"威权主义"评析》，《红旗文稿》2012年第4期；吴毅《国家治理现代化的现实目标与可能路径》，《华中科技大学学报（社会科学版）》2014年第3期；Pierre F. Landry, *Decentralized Authoritarianism in China: The Communist Party's Control of Local Elites in the Post-Mao Era*, New York: Cambridge University Press, 2008; Hui Li and Lance L. P. Gore, "Merit-Based Patronage: Career Incentives of Local Leading Cadres in China", *Journal of Contemporary China* 27 (2018): 85-102。"不识庐山真面目，只缘身在此山中"。一定意义上，就司法-政治的关系来检讨我国司法的本质，这在事实上已经陷入一种"内卷化"的境地（有关"内卷化"这一概念本身的讨论可参见刘世定、邱泽奇《"内卷化"概念辨析》，《社会学研究》2004年第5期；郭继强《"内卷化"概念新理解》，《社会学研究》2007年第5期；郝娜《"内卷化"理论在中国》，《21世纪国际评论》2010年第1辑；等等）。实际上，经济学领域的宏观税负研究、社会学等学科有关国家治理逻辑方面的研究成果可以给我们很多的启发。

② 我国《宪法》第131条规定："人民法院依照法律规定独立行使审判权，不受行政机关、社会团体和个人的干涉。"1954年《宪法》第78条规定："人民法院独立进行审判，只服从法律。"围绕两部《宪法》的不同规定，学界也有一些不同的看法。参见郭道晖《法院独立审判应只服从法律——对〈宪法〉第126条规定的质疑与建议》，《法学》2013年第4期；等等。

③ 对于这一问题的复杂性可参见已故芝加哥大学著名政治学教授邹谠的著作，比如《二十世纪中国政治——从宏观历史与微观行动角度看》/牛津大学出版社（香港），1994；亦见〔德〕韩博天《红天鹅：中国独特的治理和制度创新》，石磊译，中信出版社，2019；方朝晖《什么是中国文化中有效的权威？——评白鲁恂〈亚洲权力与政治〉一书》，《开放时代》2013年第3期。

到中国大国的地理条件、古国的深重传统以及社会主义的意识形态等因素之间的冲突、平衡，甚至要有意突出这些元素。① 尽管如此，值得反思的是，在我国司法-政治关系的建构、发展中，是否能够一直模糊二者之间的边界，甚至是将司法置于政治的框架之下。笔者的思考是，在条件成熟的时候，司法需要相对独立于政治的影响。

司法相对独立于政治，一方面固然在于国家根本政治制度对于司法-政治关系的设定，但另一方面更重要的是我们究竟怎样认识司法以及赋予其怎样的内容。这后一方面之所以重要，首先是因为在我国特殊的司法-政治关系话语空间里，司法没有给出自己明显的、区别于政治的事物特质，反倒是不断将自身消解甚至是依附在政治的框架里；其次，我国司法要怎样发展，才能既不失自信又能显出中国特色？换言之，司法改革思路——既能使我们关照到中国作为大国、古国的特殊地理形态和深植的文化传统，又能周延到社会主义这一最大意识形态而不致被讥为对英、美、德、法、日等国司法模式的简单模仿，或者南辕北辙、缘木求鱼的教条。②

从长远来看，我国司法机制的完善不只是要解决司法-政治的关系，而是要在更开阔的空间中意识到我国社会的特点及世界大势的发展。③ 尽

---

① 在今天我们需要怎样认识当下的中国，这也是我们建设法治的一个宏观背景或者说出发点。认识当下的中国可以有多种视角，思想史便是其中的一种视角。这其中比较典型的研究如李泽厚《中国现代思想史论》，生活·读书·新知三联书店，2008；汪晖《去政治化的政治——短20世纪的终结与90年代》，生活·读书·新知三联书店，2008；秦晖《走出帝制——从晚清到民国历史的回望》，群言出版社，2015；〔美〕阿里夫·德里克《后革命时代的中国》，李冠南等译，上海人民出版社，2015；任剑涛《常态、新常态与非常态：2012～2017年中国的政治发展素描》，《武汉大学学报（人文科学版）》2017年第4期；王浦劬、汤彬《当代中国治理的党政结构与功能机制分析》，《中国社会科学》2019年第9期；等等。在这样一个多重话语重叠的背景下（参见马立诚《最近四十年中国社会思潮》，东方出版社，2015），于我国之法律、司法我们又能做怎样的选择？无论采取何种进路，法治之建立须得依靠一定之文化（思想）土壤，而这个土壤又是什么？笼统地看，至少有三种思路，一种是基于主流社会意识形态而不断强化之马克思主义法学及其实践；另一种是主要基于西欧、美国等自由主义政治框架的法学及实践；还有一种思路是基于新儒家话语而尝试的法学及其实践建构。现实地说，如何能够找到恰切的社会思想依附，这的确很重要，否则包括法律、司法在内的社会制度都会成为无根的浮萍，每个个体也事实上会成为权利的流浪儿。对于本部分交代的问题，笔者还将在第六章"'中国问题'的思考理路"部分进一步进行论述。

② 参见陈先达《马克思主义和中国传统文化》，《光明日报》2015年7月3日，第1版；侯猛《知识结构的塑造——当代中国司法研究的学术史考察》，《现代法学》2019年第4期。

③ 参见沈联涛《顶层设计要着眼全球》，《财新周刊》2017年第3期。

管当前我国这种政治对司法的强影响有其时代特点，但当政治对司法的影响逐渐消退并回归正常，抑或政治对司法的影响代之以其他因素，比如时下的互联网、人工智能时，司法又需要怎样去应对？在这一设问下，我们是否可以从以下两个层面入手来展开我们的研究。在第一个层面上，就现实中的法律、司法来说，我们可以先将其视为一客观存在之现象或一事件等，进而通过相当之描述来解释/阐释（分析）这些现象、事件。解释的维度上又可以分几个层次：这首先是政治，其次是文化与历史，最后但并非不重要，是经济、地理等方面。在第二个层面上，就理想中的法律、司法，首先是基于对现实法律与司法的反思，进而给出尽可能多的关于良善法律、司法所应具备之诸要素，亦列举那些理想型法理、司法形成的障碍性因素。在这一背景下，尽管无法给出一个先验的完整且理想的法律、司法图式，但总体上一个较好的法律、司法的图景是逐渐趋向清晰的。①

　　基于此，笔者拟以变迁社会中的西北基层人民法院及其司法作为论述的切入口，尝试对其中的问题做一定之分析。以我国西北基层人民法院作为样本，这其中的缘由主要有以下三个层面。首先，基层司法的实践可能并不与设定中的制度架构一致。就我国司法的整体布局而言，制度似乎没有太多考虑基层司法的实际能量和它的重要意义。基层法院尽管有着相当的数量，但在整体的政治框架体系以及司法机制的金字塔中却有意无意被淹没了。正如郭卫华网文标题"东交民巷27号院的改革'可以多听一听院外的声音'"，或者说如果不是在一种纵向的立面层级结构中，而是在一种平面的"日常生活"实践中，司法本来之面向是否会是另一幅图像。换言之，即便是在司法改革的时代大背景下，也有必要对我国的司法实践及其主要话语体系进行反思。在顶层-基层这样的二元分析结构中，有必要增添新的因素，以调和与消弭二元论之间过度紧张的两极，而形成相当的重力及压力承受带。就我国的司法实践而言，不论是在数量上还是现实中的具体任务运作上，基层法院毫无疑问是其中的绝对主力，其机制的最优

---

① 参见〔德〕马克斯·韦伯《法律社会学》，康乐、简惠美译，广西师范大学出版社，2005，第25页以次；〔德〕尼克拉斯·卢曼《法社会学》，宾凯、赵春燕译，上海人民出版社，2013。另外，客观地说，这样一种研究思路有其不足［参见〔德〕康德《康德三大批判合集》（下），邓晓芒译，人民出版社，2009，第63页以次］，但至少其是务实的。另外，即便是法学学科内部，对于这样的制度完善、建构方式也不一定认同。

发挥将会绝对改善与影响整体效用的发挥。

其次，从事物发展内外因的辩证关系出发，基层法院司法机能的发挥将主要依赖于何以在具体的空间范围内更好地实现司法的公平与正义。申言之，在大国的司法实践中如何才能更好地关注到因为地理等方面的差异而出现的实质性差异。解决的方向在于是减少与统一这些差异还是尊重与化解这些差异。① 笔者认为，在一定的时期内，无论是采取强力的方法还是消极的恣意方法都不可取。② 需要预先予以明确的是，因空间而致的司法在地理上的差异乃一种本质上的差异；而为我们比较熟悉的司法在具体实践中因法官个性等方面的差异乃一种方法上的差异。本质上的差异无论如何没有办法消弭，而只能以某一种更高级的原则予以统合；方法上的差异则可通过一定之技术而逐渐消除。

最后，以地理的维度来考察具体的司法个案，最终还是要回答司法正义的问题。正义是法律/司法③中的一个永恒主题，也是法律/司法所要追求的终极目标。然则在立法者、司法者、当事人各自的视野中，正义却有不同的含义。于我国的语境下，特别是笔者所讨论的西北社会的特定场域下，某种当事人视角或者自当事人的适用为出发点的制度考量应该是首先考虑的。④ 尽管我们尊崇司法在解决纠纷上的正当性及当然性，但这需要具体

---

① 因地理而致的差异，表现在社会较多方面。在法律/司法方面尽管还缺少较为系统的论述，但是其他研究领域，比如语言学方面的研究可以提供有益的参考。例见〔瑞士〕费尔迪南·德·索绪尔《普通语言学教程》，高名凯译，商务印书馆，1980，第265页以下。
② 或许这一问题更深层次的回答需要从历史乃至比较法的角度来寻找。相关的研究可参见苏力《大国及其疆域的政制构成》，《法学家》2016年第1期。某种意义上，正是为了寻求中央大一统的实现，我国也许比世界上绝大多数国家都更加强调全国统一适用之法律和司法以及法律偏"压制型"的特点。然则在现今社会条件下，是否总能达致这一目标还未可知。张世明教授的研究颇有启发，参见张世明《法律、资源与时空建构：1644~1945年的中国》第5卷，广东人民出版社，2012。
③ "法律/司法"这种表述主要是为了表明一种法律与司法之间的关系。在我国成文法/法典法的模式下，一般认为司法即法律之适用过程，主要的就是那种三段论式的司法过程。也就是说，法律——主要是立法，乃是司法的前提。然则在一定意义上，这种观点并不能充分揭示实际的司法过程。实际之司法过程可能更像是一种司法与法律的混合。这方面的一些研究如周赟《司法决策的过程：现实主义进路的解说》，清华大学出版社，2015。
④ 参见孙笑侠《当事人角度的程序公正论》，载孙笑侠等主编《返回法的形而下（浙江大学法律评论2002专刊）》，法律出版社，2003；孙笑侠《程序的法理》（第二版），社会科学文献出版社，2017。

问题具体分析——在一个更大的场景下,当司法对于纠纷的解决并不那么有效时,我们需要反思纠纷司法解决的边界。这尽管有些反法治,但却是个案正义需要思索的问题。理想的现代社会,不仅是包容的,而且是开放的。

本书具体的写作思路及研究方法,大致如下:在笔者之前关于西北基层人民法院司法的研究中,较多的是自法社会学、法人类学等"法律与社会"(law and society)/"社会-法律研究"(socio-legal studies)的视角进行的微观现象描述及个案分析。① 尽管这些研究也涉及一些理论探讨,但还是比较分散,缺乏一种根本的理论支撑和相对清晰的未来图景。如果没有更深入的理论提炼和探索,前面的研究势必突破不大,且不断重复。换言之,要使这些研究走向深入,必得对现行基层法院司法的全体进行批判的、反思的、整合的检讨。唯有如此,才能为今后司法改革的发展提供一种较有说服力的理论参考思路。事实上,一些学者已经对我国法院的司法作了相当程度的反思性研究。② 梳理这些研究,我国司法最主要的特点是什么、我们的司法又要走向哪等问题都使我们相当困惑。尽管新中国的司法已经有了相当一段时间的发展,但为何我们的司法还没有定型,还在不断的调整乃至深刻的改革中?若要继续追问的话,导致对今天我国司法整体评价并不高的根源到底何在?

"一滴水里见阳光"。基于个案分析方法的意义以及司法实践于地理上的差异而导致的需要某种形式上的区别对待,笔者认为以地域切块的方式,并将研究的主要对象放在西北基层法院还是有其价值的。笔者希望能够根据现时所呈现的西北基层法院的司法状况,提出本书所关心和着力要论述的问题——"基层法院司法的西北问题"及"西北基层法院的司法问

---

① 参见韩宝《西北基层人民法院司法初论》,法律出版社,2016;韩宝《认识变革社会中的基层法院司法——以我国西北地区 S 省为例》,载《社会中的法理》第 8 卷,法律出版社,2016;韩宝《各归其位——"社会—法律研究"方法的展开》,载《厦门大学法律评论》2017 年下半年卷,厦门大学出版社,2017。

② 其中具有代表性的如齐树洁主编《民事司法改革研究》第 3 版,厦门大学出版社,2006;顾培东《我的法治观》,法律出版社,2013;张榕《中国法院能动司法机制研究》,中国政法大学出版社,2015;张文显《司法的实践理性》,法律出版社,2016;孙笑侠《司法的特性》,法律出版社,2016;徐亚文、童海超《当代中国地方法院竞争研究》,《法学评论》2012 年第 1 期;江国华《转型中国的司法价值观》,《法学研究》2014 年第 1 期;等等。另外,自 2009 年起,徐昕教授带领的团队连续每年发布民间《中国司法改革年度报告》;厦门大学出版社出版的《东南司法评论》及《司法改革论评》也已分别出版多辑。

题"。笔者的切入点是所谓基层法院的"分层区别治理",通过这一角度,本书的目的在于寻求一种可欲的司法,或者探求司法正义的某种现实路径。无疑,本书是主要偏向于理论的研究,甚至主要是一种理想性的证成;但这却无疑代表了笔者个人对西北基层法院司法的观察和某种理解。在这个意义上,本书是批判性的。①

在具体的论证过程和研究方法方面,基于对之前"事件－过程"方法的反思,笔者认为有必要重新思考"制度－结构"方法在整体研究中的地位。换言之,对当下基层法院司法的研究很难只单纯采取"事件－过程"这一相对较为注重个案描述阐释的方法,还需要从总体上能够有一定把握。退一步讲,即便是"事件－过程"这样的基础性研究,在其价值选择上也需要有一个较为明确的旨归。在这些背景下,笔者将本研究定位在优化基层法院司法,即当前的司法架构存在哪些问题、基层法院的整体结构怎样设计才比较合理等方面。沿着这样的思路,出于对基层司法差异性的兴趣,笔者希望最终能于地方司法分权/自治/自主等方面有所思考。本书的主要内容也主要是围绕这一理论预设及其证成而展开的。②

另外是所谓"扎根理论(grounded theory),其主要宗旨是从经验资料的基础上建立理论。研究者在研究开始之前一般没有理论假设,直接从实际观察入手,从原始资料中归纳出经验,然后上升到理论。这是一种从下往上建立实质理论的方法,即在系统收集资料的基础上寻找反映社会现象的核心概念,然后通过这些概念之间的联系建构相关的社会理论。扎根理论一定要有经验证据的支持,但是它的主要特点不在其经验性,而在于它从经验事实中抽象出了新的概念和思想。③ 这一研究方法论的要素包括阅读和使用文献,自然呈现,对现实存在但不容易被注意到的行为模式进行概念化,社会过程分析,一切皆为数据,不受时间、地点和人物的限制等。具体的研究程序则包括开放性和选择性编码、不断比较、理论性采样、理论性饱和、理论性编码、写备忘录和手工整理备忘录等方面。就扎根理论研究方法论和民族志之间的

---

① 对"批判"的理解,参见邓晓芒《〈纯粹理性批判〉讲演录》,商务印书馆,2013,第19页。
② 至于个体差异在实证研究上的意义,详见本书第二章有关谢宇对达尔文"变异"理论的评论。
③ 参见陈向明《扎根理论的思路和方法》,《教育研究与实验》1999年第4期。

关系而言，前者形式化并延伸了通过民族志所得到的有限理论成分。①

一 局促的基层人民法院

尽管还缺少进一步的比较法资料，但用"局促"一词来描述当下的基层法院还是能说明一些问题。总体上，基于我国社会制度建设上的同质性，尽管个体之间存在一定差异，但基于某种化简方法，这些差异都能以种种相同点所吸收。基于这一前提，我们所能感受到的基层法院首先是其相当大的案件受理量；其次是多元的身份和角色；② 最后是基层法院定位上的矛盾。③

（一） 体系中的基层人民法院司法描述

选择基层法院，主要是因为其于我国法院司法中所占据的地位及其所发挥的作用和一种所谓的"底层立场"。④ 对于基层法院在我国的司法实践中的重要作用及其所承担的几何级数审判任务，均已有相当的资料和数据

---

① 参见费小冬《扎根理论研究方法论：要素、研究程序和评判标准》，《公共行政评论》2008年第3期。
② 参见林毅坚《中国法官多面性之研究——以科层型程序下的法官定位为基础》，博士学位论文，厦门大学，2016；褚红军：《基层法院的使命与基层法院的改革》，载公丕祥主编《思考与探索：我们走过的路（江苏法院优秀学术论文选）》（上），中国法制出版社，2008。
③ 这种矛盾，更准确的说应为某种或某几种张力，本书多有描述、阐述。对于中国而言，学习近代西方法治也只是近百年来的事，而专门的纯粹司法设计其历史也更短。更进一步，就中国大陆的情况，其间因为种种挫折可以说实际的法治及司法建设也只这三四十年的历史（参见蔡定剑《历史与变革——新中国法制建设的历程》，中国政法大学出版社，1999）。这只是问题的一个方面；在其他方面，大体上，传统中国主要是一个农业社会，又基于皇权政治的特点，可以说其地方（基层）社会的治理模式与今天国家完全深入社会末梢的方法完全不同。但由此的问题是，尽管近几十年来中国社会，特别是经济方面取得了巨大成绩，但就社会总体的制度供给来说尚未达到充足之状态，这表现在传统社会的自治方法及权威退场、消失了，但新的权威系统还没有完全建立起来，这对于包括基层法院在内的整个司法体系的运行是有一定影响的。
④ "底层立场"在某种意义上有参考于建嵘同名著作的情形（于建嵘《底层立场》，上海三联书店，2011），但主要的还是意指下面的内容：结合后文将论及的"日常生活"的视角，对于基层法院处理的大多数民商事案件，至少在诉讼心理上，当事人是希求法官们为其做主、主持公道。在这一场景下，很显然，当事人不会认为其与法院的看法是平等的。是故，就不难理解当事人对于法院的地位处在一种非常感性的情景中——要么就是"青天"，要么就是赃官，总之无法将其放在制度下平静面对。2019年，人民法院通过两个"一站式"（一站式多元解纷机制、一站式诉讼服务中心）建设，过去法院司法上的一些不便以及存在的问题都得到了很大改善。

给予了毫无争议的说明。① 然则对于其在我国整体司法体制的结构及其未来发展，乃至如本轮司法改革主要路线的制订等方面，并未都能充分通过某种程序发出其自身之愿望。② 尽管这有客观之因由——我国法院结构上的科层制不允许或者实际隔闭了这样的对话或表达通道；然则这并不代表这样的机制没有反思和调整的空间。在理论研究方面，将基层法院作为一个整体，寻求其在我国整体司法架构中的研究还不是很充分。③

---

① "人民法院90%左右的案件在基层，80%左右的人员也在基层。数据显示，目前全国共有基层人民法院3115个，人民法庭9880个，基层法院法官148003人。2010年全国基层人民法院共审结案件9337669件，占全国法院审结案件总数的89.43%。其中，执结案件数量为2425652件，占全国法院执结案件总数的96.71%。"载"《最高人民法院关于新形势下进一步加强人民法院基层基础建设的若干意见》的新闻发布稿"（2011年2月15日）。

② 客观地说，最高人民法院还是发布了一些有关基层法院发展建设及其司法方面的文件，这比如《最高人民法院关于加强人民法院基层建设的若干意见》（法发〔2000〕17号）、《最高人民法院关于全面加强人民法庭工作的决定》（法发〔2005〕16号）等。

③ 从历史的经线来看，今天的基层法院司法研究也是为了接续历史上的"基层法院"司法的研究。尽管中国古代并没有如今天"基层法院"一样的专门司法机构，但其州县审判发挥了同样的作用。在这一领域，经由中外法律史学者的研究已经产生了相当数量的研究成果。这比如那思陆、黄宗智以及我国台湾地区学者和日本一些学者的研究。参见瞿同祖《清代地方政府》，范忠信、晏锋译，法律出版社，2011；那思陆《清代州县衙门审判制度》，中国政法大学出版社，2006；刘馨珺《明镜高悬：南宋县衙的狱讼》，北京大学出版社，2007；中国政法大学法律史学研究院编《日本学者中国法论著选译》，中国政法大学出版社，2012；张伟仁《磨镜——法学教育论文集》，清华大学出版社，2012；〔日〕滋贺秀三、寺田浩明、岸本美绪、夫马进《明清时期的民事审判与民间契约》，王亚新、梁治平译，法律出版社，1998；张勤《中国近代民事司法变革研究——以奉天省为例》，商务印书馆，2012；〔美〕黄宗智《过去和现在：中国民事法律实践的探索》，法律出版社，2009；就民国时期，也已经有了研究成果，这比如王志强《辛亥革命后基层审判的转型与继承》，《中国社会科学》2012年第5期；唐仕春《北洋时期的基层司法》，社会科学文献出版社，2013；付海晏《变动社会中的法律秩序：1929—1949年鄂东民事诉讼案例研究》，华中师范大学出版社，2010；李在全《法治与党治——国民党政权的司法党化（1923—1948）》，社会科学文献出版社，2012；江照信《中国法律"看不见中国"——居正司法时期（1932—1948）研究》，清华大学出版社，2010，等等；就新民主主义革命和新中国成立以来的基层法院及其司法，如张培田《新中国审判制度曲折演变的史实考论（1957—1976）》，《甘肃政法学院学报》2005年第3期；刘练军《司法政治化的滥觞——土改时期的人民法庭》，《二十一世纪》（香港）2012年2月号；刘练军《"大跃进"中的人民司法》，《政法论坛》2013年第5期；白永峰《政策、民意、法律：建国初司法审判的依据——以江西省丰城县人民法院为例》，硕士学位论文，江西财经大学，2009；方育闽《1949—1954新中国司法建设研究》，硕士学位论文，中共中央党校，2006；杨龙、李湘宁《中共司法的革命逻辑——释读彭树华〈潘汉年案审判前后〉》，《二十一世纪》（香港）2012年12月号；刘诗古《"失序"下的"秩序"：新中国成立初期土改中的司法实践——对鄱阳县"不法地主案"的解读与分析》，《近代史研究》2015年第6期；等等。另外，如果不是太过囿于专业的边界，实际上一些文学类、社会史的作品都提供了相当可观的关于基层司法的素材。

以西北①作为研究的一个论域，这固然有笔者个人兴趣上的偏好，②但最主要的还是希望论证有关"司法地理学"的问题（静态现象）；或者司法的差异性问题（动态方面）。尽管笔者暂时尚无法完全清晰叙说西北的基层法院司法，以至各地基层法院的司法到底存在哪些突出的差异；③但

---

① 在我国，"西北"首先是一个地理、自然概念，近世对其最有名的划分当属1935年胡焕庸先生发布中国人口密度图时提出的"黑河（瑷珲）—腾冲线"。这条线后来即被称为"胡焕庸线"，不过其运用之范围也早已超出了人口学领域，而广泛运用在其他的社会科学研究中（参见胡焕庸《中国人口之分布——附统计表与密度图》，《地理学报》1935年第2期；单之蔷《中国的突变线——胡焕庸线》，《中国国家地理》2009年第10期。值得注意的是本书提及"胡焕庸线"主要是为了给"西北"的划界找一个依据。然而，在今天，关于"胡焕庸线"更重要的在于所谓"李克强之问"——"胡焕庸线"怎么破？参见《探索与争鸣》2016年第1期）。除"胡焕庸线"外，另有黄仁宇先生所讲之"15英寸（共合38.1cm）等雨线"（参见黄仁宇《中国大历史》，生活·读书·新知三联书店，2007）。其他关于"西北"的划分，如任美锷（1913~2008）在他主编的《中国自然地理纲要》（商务印书馆，1992，修订第3版）中，将中国分为八个自然区，即东北、华北、华中、华南、西南、内蒙古、西北和青藏。西北区包括新疆维吾尔自治区、内蒙古自治区西部、甘肃河西走廊以及青海祁连山地和柴达木盆地。而甘肃省的西南角、青海省的大部分则是划在"青藏区"；陕西的北部边缘、宁夏的北部划在了"内蒙区"；陕西省的另外部分则是划在"华中区"。另外，某种意义上说，"西北"在我国又兼具政治、历史意义。新中国成立后，我国曾在省一级行政区划之上设置有六个行政大区，即华北、西北、东北、华东、中南、西南，而其中的西北包括陕西、甘肃、宁夏、青海及新疆（参见中共中央党史研究室第二研究部编《〈中国共产党历史〉第二卷注释集》，中共党史出版社，2012，第15~17页；葛剑雄《尊重历史 立足现实》，《江汉论坛》2006年第1期）。总体上，这一大区划分有其合理之处，也在今天成为约定俗成的说法。

② 地方/空间地理理解西北基层人民法院的司法，受到华裔地理学家段义孚先生"人本主义地理学"的影响，段先生的一些重要作品比如《空间与地方》《恋地情节》等均已有中译本。参见宋秀葵《段义孚的地方空间思想研究》，《人文地理》2014年第4期。除却下文的进一步交代外，就"西北"本身其一直都是历史地理研究、边疆研究的重要课题，暂且不论像敦煌学这样的研究，在其他方面也有相当多的成果。比如郭丽萍《绝域与绝学——清代中叶西北史地学研究》，生活·读书·新知三联书店，2007；张世明《法律、资源与时空建构：1644—1945年的中国》第5卷，广东人民出版社，2012（在这部近百万字的作品里，张世明先生对"'西部'空间意象的形成"等问题做了详细的阐述）；韩茂莉《中国历史地理十五讲》，北京大学出版社，2015；等等。除却这些相对严肃的学术作品外，另有大量的关于西北的文学作品（游记、回忆录等）也展示与叙说了西北在地理、人文等方面的独特风情。参见范长江的《中国的西北角》、莫理循的《1910，莫理循中国西北行》等。至于西北、边疆、西部在国家治理、经营上的意义转化，参见李诚予《西北视角的变迁：从"边疆"到"西部"》，《文化纵横》2015年第6期；刘乃寅《何以西北？——国史上西北情结的渊源》，《中国历史地理论丛》2007年第4期。

③ 引用一句不太恰当的名言："凡是能够说的事情，都能够说清楚，而凡是不能说的事情，就应该沉默。"参见〔奥〕维特根斯坦《逻辑哲学论》，郭英译，商务印书馆，1985，第20页。西北师范大学法学院的王勇教授在这方面做了卓有成效的持续性探索，他将西部法律文化的基本型态与现实表征提炼为——臣民人治型、草民自治型、牧民神治型、公民法治型等四种不同类型。参见王勇、李玉璧《中国西部法律文化的基本型态与现实表征》，《西北师大学报（社会科学版）》2001年第6期。

笔者还是可以肯定的是，这种差异绝对是存在的。①

对于司法与地理的关系问题，这涉及司法自身的特点以及司法权的性质等问题。就具体的司法实践而言，其并不是单纯的规则适用问题，而是要予以关注的一定的社会现实存在。尽管在现代社会，个体间因交往而发生的需要由司法来调整的法律关系已愈来愈相似，国家之司法机构也基本可以类型化的方式通过事先已经确立的必要统一规范予以解决。然则这却只是一种应然的理想假设，一方面人类并没有理性与强大到能够预想到未来社会所发生的一切；另一方面，当下社会中个体及个体的生活秩序更为多元，某种希冀统于一端的想法往往并不易实现，反倒是更多的统一体及思想价值渐次分化开来。具体到司法层面，在其地理的维度上，司法地方性的一面并没有完全退出实务的空间范围，反而是在强调纠纷的更合理解决方法时更加考虑其相应之特殊性。尽管这种特殊性并非全由传统意义上的经典地理学元素而致，但在地理学的空间转向之后，这种基于差异与特殊性的区别处理又找到了其可以依赖的理论根据。司法过程中经验法则的具体运用清楚地显现出了这一点。作为一种调和的方法，至少在行政、财政等多方面，已经非常多地讨论到了这一问题，即央地关系。同时，在立法方面，地方在立法上已经获得了相当大的空间，《立法法》2015年的修改已经给予了明确的回答。司法权是否也能涉及地方分权尽管尚不清晰，笔者的观点是，以我国之广袤，司法同样涉及这一问题，只是我们尚未想到解决这一问题的良好思路。②

---

① 关于司法差异性方面的研究，如游伟《差异性中探寻司法的特质》，《检察日报》2010年1月14日，第3版；杨建军《法治国家中司法与政治的关系定位》，《法制与社会发展》2011年第5期；张建伟《司法体制改革如何汲取古人智慧》，《人民法院报》2013年12月13日，第5版；黄瑞敏《司法解释应注重地域性与民族性——兼论赋予省级人民法院司法解释权的合理性》，《学术研究》2013年第10期；孙洪坤《论建立与行政区划适当分离的司法管辖制度》，《东方法学》2014年第6期。

② 本书在下文相当多的地方都会进一步提及有关"分权""地方分权""地方司法分权"等内容。对于这一问题，首先涉及的就是中央和地方的关系问题，对此非常经典的是毛泽东于1956年发表的《论十大关系》之"中央和地方的关系"（江泽民同志于1995年9月在党的十四届五中全会闭幕时做了《正确处理社会主义现代化建设中的若干重大关系》，即"论十二大关系"的讲话，其中第十对关系亦为"中央和地方的关系"）。这其中，很重要的一个方面即为地方分权的问题，相关的研究比如 Alfred M. Wu, "How Does Decentralized Governance Work? Evidence from China", *Journal of Contemporary China* 22 (2013): 379–393；傅勇《中国式分权与地方政府行为：探索转变发展模式的制度性框架》，（转下页注）

对于司法的差异性及关于西北基层人民法院司法本身，笔者思考的切入点是罗尔斯（John Bordley Rawls，1921～2002）关于正义二原则特别是第二原则的论证路径。这又分两个层面，首先是考虑到制度的安排，以及社会、经济、文化等因素使得西北的基层法院可能处在一个相对不利者（the least advantaged class）的位置①；其次，囿于我国社会长期以来形成的城乡二元化结构，以及事实上工商业文明与农业文明交织共存的状况，至少在基层法院审理的某些类型的纠纷中，这其中的当事人同样是最不利者。②"涓滴理论"（trickle-down theory）在一定程度上很能说明问题。③

那么怎样的一种制度安排才是较为恰当的？就笔者有限的阅读范围，有关西北基层法院体系性、结构性的研究成果总体并不是很多，这其中建设性的作品也就更少。检讨这些作品，可以让我们更清楚地看到我们所在的位置。这些作品中，丁卫的著作《秦窑法庭：基层司法的实践逻辑》（以

（接上页②）复旦大学出版社，2010；等等。

① 需要说明的是，限于本书的主题及篇幅，笔者并没有给出何以得出西北基层法院就是罗尔斯意义上的"社会最不利者"。有关罗尔斯这一理论笔者会在第五章详细论述。这一判断中非常重要的一个因素就是经济条件。以十八届三中全会确定的司法体制改革试点省（市）——上海、广东、吉林、湖北、海南、青海、贵州为例，无论是地区生产总值还是人均GDP都相差甚远。例如，2013年广东省的地区生产总值是6.2万亿多元，青海是0.2万亿元左右；而人均GDP，广东是9474.66美元、青海是5918.86美元，同处西北的甘肃仅有3983.1美元。以上数据均来自中华人民共和国国家统计局网站。更精细与专业的研究参见刘华军、何礼伟《中国地区差距及其演变（2000—2012）——基于地区发展与民生指数（DLI）的再考察》，《经济管理评论》2015年第1期；刘军、闫晓兵、姜彩楼《中国地区差距的历史考察与实证研究》，《经济体制改革》2009年第5期；刘志彪、张少军《中国地区差距及其纠偏：全球价值链和国内价值链的视角》，《学术月刊》2008年第5期；等。历史地看，这种南北东西之间的差异在明朝后期就已经比较明显了。参见许倬云《历史大脉络》，广西师范大学出版社，2009，第112页以次。从哲学的视角来看，差异是普遍的，也是正常的，但这种差异需要有一定的合理范围。如果这种差异而导致太多的不平衡，甚至是负面现象，那就需要我们去反思。2016年6月，一篇以"GIF快手"App为背景的网文"残酷底层物语：一个视频软件的中国农村"揭示了城乡差异的一些直观面向。（观察者网发表"'底层'APP刷屏事件：城市中间阶层的世界尽头和内容创业者的残酷物语"对此做了批评）

② 笔者曾论证过"司法'中心城市'主义"与"城市中心主义司法"这一问题。参见韩宝《处在基层社会中的基层法院：西北的视角》，齐树洁主编《东南司法评论》2012年·总第5卷，厦门大学出版社，2012。另见胡利强：《〈婚姻法解释（三）〉："城里人"法律带来的农村焦虑》，《西安日报》2011年9月12日，第4版。

③ 对"涓滴经济理论"的一种批评参见卡尔·波兰尼《巨变：当代政治与经济的起源》，黄树民译，社会科学文献出版社，2013，第4页（约瑟夫·斯蒂格利茨序言）。

图 1-1 "涓滴经济学"的理想与实际

图片来源 Love This Pic 网：https：//www.lovethispic.com/image/189369/trickle-down-economics#，最后访问日期：2020 年 3 月 28 日。

下简称《秦窑法庭》)① 是比较有代表性的。②

（二）《秦窑法庭》：西北基层法院司法的一种法律民族志

关注丁卫的这本著作已有不少时间了，最早是其 2007 年的华中科技大学博士学位论文"乡村法治的政法逻辑"，之后是生活·读书·新知三联书店"田野深描"系列书的出版预告。这本著作代表了自己对西北基层法院的理想描写——法律民族志，而且其中的内容——西北、基层法院，也与笔者在之前的相关研究紧密相关。确实没有比这更好的资料——特别是一种在深入认识和理解西北基层法院司法现状基础上的理论抽象与提升，更契合本书之研究。更主要的是，丁卫的作品最大限度地呈现了一个西部

---

① 丁卫：《秦窑法庭：基层司法的实践逻辑》，生活·读书·新知三联书店，2014。
② 另外的一个比较典型的针对基层法院的研究可参见 Ni He, *Chinese Criminal Trials: A Comprehensive Empirical Inquiry* (New York: Springer, 2014)。在这本《中国刑事审判》的专著中，美国东北大学犯罪学和刑事司法学院何霓教授主要结合其所调研的 J 省基层法院（Basic People's Court）对我国的刑事司法审判作了实证研究。See also Stéphanie Balme, "Local Courts in Western China: The Quest for Independence and Dignity", in Randall Peerenboom, eds., *Judicial Independence in China: Lessons for Global Rule of Law Promotion* (New York: Cambridge University Press, 2009).

基层法庭的生活情境（"窘境"），作者亦对此做了最细致的反思，或者说对造成这一状况的原因做了分析。但我们更想知道的是基层法院的未来走向。如果是为了照顾所谓乡土性，那么又如何体现不断被要求的高级司法；若以彻底的现代司法步骤及要求进行建构，又该如何对待现实，最主要的是司法人员何以展开他们的行动？另外，实际的司法活动是响应了、坚持了党的领导的，但却为什么没有实现那种应有的或者预想的效果？

我们似乎需要从其他的路径来思考问题的症结，即法律的成长及司法的展开有其一定的条件和环境，也即一定意义上，社会整体的民主、自由程度会影响到法律、司法的发展进度及层次。①

1.《秦窑法庭》的主要内容

《秦窑法庭》一书共分八个章节。在第一章"基层司法与乡村治理转型"，作者给出了他的问题以及缘由。最后一章，作者回答了他试图要回答的问题——"乡村法治的政法逻辑"。中间的二、三、四章——"陕西秦窑：一个派出法庭""乡土社会法律人""秦窑法庭的日常运作"可以看作一个相对独立的单元，作者描述了秦窑法庭的方方面面；五、六、七三章可以看作与此相接近的另一个单元，它们分别是"法律治理专业化""乡民的法律想象""基层司法的政治经济学"。它们就不再只是一种描述，而是笔者将要在下文所要交代的描述之后的理论追求，或者机制分析，或者结构分析，在笔者看来这主要是机制分析。

就全书来看，其论述是非常丰富的，丁卫是这样说的：

> （《秦窑法庭》）……作为描述当代中国基层司法运行实况的一部法律民族志作品……它以陕西关中地区一个普通的派出法庭——渭水市古渡区人民法院秦窑人民法庭为例，试图呈现转型时期中国基层司法运作的实践逻辑。在关于本书的理想构图中，我特别愿意围绕基层法庭这个轴心去观察和描述与之密切关联的那些普通人……包括他们的日常生活，他们对于现代性法律、法院和法官的了解、看法乃至想

---

① 一些研究如黄宗羲《明夷待访录校释》，孙卫华校释，岳麓书社，2011；王毅《中国皇权制度研究——以16世纪前后中国制度形态及其法理为焦点》，北京大学出版社，2007；唐德刚《袁氏当国》，广西师范大学出版社，2004；等等。

象……①

的确如此，在这本书里，也能够直观地感受到秦窑法庭以及秦窑法庭里的法官、当事人，你也能够看到法庭自身的处境，还能读到秦窑法庭所在的陕西渭水古渡的社会。丁卫的想法是：

>……我开始对基层司法所处的政治生态环境及其展开的全部过程产生兴趣……我意识到，人民法庭直接面对乡村社区，基层法官通过行使宪法和法律所赋予的司法审判权，将国家和农村社会紧紧地联系在一起。②

2.《秦窑法庭》的研究方法

从成书时间上看，《秦窑法庭》至少是作者 10 年时间的思考和积淀。据作者交代，"在渭水市古渡区人民法院秦窑人民法庭开展调查工作始自 2003 年，驻庭调查时间为 2005 年 5 月~2006 年 12 月……田野资料主要来自日常观察和访谈"，③ 更有不断地回访。《秦窑法庭》一书内容丰富、见解深刻，是西北基层法院司法研究的重要作品。以下是笔者在阅读文本时的一些思考。

首先要关注的是这部作品的研究方法，这也是丁卫所非常关心的。他在评述《乡土司法：社会变迁中的杨村人民法庭实证分析》④ 时说：

>……它与法律民族志之间尚存距离，其中的主要原因恐怕在于没有一条明显的核心线索贯穿全书……受制于文本的整体结构，具象的人与抽象的宏观历史及社会环境之间的内在关联被生硬地切割为多个主题，显得支离破碎……此外，没有充分揭示和阐释某些微观事件所生发的宏观历史背景，从而遮蔽了国家权力下向运行的复杂性、有效

---

① 丁卫《秦窑法庭：基层司法的实践逻辑》，生活·读书·新知三联书店，2014，前言。
② 丁卫《秦窑法庭：基层司法的实践逻辑》，生活·读书·新知三联书店，2014，前言。
③ 丁卫《秦窑法庭：基层司法的实践逻辑》，生活·读书·新知三联书店，2014，第326、46~48页。
④ 高其才、周伟平、姜振业：《乡土司法：社会变迁中的杨村人民法庭实证分析》，法律出版社，2009。

性和有限性。①

丁卫将《秦窑法庭》定位为法律民族志，在研究方法上运用了经格尔茨（Clifford Geertz，1926~2006）发展成熟的"深描"（thick description）方法。② 这一方法是要作者由台前走向幕后，通过"深描"以让故事本身来呈现特定的事实，以回答读者的疑问。这一方法会因研究者本人旨趣的差异，进一步呈现为"过程－事件"/"机制分析"与"制度－结构"/"结构分析"等不同路径。

"深描"作为一种重要的人类学研究方法，其优势也是很明显的，一如吴毅所说的"在情景化中编织学术"③。事实上，通过《秦窑法庭》我们看到了一个立体的、全方位的中国西北地区小镇的人民法庭及其司法过程的形象。尽管这只是一个个案，读者在阅读之初大概会质疑其代表性和说服力，但就文本的整体力度来看它有一种融贯性——能够让读者较为清晰地了解、理解处在相应社会下的基层司法情景。同时，这样的研究所呈现的不仅是一个横切面，还有时间上的纵深。换言之，它能够担负时间与空间两个维度上的叙事需要。除此之外，在这一视角下，我们更能以一种平静的姿态看待、叙述法律及其司法，而不是单线地走向一种对法律及其司法的批评过程。尽管这样的研究进路也是要揭示一定的问题及给出可能的答案，但其揭示问题的方式是透过事实让其自然呈现，而不是以某种主观判断来代替。同时，它在给出问题的解决方案上也更为审慎。因为在全面呈现的事实下，读者一定会发现那些激进、想当然的对策是难以真正回答事实所揭示的问题的。

（三）《秦窑法庭》初步评论

不管如何，即便是以最纯粹的人类学思维来分析基层法院及其司法过

---

① 丁卫：《秦窑法庭：基层司法的实践逻辑》，生活·读书·新知 三联书店，2014，第46页。
② 丁卫：《秦窑法庭：基层司法的实践逻辑》，生活·读书·新知 三联书店，2014，第46~48页。当然，"深描"这种较多为人类学家所运用的方法并不构成研究方法的全部，还有比如一种称为"写文化"的进路。参见〔美〕詹姆斯·克利福德、乔治·E. 马库斯《写文化：民族志的诗学与政治学》，高丙中、吴晓黎、李霞等译，商务印书馆，2006。
③ 《秦窑法庭：基层司法的实践逻辑》系吴毅主编之"田野深描"系列书之一种，在这一系列书中，吴毅撰写有"在情景化的叙事中编织学术"的总序。

程，最终还是要考虑到法院及其司法自身所具有的特性。申言之，基层法院本身和其司法过程是两个不同的生产机制。其一，对于作为国家法院机制之基层法院而言，它无疑是一种人造物。亦即，它作为一个机构是国家为了自身的治理需要而建构出来的。国家设置法院的功能可能是多样的，比如在中国语境下经常被提及的"解决纠纷矛盾"。由此，我们可以说就法院自身而言，它是政治的。当然我们指出法院是政治的，这并不妨碍其在发展过程中日渐自觉到其与其他国家机关比如政府行政机关的不同与区别。① 实际上，法院同政府行政机关的这种切分，也正是为了更好地实现国家自身在治理社会上的需要。其二，就基层法院的具体司法过程而言，尽管它借助的是人为建构的法院实体、依据的是人为的实定法，但是它却不能不关照社会。对社会中的人、事、物，特别是其中的人，他是富有情感的、复杂的，是无法仅仅用科学的思维和方法来全部规划和理解的。②

　　从这个角度去看，对司法性质的阐述就可能是文化意义上的。这是比较法研究的一个重要问题和领域。综合以上两点，简而言之，笔者想表达的是：当我们将基层法院及其司法过程连接在一起进行考察时，特别要注意到司法是有不同面相的。③ 即是说，在分析问题的时候，要意识到我们是在哪个维度阐述问题——政治的、社会的、文化的，还是其他。因为从不同的角度出发，它所指涉的问题不尽一致，尽管这些不同的面相在实际中是以相互交叉、重叠的形式出现的。事实上，一些法学家，比如庞德（Roscoe Pound，1870～1964）、卡多佐（Benjamin Nathan Cardozo，1870～1938）都有过对法律及司法不同面相的经典阐述。④

---

① 有关司法与行政、政治之间的复杂纠缠关系可参见〔美〕马丁·夏皮罗《法院：比较法上和政治学上的分析》，张生、李彤译，中国政法大学出版社，2005。
② 最近的一项研究可参见黄宗智、高原《社会科学和法学应该模仿自然科学吗？》，《开放时代》2015年第2期。
③ 何帆在他于2014年秋季学期于清华开设的"中国司法制度"课程的结课小结中，将司法的诸面相归纳为：权力体系中的司法、央地关系中的司法、党政关系中的司法、复杂中国中的司法。http：//weibo.com/hefan1978? from = feed&loc = nickname#_rnd1421587571378，最后访问日期：2019年10月28日。
④ 庞德在《法律史解释》（邓正来译，商务印书馆，2013）中分别开列了"伦理解释和宗教解释、政治解释、人种学解释和生物学解释、经济学解释、著名法律人的解释、社会工程解释"等路径；卡多佐在《司法过程的性质》（苏力译，商务印书馆，1997）一书中，就有"哲学方法、历史、传统和社会学的方法"等关于司法过程描述的途径。

笔者指出这一点，是想表明丁卫在《秦窑法庭》一书中于"深描"过程中，特别有可能是因着这种方法的限制，而忽略基层法院及其司法的一些重要面相。当然作者主要是研究"基层司法所处的政治生态环境及其展开的全部过程"。① 很有意思的是，为什么对于基层法院及其司法而言，其中的政治生态环境是那样的突出呢？事实上，不仅丁卫，还有一些其他作者在研究基层法院及其司法时，于描述基层法院及其司法的困境以及寻找其出路上都自觉不自觉地将原因归结为政治。但是，也很明显，如果下一步的司法改革还是要在这个问题上打转的话，势必导致这一问题无解，以致无法突破。这就是笔者要讨论的第二点。

无论你同意与否，一些观点和声音对包括基层法院及其司法在内的中国司法整体的现状是有所忧虑的。尽管笔者不是很悲观，但绝对无法当然乐观。就笔者收集到的个案材料而言，真的会叹息于基层法院司法的现状。就在笔者所考察的 Y 市 H 县的一起盗窃案件中，法院适用简易程序审理了该起案件。法院是 2014 年 9 月份审结的案件，但在整个司法过程中，包括检察院的审查起诉，其并没有听取被害人的意见；法院也没有在开庭时通知被害人；更离谱的是被告人已经开始服刑，但被害人还未收到法院的裁判文书。要知道这样的事情是发生在新一轮声势浩大的司法改革背景下。从这样一个简单的个案出发，笔者想指出一点：表面上完整的司法程序在不同的场景下必然会出现"打折"情形，这也就是通常所说的法律得不到真正的执行。从深层次看，笔者以为这还是社会的问题。换言之，如果没有社会的发展，无论怎样的规则都无法得到全部实现。我们可以将此看作空间黑洞对法律的一种侵蚀。由这些现象出发，以及笔者在第二、三两章分别论及的个案，还能将这些问题全部归结为政治的原因吗？这是值得深思的。至少我们要认识到作为广义政治范畴之一部分的"司法"与纯粹意义上的"司法"是有区别的。

问题到了这里似乎已经陷入无解的僵局，这在《秦窑法庭》中也能够

---

① 丁卫：《秦窑法庭：基层司法的实践逻辑》，生活·读书·新知三联书店，2014，第 46~48 页。

看到，怎样去突破？笔者非常同意张榕教授的观点①，还是要"向前看"。② 要用前瞻的希望和动力削减过去显得沉重与灰暗的包袱。固然我们说今天来自昨天，昨天蕴含了今天。但这更主要是强调一种时间上的线性关系，我们不能因此而得出今天的社会同昨天的社会的必然相连。换言之，现在之社会与过去之社会并不必然具有一种特定的承继关系；况且就实际来看，也是很难将过去与现在明显划分开来。反倒是在日常的生活中，我们会突然感觉到社会似乎一夜间全部"变"了。笔者指出这一点，是要说明在对待基层法院及其司法的问题上——特别是今天非常令人不满意的司法状况，在探寻问题的症结时，不一定要将全部精力集中在某一个点，比如政治上，而是要善于寻找新思路，否则这会成为一种思想上的偷懒。这一思路有些受经济学的影响，即是说我们于回顾过去的同时，更要就当下的情势去判断可能会发生的境况，并思考如何去应对这些可能对制度未来动向更攸关的事务。③

二 基层法院司法及其社会语境

有人说，这是一个"没有旋律的年代"④；也有人感慨，这个年代常面临"看不见的人"⑤。伴随"现代化"机器的高歌猛进，这个社会陷入了深深的矛盾中。一方面，来自社会机体外部的那些所谓制度不断被诸意识形态大力宣传；另一方面，自然的社会却似乎并不以为然。那种制度建构的自觉状态能够达到吗？从长时段来看，它似乎还是要沿着其本该有的轨

---

① 笔者感谢张榕老师的指点，也感谢她对本书观点的评论。本部分所阐述的部分观点即来自由张榕老师主持的关于本书的两个沙龙，但所有文责笔者自负。
② 无独有偶，学者桑本谦在《理论法学的迷雾：以轰动案例为素材》（增订版）一书中十分细致地对"向前看"这一观念做了分析。参见桑本谦《理论法学的迷雾：以轰动案例为素材》（增订版），法律出版社，2015，第3页。
③ 做出这一判断，是因为笔者觉得包括西北基层法院及其司法在内的中国司法，其改善传统思维的边际效应已经很弱——比较明显的是，当前改革措施中但凡涉及利益的都不同程度地遭受到种种阻力。某种意义上，前述改革是一种自上而下的威权体制强力推行过程。换言之，这样的改革有其刚性，相应地它的柔韧性是比较弱的。
④ 参见同名小说。〔瑞士〕彼得·韦伯：《没有旋律的年代》，范捷平、王正浩译，上海译文出版社，2014。
⑤ See H. G. Wells, *The Invisible Man*, New York: New American Library, 2010.

道渐次发展。这都或隐或现地呈现在我国基层法院的司法中,只是我们还没来得及进行细致的描述和深入的反思。

作为一项主要是以某一地域基层司法实践为对象的研究,在具体的行文及主要的思路展开上,很难不去考虑这一制度所在的场景与背景。对作者而言,这一场景与背景最突出的便是当下我国的社会 - 政治态势。于"社会",其意义自不待言,这几乎是贯穿本研究的一个核心关键词;而在"政治",这主要还是司法在中国社会中的特殊面相。概括地说,当下的基层法院处在一个"变迁""改革""现代性""现代化"等语词影响的时代场域下。

从社会而言,无人会否认当下的中国是一个"变迁"的社会、转型中的社会,结合近来的热词,即中国社会正处在"深化改革"的进程中。而"全面深化改革的总目标是完善和发展中国特色社会主义制度,推进国家治理体系和治理能力的现代化。"① "现代化"作为这其中最主要的一个关键词,其所具有的意义不仅是执政党的政治决议表述,而更重要的是在这样一个集中统一的党政结构下,② 其所具有的指导、规划社会整体发展的作用。当然,从更大的背景来看,即便是截取中国近百年的历史,或者是新中国成立以来抑或1978年改革开放以来的历史,"现代化"一直都是中国发展的主要命题。足见"现代化"在中国社会进程中所具有的重要意义和作用。由此,便需对"现代化"本身作一必要说明。

相较于日常用语及政治文件中的"现代化"(modernization),在学术讨论的话语中,更多的是有关"现代性"(modernity)的表述。③ 就近现代以来,中国所处的世界位置而言,无论是被动还是主动,中国社会无疑都要进入现代社会,笔者也不质疑这一发展方向。只是作为一种研究,似乎更应关照发展中所可能引发的问题以及发展所需具备的相应配套机制。换

---

① 《中共中央关于全面深化改革若干重大问题的决议》(2013 年 11 月 12 日)。
② 王浦劬、汤彬:《当代中国治理的党政结构与功能机制分析》,《中国社会科学》2019 年第 9 期。
③ 其中的部分文献可参见陈嘉明《"现代性"与"现代化"》,《厦门大学学报(哲学社会科学版)》2003 年第 5 期;陈嘉明《现代性与后现代性十五讲》,北京大学出版社,2006;史明瑛《现代性与现代化》,《读书》2009 年第 8 期;许纪霖、陈达凯主编《中国现代化史》第 1 卷,学林出版社,2006;许纪霖、刘擎主编《何谓现代,谁之中国:现代中国的再阐述》,上海人民出版社,2014。

言之，我们关注现代化之实际过程及后果①更甚于现代化最终目标的样态。在这一情势下看待中国的法律和司法更是如此。我们应该能够接受以下观点，即无论是光绪二十八年（1902）开始的变法修律，抑或新中国在1949年废除国民党"六法全书"建立新法制，都无法否认一个事实，即中国对于外国法的借鉴。近些年，特别是自改革开放以来，我们借鉴吸收了一些来自欧美国家的法律制度。在这一情形下，无论是讨论中国社会的现代与后现代，还是中国法学的现代与后现代，显然其面临的问题都不同于欧美国家。

（一）现代主义与后现代主义

以下是伊哈布·哈桑（Ihab Hassan）关于现代主义与后现代主义的一个经典对比（见表1-1）：

表1-1 现代主义与后现代主义之对比

现代主义	后现代主义
浪漫主义/象征主义	荒诞派/达达主义
形式（接合的、封闭的）	反形式（断裂的、开放的）
目的	游戏
规划	偶然
等级制	无政府状态
控制/逻各斯（理性）	耗竭/沉默
艺术对象/完成的作品	过程/表演/偶然发生
距离	参与
创造/累加/合成	反创造/解构/对立
在场	不在场
集中/中心	分散/散布
类型/边界	文本/互文
语义学	修辞学
从属结构	并置关系

---

① 其中的部分文献可参见〔英〕安东尼·吉登斯《现代性的后果》，田禾译，黄平校，译林出版社，2011；〔美〕赫伯特·马尔库塞：《单向度的人：发达工业社会意识形态研究》，刘继译，上海译文出版社，2008；等等。

续表

现代主义	后现代主义
示例	语段
隐喻	转喻
选择	合并
根源/深度	根茎/表面
阐释/阅读	反阐释/误读
所指	能指
列举的（读者方面）	改变的（作者方面）
叙事/大历史	反叙事/小历史
大师编码	个人习语
症候	欲望
类型	变异
阳具/阴茎	多重形态/雌雄同体
妄想狂	精神分裂症
起源/因由	差异/追溯
圣父	圣灵
形而上学	反讽
确定性	不确定性
超验	内在

本图资源来源：Ihab Hassan, "The Culture of Postmodernism", *Theory, Culture & Society* 2 (1985)：123－124。中文翻译分别参考了〔美〕戴维·哈维《后现代的状况：对文化变迁之缘起的探究》，阎嘉译，商务印书馆，2013，第 61～62 页；〔美〕苏珊·弗里德曼《定义之旅："现代"/"现代性"/"现代主义"的涵义》，张慧文译，载刘东主编《实践与记忆：〈中国学术〉十年精选》，商务印书馆，2014，第 141 页。

（二）法学中的现代与后现代

就法律而言，西方社会有其浓浓的法律底色，一如它的宗教传统。但在中国社会并不是这样，它的社会底色是"单一的道德文明秩序一贯几千年"①。在中国法学还没有适应现代的时候，后现代又开始了。於兴中总结

---

① 参见〔美〕哈罗德·J. 伯尔曼《法律与革命：西方法律传统的形成》第 1 卷，贺卫方、高鸿钧等译，法律出版社，2008，导论；於兴中《自然法学与法的神圣化和世俗化》，收于氏著《法治与文明秩序》，中国政法大学出版社，2006，第 87～98 页。

了法学中的现代与后现代的几个特点：①

（1）从法律的基础来看，现代法学认为法律是人类理性的反映，而法律制度和法律规则乃是客观的逻辑或经验系统。法律后现代主义者则认为，法律乃是不同利益集团间利益的妥协和人为因素作用的结果，并非客观的逻辑系统。

（2）从法律制度的重心来看，现代法学所注重的是法律规则和法官，而法律后现代主义者则认为法律的重心乃是在语言及其解释上。

（3）从法的独立性来看，现代法学认为法律是独立自主的，不受制于其他因素的干扰……后现代主义者则认为那完全是不可信的说法，法律制度不是封闭的体系……

（4）从法的确定性来看，现代法学认为法的内容是基本确定的，人们对某一条规则的理解大致可以达成共识……后现代主义者则认为法律基本上是不确定的。

（5）从法律的统一性来看，现代法学基本上都是一元论者……把法律制度看成一个金字塔结构，从下往上可以溯源到一个最终权威……后现代主义者则主张法律制度的多元化，强调探讨各种非西方传统或多元传统的选择。

（6）从法律方法来看，现代法学一般认为法官在做出司法判决时依赖于一种独特的法律推理方法或过程……司法判决做成的过程是一个相对严密的推理过程，而司法判决则是这一过程的必然产物……后现代主义者则认为，事情刚好恰恰相反……

（7）从法律与其他社会现象以及法律与其他学科的关系来看，现代法学较注重研究法律制度自身和法学自身的问题，志在建立一个法律的王国。后现代主义者则更主张法律制度和各种社会现象之间的关联和相互作用，主张用跨学科的方法来研究法律。

（三）后现代语境下法律/司法的反思

不容否认，现代化的过程带给我们的社会极大影响，更要看到现代化

---

① 参见於兴中《法学中的现代与后现代》，收于氏著《法治与文明秩序》，中国政法大学出版社，2006，第99~103页；另见於兴中《后全球化时代的中国法哲学：机遇与挑战》，《太平洋学报》2011年第10期。

之不对称性。正如我们无法说人人都不喜欢现代化一样，也不能当然地认为人人都接受现代化及现代性之理念。这主要视现代性的内容、达致的目标及其具体的实现途径如何。笔者想要表达的是，现代性作为一种社会意识形态，它的内涵具有不确定性，是在不断变化、修正中的。如果较为纯粹一点从经济的面相来看的话，现代性之进展大多数时候并不是一种社会发展的必然。我们也很难将所有社会都设想成商品经济才是其趋势及发展的必然走向。即使是已经商品化的社会及区域，我们也要注意到其是以怎样的方式及情势实现这一点的。①

从这样一种思路出发，那么如果是纯粹从法律来看法律，便有可能既理解不了这个社会，也理解不了其间的法律。要看这种法律是以怎样的方式作用于这个社会环境的。无疑，在今天的社会中，法律特别是国家法都是由立法机关制定，并强制在其主权范围内统一适用的。在我国这样一个社会组织及人们行动逻辑还并不完全依赖法律进行组织的国度，法律之解决纠纷的功能远突出于法律事先安排、预防纠纷，乃至提供行动指南的作用，更遑论其从根本上限权的作用。是故，发生纠纷后当事人并不一定必然选择诉讼等国家制度层面的路径，这有文化、民族心理的作用，而这更是人们安排自己生活的习惯和选择的问题。由是，正如从诉讼来看待一社会/地域纠纷之解决是片面的，单纯从诉讼来考察一国之法制亦是片面的。法律在一国之运行依赖于人们对生活秩序及其权威之认同，以及对法律之意识及信仰。只是在商品经济社会，在目前情形下，对人们行为之规制被动地仰赖法律这种最直接的规范。不得不佩服桑托斯（Boaventura de Sousa Santos）的远见卓识，以及他的"对抗式后现代性"的洞见，这将在本书最后一章具体论述。需要指出的是，对现代性的反思并不只是各种后现代思潮的使命。换言之，反现代主义并不必然是后现代的。

三　基层法院司法差异的初步考察

差异、差异性、多样性，这些概念在今天已不再是多么陌生的话语，

---

① 参见李猛《自然社会：自然法与现代道德世界的形成》，生活·读书·新知三联书店，2015；郑戈《法律与现代人的命运：马克斯·韦伯法律思想研究导论》，法律出版社，2006；等等。

已经牢固地占领了学术研究的领地。无论是从哲学研究的层面还是文化研究的角度，以至其他一些可归于后现代理论研究的进路，差异研究都有了相当的研究深度。

（一）差异的界定

1. 哲学意义上的差异

"差异"作为一个重要的哲学概念，向为研究者所重视。① 黑格尔在其《小逻辑》有关"本质论"的部分较为集中地阐述了所谓"统一""差别""根据"等概念。② 简要地说，黑格尔意义上的"统一""差别"并不是孤立的，而是强调"异中之同""同中之异"。③ 黑格尔的前述观点并不是没有受到质疑和批评，这比如有学者在比较了其与德勒兹的观点后指出，黑格尔辩证法以先验的统一性、整体性为前提，认为差异就是矛盾，必然经过正、反、合三阶段达到统一。而德勒兹认为，差异是一种异质共存状态，并非对立和冲突。④ 基于此，我们还是能够发现不同的哲学思想之间的差异，可以说德勒兹就完全颠倒了传统的异同关系。⑤ 当然就最终的意义来看，并不见得德勒兹与黑格尔在"差异"概念上的思想距离有多远。

上述两种观点，相较还是一种相对抽象意义上的"同一""差别"观点，如果再具体一点，我们还是能够看出上述观点与本书论述上的一些区别。因为在具体的差异比较对象上，笔者是在西北基层法院与其他非西北的基层法院之间比较，换言之这还是一种范围相对受限的同类之间的比较。具体来说，笔者希望借助"差异"这一概念，能够从社会自身——地理、环境等多角度来展示西北基层法院及其司法存在之场景，进而在司法目的更好、更恰当地实现的前提下反思我国现有基层法院乃至整体司法方法上的一些问题。⑥ 在这个意义上，以下笔者将谈到的有关地理区位差异

---

① 参见乌杰《关于差异的哲学概念》，《系统科学学报》2008年第2期。
② 参见〔德〕黑格尔《小逻辑》，贺麟译，商务印书馆，1980，第247页以次。
③ 就黑格尔哲学体系中"统一""区别"关系的阐述另可见贺麟《黑格尔的统一、差别和矛盾诸逻辑范畴的辩证发展》，《哲学研究》1979年第12期。
④ 宋涛：《德勒兹与黑格尔"差异"思想比较及当代意义》，《贵州民族大学学报（哲学社会科学版）》2013年第3期。
⑤ 参见吴静《遭遇乌托邦——论德勒兹"差异"概念的困境及其可能出路》，《江海学刊》2015年第6期。
⑥ 参见邱耕田《差异性原理与科学发展》，《中国社会科学》2013年第7期。

以及西北社会特点及其发展上的差异都是构成西北基层法院司法差异的必要根据。

2. 地理意义上的区位差异及我国西北社会的特点

尽管一地独特社会文化的形成有其多方面的原因，但不可否认的是，地理因素是其中比较重要的一个因素。同时，一地文化的底色在被自我与他者的意识、认识以及传播过程中，又逐渐因为地理特点而不断符号化，乃至于固化。这比如我们印象中的西北以及东部的一些形象。另外，在我国广袤的土地上，各地之间的社会文化差异还是比较明显。① 尽管在今天受经济全球化以及人类交往方式等方面的影响，各地之差异在某种意义上已经大大减小了，甚至是渐趋消失，但我们也要看到，差异的底色并没有发生全部改变，最主要的是，因为这些差异使得各地之间的发展差距正在拉大。从社会学的角度来看，差异可能是中性的，但差距则会带来一定的社会问题。相应地，如果不能对此进行一定的调整与矫正，将会带来社会的不公平。当然这方面更多的研究主要体现在历史地理学者以及区域研究学者的作品中。

那么，又该如何来认识我国西北社会的特点呢？从法律地理学的角度来看，一地的社会特点及其样式会深刻影响到一地法律的具体展开方法。具体来说，这主要包括两个层次，一是国家法的认可与接受度，二是国家法在该地适用的重点。这比如，本书后文论及的甘南藏区"尼江问题"的解决方式以及第二章 S 省 Y 市法院具体案件类型所呈现出来的法律适用选择——比如涉外案件、知识产权案件就不是这里的重点。大体上，西北主要指的是陕甘宁青新五省区。要对这样广袤的一个社会区域的特点进行归纳，还是有一些难度。不过通过一些优秀的著作，我们还是得以较为清晰地认识。谷苞先生在其担任总主编的《西北通史》丛书序言中首先指出西北地区农业区与游牧区并存的格局；而对西北地区文化的特点，他指出："第一，西北地区的文化是形成中华民族文化的一个重要的源头……第二，西北地区一向是一个多民族聚居的地区……第三，西北地区是古代丝绸之路的主道所经过的地区，对于促进东方文化和西方文化的交流，对于促进

---

① 参见谭其骧《中国文化的时代差异和地区差异》，《复旦学报（社会科学版）》1986 年第 2 期。

东方各国与西方各国经济文化的发展,都曾经起到过巨大的推动作用。"①刘光华教授也指出:"(西北地区)一是幅员辽阔,地形复杂,其内各地自然条件差异很大……二是自古以来这里就是众多民族活动的地区……三是西北民族社会发展的不同步。"②

3. 发展差异

据联合国开发计划署 2016 年 8 月 22 日发布的《2016 中国人类发展报告》显示,我国省份间的人类发展差距比较大。③ 中国统计学会、国家统计局统计科学研究所 2014 年发布的《2013 年地区发展与民生指数(DLI)统计监测结果》也比较明显地显示了这一差异(见表 1-2)④。

表 1-2　2000~2013 年各地区发展与民生指数

单位:%

年份	2000	2001	2002	2003	2004	2005	2006	2007	2008	2009	2010	2011	2012	2013
东部地区	46.39	47.98	49.72	51.20	52.73	54.45	56.90	59.61	61.62	64.49	67.10	69.38	71.5	73.17
北京	64.08	66.37	68.16	69.51	73.52	75.59	78.20	81.35	82.85	84.90	85.33	87.64	90.18	90.57
天津	53.11	56.12	58.92	59.85	61.52	63.05	65.90	68.11	69.95	72.83	74.90	76.74	78.65	79.74
河北	38.14	39.47	40.88	41.86	42.74	44.78	46.58	48.68	50.58	53.37	56.60	58.79	60.27	61.08
上海	62.01	63.39	63.75	66.78	68.58	70.34	72.64	75.76	76.46	79.12	82.49	84.24	85.53	86.44
江苏	46.25	48.01	49.80	52.17	54.85	56.08	58.54	61.65	63.97	68.01	70.95	74.11	77.02	77.98
浙江	49.07	50.54	51.86	53.70	54.94	58.10	60.90	63.16	65.00	67.69	70.96	72.56	75.43	77.80
福建	45.80	47.33	48.86	50.31	51.47	52.58	54.27	56.77	59.71	61.99	63.73	66.43	68.54	70.86
山东	41.76	42.86	44.82	46.60	47.47	49.32	52.39	55.19	57.05	59.72	61.71	63.92	65.67	67.79
广东	50.54	52.43	54.50	54.82	56.31	57.28	59.45	62.03	63.85	66.21	68.75	70.64	72.85	74.79
海南	40.55	41.71	42.88	43.25	43.97	44.93	46.70	48.91	49.78	52.85	55.54	58.63	61.44	62.40
中部地区	36.85	38.39	39.59	40.61	41.80	43.45	45.54	48.42	50.30	53.19	55.51	58.04	60.35	62.35

---

① 谷苞主编《西北通史》,兰州大学出版社,2005,序。
② 刘光华主编《西北通史》(第 1 卷),兰州大学出版社,2005,前言。
③ 参见联合国开发计划署驻华代表处、国务院发展研究中心《中国人类发展报告 2016:通过社会创新促进包容性的人类发展》,中译出版社,2016。
④ 参见中国统计学会、国家统计局统计科学研究所:《2013 年地区发展与民生指数(DLI)统计监测结果》,国家统计局网站,http://www.stats.gov.cn/tjsj/zxfb/201412/t20141231_661933.html,最后访问日期:2016 年 8 月 23 日。

续表

年份	2000	2001	2002	2003	2004	2005	2006	2007	2008	2009	2010	2011	2012	2013
山西	34.31	35.71	38.36	38.87	39.52	41.44	44.67	47.62	48.46	52.24	54.54	56.57	59.77	61.54
安徽	36.13	37.14	37.99	38.49	40.48	41.18	43.42	46.31	49.08	52.24	54.60	57.89	61.23	63.62
江西	35.80	37.41	39.52	40.98	42.25	44.83	46.13	49.56	52.13	54.62	56.63	58.70	60.46	62.07
河南	35.85	37.54	38.64	40.26	41.30	42.70	44.76	47.46	49.03	51.58	53.76	56.72	59.04	60.91
湖北	40.35	41.20	42.71	43.53	44.37	45.97	48.41	51.18	52.67	55.75	58.08	60.02	62.41	63.98
湖南	37.89	40.32	40.45	41.23	42.38	44.60	46.23	49.03	50.97	53.72	56.36	58.69	60.88	62.42
西部地区	34.18	35.31	36.80	37.58	38.57	40.40	42.10	45.44	47.07	50.05	52.64	55.43	58.22	60.08
内蒙古	35.78	36.64	37.73	38.73	40.36	43.15	45.38	50.21	49.67	52.39	54.69	56.85	59.14	59.64
广西	34.83	36.51	38.30	39.15	40.01	42.42	43.86	46.34	47.64	51.09	52.93	54.33	57.55	59.48
重庆	36.14	37.79	39.11	40.36	42.45	44.94	47.50	51.08	53.38	56.41	59.49	63.69	65.87	68.67
四川	35.46	38.17	39.86	40.02	40.92	42.56	44.79	48.92	50.63	53.64	55.92	58.95	61.54	63.82
贵州	28.66	29.55	31.01	31.97	33.23	36.29	37.24	40.17	41.19	44.40	47.93	51.21	54.07	55.83
云南	35.42	33.79	34.99	36.25	37.15	38.79	39.58	42.96	44.69	47.77	50.13	52.95	56.20	57.59
西藏	30.09	32.10	33.72	34.94	36.39	35.80	38.82	39.88	40.94	43.40	46.32	47.85	50.65	52.54
陕西	38.21	38.86	40.04	40.01	40.57	41.32	43.59	47.01	50.12	52.67	56.14	58.79	61.63	53.94
甘肃	29.31	30.41	32.19	33.07	34.30	35.33	35.90	38.40	40.35	43.15	45.58	49.60	52.40	54.10
青海	31.06	31.97	33.58	34.95	35.43	36.82	38.91	39.81	41.01	42.93	45.82	48.68	51.93	52.60
宁夏	31.37	32.29	34.33	35.41	36.86	37.89	40.09	43.28	44.90	46.68	49.92	50.80	53.88	55.75
新疆	30.92	31.11	32.51	34.67	34.35	35.49	37.17	39.90	41.54	44.46	47.12	49.42	52.10	53.47
东北地区	40.32	41.48	43.01	44.43	45.51	46.56	48.68	51.18	53.11	55.63	57.97	60.03	62.04	63.53
辽宁	42.42	43.59	44.90	46.88	48.04	49.89	52.29	54.44	56.41	58.81	61.21	64.07	65.84	67.07
吉林	40.18	41.78	43.18	44.46	45.83	45.85	47.66	50.67	52.59	55.01	57.21	58.77	60.28	61.54
黑龙江	38.11	38.94	40.79	41.70	42.49	43.37	45.37	47.88	49.76	52.47	54.82	56.32	58.96	60.89

  概括地说，前面两种意义上的差异，主要是一种普遍意义上的，或者说是将一事物与另一事物区别开来的差异。其主要意义在于，我们用同一的眼光来观察、审视这个世界的时候，要注意到个体间的差异和不同，进而能够充分关注到这种区别，并能尽量给它们各自提供最大范围的发展空间。然则本书还关注到由于制度安排而产生的差异。这种差异尽管也表现

出了一定程度上的个体区别，但深刻地看，却是一种制度伤害、制度不正义。由此，我们也不难看到国家内的个体——它们在政治意义上是平等的，但制度的安排却使得它们缺少了平等生活、上升的空间。在这个意义上，笔者强调司法制度的完善不仅不应当以机械的方式过度强调统一而忽视实质上的"个殊性"（peculiar）；另外，具体的制度设计应当杜绝或者尽量避免造成实际的制度不正义。对此的详细论述，笔者将在第五章具体阐述。

（二） 司法差异解释

1. 司法差异及其生发原因

总体上说，我们都已经习惯中西法律、司法（文化、理念）差异这样的观点。对这种差异的描述，不仅有近年来逐渐兴起的各种法治指数、[①] 司法文明指数（Index of Judicial Transparency）[②] 等量化研究，还有长期以来的各种质性研究。对于前者本书暂不讨论，而对于后者这一质性研究，特别是法律的多元性研究，其就关注到了法律、司法差异性的存在（从宏观的视野上看，这包括一些学者研究的如非洲、亚洲等殖民地的法律移植现象；又如法律人类学家所研究的那些以"我们"的眼光看来"他们"还未进入文明社会的法律，这些研究者都感到了一种以西方法律作为模本向外推广的霸权，进而力图通过瓦解所谓西方法律话语体系，在意识、包容、承认、接受该种法律的语境下，深刻反思已有的强势法律理论）。这些研究已经蔚为可观，比如其中的一般法理学（General Jurisprudence）。很有意思的是，这些研究的一些领军学人，如推宁（William Twining）、塔玛纳哈（Brian Z. Tamanaha）等人都有过一些近距离观察和体味这种差异的个人经历，当然还有他们世界的研究眼光。

如果说一般法理学是在力图瓦解西方法律话语体系的强势霸权，进而寻求一种更有阐释力的理论体系以解释世界上不同地域的社会－法律现象——包括对世界法律地图的反思这样颇具隐喻意义的研究；那么在认

[①] 参见钱弘道《法治指数：法治中国的探索和见证》，《光明日报》2013年4月9日，第11版；朱景文《论法治评估的类型化》，《中国社会科学》2015年第7期。

[②] 比较典型的如国家"2011计划"司法文明协同创新中心发布的年度《中国司法文明指数报告》。参见张保生等《司法文明指数：尝试量化评估司法建设》，《检察日报》2016年1月28日，第3版。

识、解释了这些差异之后,实际的司法过程又该如何?这在我国更具有独特的意义。从大的方面来说,中国大陆、台湾地区、香港地区、澳门地区各自有不同的法律制度。如果先不论这样一国之内不同的法域融合,即便是大陆的范围内,也因为各地域范围的社会差异,而出现对法律的不同需求,或者对统一法律的不同解释。这一背景下所呈现的一种可能性是,即便是最宽泛的解释,也有可能致使法官感叹法不够用、法律不尽能包容当地社会,或者立法者根本就没有意识到当地社会独特性。也就是说,这一情形下,已经超出了司法官自身运用解释权进行司法活动的权力极限,而不得不去寻求新资源,以回应司法的这种实际困难。如果不是个体的个案努力,若要从制度上给予解决,该是怎样的一种思路呢?在司法正义这个最终目的下,更深的层次上,空间差异可能会产生对正义的不同要求及评价。①

既然差异才是普遍性,那么问题只是我们如何理解差异性,以及意识到司法的差异性又能做什么。布尔迪厄在其名作《区分:判断力的社会批判》②中揭示了一个深刻的主题,社会中差异是必然的,并将走向不同的方向。尽管布尔迪厄针对的并非司法制度,但在制度机理上却有启发意义。同时,尽管在现代国家下,法律之设定有国家强力作后盾,然则法律及司法最佳效果之发挥还是要使法律及司法符合一定规律,而无法完全通过人力之主观设计而完美运行。

导致差异产生的原因是多方面的,这既有客观方面的,也有主观方面的;也有可能是二者交错而致。在最一般的意义上,比如因为法官对事实认定、法律解释上的差异而导致的司法差异。长期以来予以讨论的同案同判、同案不同判等问题便属于此。不过笔者认为,司法差异性是从司法特点出发的,而同案同判则是从司法结果方面来说的。又如因地理因素导致的司法差异,这不仅在于不同的地域下纠纷的类型将会出现一定的差异,而且还在于即便是同样类型的纠纷其表现方式在不同地域下也不尽相同,比如民间借贷——在福建等地出现的标会等民间借贷方式就不会出现在西

---

① 参见王晓丹《叙事与正义的地方性知识:台湾人法意识与法律空间的民族志》,《中国法律评论》2016年第2期。
② 参见〔法〕皮埃尔·布尔迪厄《区分:判断力的社会批判》,刘晖译,商务印书馆,2015。

北的甘肃等地，而是会换作其他形式。①

2. 司法差异与不正义

"世界上没有完全相同的两片树叶"，更何况人类主观活动之司法。在绝对的意义上，司法不可能没有差异。不过，即便是在相对意义上，我们也接受司法是有差异的，问题只是我们怎样来对待差异。当然，单纯强调差异并没有意义，差异的前提是比较、旨归则是区别。具体地说，差异将会带来别样之后果。如果是具体问题具体分析，那么"差异"之形态便无法统一对待与处理，否则将导致事物机理之变形。奇怪的是，尽管司法实务中出现了诸多差异现象，但要么是采用默示的方式让法官来灵活掌握，要么是以层累的、更原则性的规范或者一刀切的方法来简单处理，却不愿从根本上予以解决。这种对待差异的观点，不仅对司法正义造成了相当的消极影响，也对法官的司法裁判造成了困惑。

历史地看，强调差异与区别及一定程度的分化自治这并不符合我国大一统的正统观念。② 但是在现代民主国家的时代语境下，这一问题是否有反思之必要？首先，我们需要具体区分差异的性质，本质性的差异却不宜以超越、统合的观念来看，而是要遵循其自身之运行机理。这比如，我国四级法院体系近似相同的逻辑排列结构及司法要求；又如，在某些司法并不擅长的纠纷领域，通过赋予司法某种更具弹性之方法而将争议安排进最为妥帖之解决途径，这未尝就是折损司法统一精神的情形。其次，在本来就需要相同对待之场景，就不应因各种条件之限制而人为造成某种差异对待。概括地说，这两种不同的情况分别对应本书在以下部分将要分别论及的两种具体（concrete）正义。尽管后一种差异在现实中造成的不平等可能更为巨大，但这种差异相对而言是比较明显的，也能通过制度上的安排得到解决，甚至是较快的解决。不过对于前一种差异，如何去处理这却是有争议的。多数观点都会认为，这样的差异需要消除并最终实现司法上的统一。但笔者认为差异并不一定要消除，而是要在尽可能的范围内，给予

---

① 参见苏宏涛、朱决胜《民间借贷的区域差异：温州与上饶的比较》，《中国金融》2005 年第 24 期。
② 在我国引入辩证法之前，对于差异个性，则主要限于诸化外人、少数民族等，即改土归流制度等；而在引入辩证法之后，特别是唯物主义辩证法之后，差异与统一都成为辩证关系。

这种差异以尊重，差异并不必然导致混乱和不公，而恰恰相反在这些情形下差异却是为了更好地实现公正。

对这一问题，通常的反应便是在中国这样一个中央统一领导的政治体制下，司法权的出发原点都是从中央开始的，亦即司法权是中央事权。①换言之，这一问题的解决最终还得回归中央，寻求中央的解释。另一种思路自然是分权/授权，但在司法不能形成相对独立系统，而受地方官员牵制的情形下——特别是地方官员并不是只对地方负责，而主要是对其上级负责，那么一旦放权，便使得地方成为国中之国、地方官员成为绝对失控的土皇帝。亦即惯常所说的"一放就乱"。那么这一情形下问题该如何应对？似乎是无解的。② 因此只能无限拖延，或者寄希望于某个非常有智慧的官员的出现。③

那么在这一情况下，可否尝试从理论上去证成一种思路，以提供一种解决问题的办法（罗尔斯关于"正义"的理论研究就是一种非常成功的典范，他讨论良序社会如何可能）？"地方司法分权"固然暂时还只是一种理论假设，但如果不是过早地以一种先入为主的姿态放弃其中的理论探索，而是能以一种更加开放的态度来看问题，则会有助于问题的解决。这种开放的解决既有主动的一面亦有被动的一面。在主动的一面，古老的中国要

---

① 本报评论员《加快深化司法体制改革——五论学习贯彻习近平同志在中央政法工作会议重要讲话》，《人民日报》2014年1月22日，第2版。亦见《最高人民法院关于全面深化人民法院改革的意见——人民法院第四个五年改革纲要（2014—2018）》（法发〔2015〕3号）；蒋惠岭：《中央事权的八项"基本待遇"》，《法制日报》2015年1月28日，第10版；韩志红、左颖：《在中国建立中央法院系统的思考》，《天津法学》2012年第4期。还有一种观点基于司法地方保护主义使司法沦为地方司法权的现实，主张司法权国家化。参见刘作翔《中国司法地方保护主义之批判——兼论"司法权国家化"的司法改革思路》，《法学研究》2003年第1期。

② 关晓红关于清末官制改革的研究颇有正本清源之意，作者指出今天我们习惯性使用的"中央""地方"概念与架构，并非中国传统文化与制度固有的内容，而是伴随着宪政知识的引进传播，由欧美、日本输入的舶来品，并于预备立宪过程开始，在正式文牍中使用的新词语，其含义与中国固有的表述形同实异。而这自然也就使得这一对概念在解释中国问题时不尽周延，既遮蔽传统中国在这一对关系处理上全部内容的展开，又无法完全将西人的智识推展开来。参见关晓红《从幕府到职官：清季外官制的转型与困扰》，生活·读书·新知三联书店，2014，第27、147~162页。

③ 参见田雷《中央集权的简约治理——微山湖问题与中国的调解式政体》，《中国法律评论》2014年第2期。集权体制下地方多样性的一个研究可参见刘志伟《在国家与社会之间：明清广东地区里甲赋役制度与乡村社会》，中国人民大学出版社，2010。

重新焕发历史的新光，需要以世界的眼光来看待自己的位置；① 在被动的一面，世界大势的发展，也必然促使中国融入世界大环境，而不能只是故步自封。而这自然涉及中国自身的改革，其间的改革既在于从传统中汲取经验教训，也在于如何关照当前的政治治理理念，特别是大国的治理经验。

四 地理（空间）差异下的西北基层法院司法

（一）司法的地理差异

前已提及司法的差异性问题，如果只是从技术性的层面，特别是由于司法官个体禀赋及司法能力等方面有别而导致的差异，这并不具有根本的说服力。笔者已经提及，这些差异有些是结构性的。亦即，只要在这些地域进行一定的司法活动，必定会存在这一问题。一种较为客观的论证标准可以是从地理因素切入的。笔者首先要表明的观点是，不同的地域自然有不同的地理禀赋，也自然会在对待法律及适用法律上表现出某些差异。这是一种正常的现象。当然，在人类与环境的相互关系中，特别是后工业化时代，人类是如此的能动，以至于人类对地理环境本身的改造早已超出了前工业化社会自然地理环境对于人类的影响。② 尽管如此，具体司法过程之差异即便不是以原来人们所熟悉的样式展示，也会以其他的方式存在。换言之，差异是永远存在的。同时，这其中的一个问题便是人类在改造自然过程中，促成的这种地理文化变迁所带来的冲突。具体表现有二：一是因冲突而致的纠纷，二是在这种变迁中传统解决方法与现代解决方法之间的张力矛盾。

如果说上面的思路还仅仅是一种针对相对空间在地知识（local knowledge）的局部研究的话，那么从一种更为广阔与抽象的视角出发，就可以讨论更大范围内的地理与司法的关系。这样的话，我们所看到的就不仅仅是物理的、直观的地理与司法的关系，还有可能沿着地理学科的思维去看待一定的司法现象甚至立法的出发点。这比如，法律是如何在一个空间内

---

① 王缉思：《找准中国在世界的定位》，《财经》2012年第31期。
② 〔美〕阿瑟·格蒂斯、朱迪丝·格蒂斯、杰尔姆·D.费尔曼：《地理学与生活》（插图第11版），黄润华、韩幕康、孙颖译，世界图书出版公司，2013，第266页。

展开的，这其中的关系如何。前面我们提到因地理而致的司法差异性，但某种意义上，我们也能看到差异之上的某种一致。同时，经由这一方法，我们更能看到变动不居的社会环境是如何作用于特定的法律及其司法的，也会看到法律是如何应付变迁的社会的。这相对于之前笔者所考虑的地理之于纠纷类型的研究则是一个拓展，同时也是对人类交往半径理论的一种深入。①

上面的论述已经简要地表明了一种西北基层法院司法基于自身的地理禀赋而出现的一种司法上应有的区别，那么在这种差异之下，我们该如何来思考西北基层法院的司法？同时，基于西北作为国家之边陲，进而又产生了另一个问题，即中心－边缘的问题。

（二）西北（区域）基层法院司法思考

"如果思想以差异的方式来领会差异，而不是寻求差异之下隐藏的那些共同要素，那又如何呢？"② 详言之，在一种多少有些极端的观点看来，从差异的角度来考量西北基层法院的司法就是为了探索其本身。也正是差异本身，才使得西北基层法院的司法同其他的基层法院区别开来。换言之，突出西北基层法院司法自身的差异并不是为了寻求最终的那个可能的统一，亦不是为了寻求那些解说出来的种种隐含的深意，而仅仅只是呈现其自身。一如前述核心－边缘的讨论，在整体的关于基层法院司法的空间下，各个基层法院的司法是既独立又联系的一个个点，不存在一个中心。是故，我们至少要重新思考：（1）如何认识、判断差异；（2）差异的功能和意义；（3）我们对差异的处理。申言之，"当异质性因素（heterogeneous elements）聚集于一个整体，而这个整体与这些构成因素既相互区别又不可分离时，概念的统一性或一致性就发生了"。③ 即是说，在整体的基层法院司法，乃至全部司法的光滑平面下，如何处理每一个"点"。在这个意义上，西北基层法院司法的问题既是一个个案，也是一个具有共同性的类案。亦即，作为内在本质的差异与通过外部表现形式而呈现的差异是不一

---

① 参见韩宝《地域与认同之于纠纷解决的意义初探——基于我国西北地区的考察》，《甘肃政法学院学报》2013年第4期。

② 〔法〕米歇尔·福柯：《哲学剧场：论德勒兹》，李猛译，载汪民安主编《生产：德勒兹机器》第5辑，广西师范大学出版社，2008，第197页以次。

③ 陈永国：《代前言：德勒兹思想要略》，收于氏编/译《游牧思想——吉尔·德勒兹、费利克斯·瓜塔里读本》，吉林人民出版社，2011，第4页。

样的。在后者，也就意味着随着那些差异的外部形态的消除，整体的一致将会实现。

（三） 核心与边缘

"核心–边缘"或者"中心–边缘"在今天的学术话语中多少已是有些泛滥的表达语词。笔者也不能免俗，亦将这一对关系用在自己所要展开论述的西北基层法院上。严格来说，至少从西北在中国大陆的地理位置来说，它很难称得上是边缘的。只是，在当下的中心–边缘划分标准下，无论是政治、经济，还是文化西北都是中国名副其实的边缘。自然，处在这一区域中的包括司法机关在内的国家制度机构也处在边缘的地位。

泛泛地说，中心–边缘这一结构的形成，既有从历史、现实等时间维度来看的原因，还有空间布局上的原因。中心–边缘本身作为一种真实存在的社会现实，本身并没有任何问题。只是当中心–空间凝固为某种确定的情结以及不容置疑的发展思路时，中心–边缘就不仅仅是作为一种差异而存在，而是转变为一种切实的不平等思维，并在某种意义上与一种进化论的思维联系起来。换言之，边缘反衬了中心的位置，中心成为边缘奋力追赶的目标。而且，在这一思路下，乐观主义者往往会认为，随着社会的不断发展，中心–边缘之间的差距将越来越小，并最终融为一体。但是现实的发展却并不一定必然是沿着这样的"规律"进行的，同时，中心–边缘之间的根本差异总会在这种方式下消散，而在另外的地方以其他的方式再出现。

经验地看，中心并不一定必然提供了边缘发展的动力，反倒是边缘时不时充当策动中心向前的发动机。[1] 只是这样的事实在不断变幻着的各种"中心主义"的叙事结构中很多都被遮蔽了。某种意义上，这一论述似乎武断地否定了社会发展变迁的积极作用，而笼统冠之以对进化论式观念的批评。但不可否认的是，法律之变迁发展过程并不必然与社会之发展变迁同时、同步，这是由法律自身的属性决定的。在现代，无论怎样解释法律，它总是一种人造物，而且它有愈来愈脱离人群及社会独立运行发展的

---

[1] 参见葛洪义、朱志昊《帝力于我何有哉：〈地方法制评论〉创刊号发刊辞》，载葛洪义主编《地方法制评论》2014 年·第 1 卷，法律出版社，2014。

倾向。① 换言之，法与社会之间的隔膜是天生的。尽管从法学上我们可以弥合、消解这种缝隙。是故，笔者想说将主要的希望寄托于法及其运作机器——司法机关的缓慢改变以照应社会现实还是有很大局限的。② 换言之，如果国家法及其司法机关——法院，切实要保有并维系它在调整社会秩序方面的效度和力度，就要主动做出改变；而不是要求一定的社会现实在迁就司法状况的被动作用过程中，改变自身。反之，与其说是法律的变迁最终应和了社会的要求，不如说是法律的改变误打正着了社会现实。显然，这样的法律及司法是不能适应社会的。正如百年前狄骥就质疑的那种观点："法律不正是像其他社会现象一样处在持续的变迁之中吗？"③

五 "基层法院司法的西北问题"及"西北基层法院的司法问题"

（一）方法上的说明

"基层法院司法的西北问题""西北基层法院的司法问题"，惯常中我们已经非常习惯于对问题的这种二分法表达。尽管二分法有其局限，但在未有更经典的范式出现之前，这样的认识论还是能够阐明问题的。"基层法院司法的西北问题""西北基层法院的司法问题"是笔者针对西北基层法院及其司法这一对象从两个维度进行分析的一种思路。在研究中，司法问题与西北问题往往是交织在一起的，但若要阐释清楚问题本身，至少在理论的阐述上还是要做必要的切分。某种意义上，以哪一问题作为研究的对象，既有偶然性又有必然性。其一，这是出于论证的考虑；其二，也是最关键的，这代表了笔者对西北司法，特别是基层法院司法的一种思考。或者说笔者更希望能够通过自己的努力，让更多人了解、认识这里的司法状况。

按理说，西北也并不是这个国家的域外之地，也断不会有什么惊诧的事故。经由前文之阐述，我们至少能够部分地感觉到西北的基层法院所遇到的自身独特的问题。值得质疑的是，这样的问题是真比较出来的，还是

---

① 与此相关的是关于法律异化的讨论。
② 哈耶克有关"自生自发秩序"（spontaneous order）的研究便很有启发性。See F. A. Hayek, *Law, Legislation and Liberty: A New Statement of the Liberal Principles of Justice and Political Economy*, London: Routledge, 2013.
③ 参见〔法〕狄骥《公法的变迁》，郑戈译，商务印书馆，2013，导论。

笔者刻意制造出来的？但无论如何，至少在下面一点上，这些问题是大部分可以成立的：

> 以西北作为论述的重点，主要是因为西北在整个"变革"社会中所处的边缘地位。变革构成了当下中国大陆社会发展的主题，社会对物欲尤其是商业利益的追求达到了前所未有的程度，"钱"成了社会最为显眼的主角。在一个表面上异常商业化的时代，虚浮的气氛使得无论是进入法院的纠纷式样还是法院对这些纠纷的应对，都显示出与传统中国很大的不同，这在西北尤为突出，传统与现代在这里剧烈对撞。作为中国经济发展较为落后的一个地区，西北除却要极力发展自身的经济外，还要努力缩短同发达地区的差距，以使自身不被快速向前的社会所抛弃。社会意识亦处在"青黄不接"的境地，基层法院既要考虑这种"身未动、心已远"的社会现实，还要兼顾仍然顽强存在的传统。①

或许是由于制度的安排，或许是囿于地理环境，这一切都使得处在这一区域内的司法机关受其不发达的经济和国家边疆这一政治位置的影响，注定是要承担特殊使命并受到额外关注。尽管随着交通、通信等的发达和经济交往的加深，都使得那些曾经的特色正在消去，但是却又要面临新的问题。

不管怎样，在我国基层法院司法的整体框架下，以"西北"作为论述的限定语，像极了经典人类学的写作模式。而笔者，一个以法律为业的研究者，主要的生活及社会经验也主要是源于这里。骤然走进另外的文化带，自然对这种差异有了更加感性的认识。由此，以"西北"作为限定语，自然就少了"猎奇"的成分，而主要是想要说明，在一个当地人看来真正的西北基层法院司法大概是如斯的。王铭铭讲述了一段他在英国留学时的研究经历——"想要研究非洲或印度的中国"，"找老师谈，老师嗤之以鼻"，"我们对你们中国更感兴趣，而且相信你能做好"，"心中是有不平……沦为西方汉学的传人"。王铭铭那样做，是"要颠覆人类学的自我与他者的关系"。② 在这之前，20 世纪 30 年代费孝通先生写《江村经济——

---

① 参见韩宝《认识变革社会中的基层法院司法——以我国西北地区 S 省为例》，载张永和主编《社会中的法理》（第 8 卷），法律出版社，2016。
② 王铭铭：《人类学讲义》，世界图书出版公司，2011，第 269 页以次。

中国农民的生活》,乃师马凌诺夫斯基(Bronislaw Malinowski, 1884～1942)充满了期待,认为这是"土著人写土著人"。笔者认为,通俗说这大概就是"我心写我手"。这些前行的开拓者以经验告诉我们,人类学的写作不一定都是猎奇,还可以是汉人写汉人,不只是汉人写少数民族。①

(二)"基层法院司法的西北问题"

这主要是讨论西北的基层法院及其司法在中国基层法院及其司法这个体系,以及中国司法结构的全部体系这个金字塔中的位置和处境。本书并没有从正面对这一问题进行详细论述,只是在第二、三、五三个章节做了侧面的描述(当然,更坦白地说,笔者目前只是意识到有这样一个问题的存在,但囿于个人的学养积累及视野层次尚无法完全驾驭这一问题)。第二章所提供的Y市中院的个案,是要白描中级法院的一审情况的。通过这一个案,数据表明中级法院所审理的一审案件数占它所审理的全部案件数的总数非常小。换言之,中级法院的审判工作重心是基层法院的上诉审,即二审。在这一背景下,如果上下级法院间的关系不能运行在一种正常的职业伦理体系内——即便是彻底消除基层法院向中级法院的请示、汇报,而且也不存在中级法院指示基层法院的情形,中级法院同样可以控制基层法院的司法——发改、撤销裁判都是基层法院头顶上的"达摩克利斯之剑"。这一点恰恰正是基层法院所担心的。然而,这样的问题只能通过司法机制自身来解决,它是一种软文化,没有办法在短期内通过这样那样的外部规则来解决。

当然,很难说这是基层法院司法的西北问题,这应该是全国司法普遍存在的问题。这里笔者所分析的个案最多算是基层法院与中级法院关系的一个西北样本。② 从此出发可引出后面的问题,即社会对司法自身的影响。

---

① 费孝通:《江村经济——中国农民的生活》,商务印书馆,2001,第305页以下。关于此,更多的论述可参见所谓"汉人社会人类学研究"或者"人类学汉族社会研究"。

② 需要补充的是,西北基层法院司法存在的问题与其独有的地方性问题是两个不同的概念。在前者,它并不排除西北基层法院司法存在全国普遍性的问题。也正是在这个意义上,我们才会讲西北地区的基层法院司法是较为落后的,它的法院建设工作及办案人员的业务能力需要大力提高。在后者则主要是从本书第三章所依赖的法律地理学这一概念角度而表现出来的地域性问题,以区别于中国其他区域基层法院司法过程中所出现的问题。就后者而言,如果将法律地理学——法律与空间这一方法推展开来,我们会看到各地的基层法院在司法过程中都会遇到一些只会出现在当地的问题。

笔者不太赞同司法机关完全同社会隔离，也不相信司法机关能够成为某种意义上的"救世主"。毋宁说，一个良好的司法秩序依赖于社会比较文明的发展程度。尽管不能将社会主体的素质完全与社会的文明程度等同起来，但它们之间绝对是一种正相关关系。一如前述，笔者提及的变形了的"涓滴效应"以及不均衡的现代性所形成的西北社会在整个中国社会中的位置——尽管我们不赞成经济决定论，但经济水平终究还是衡量社会水平的一个重要指标。从这个意义上，笔者借用罗尔斯"社会最不利者"这一概念来描述西北地区之社会及本书所要论述的基层法院是可以讲得通的。提出这个问题，是要说明社会整体如果要维持一个相对稳定、繁荣的状况，要形成一个成熟的发展模式的话，需要在上下之间进行平衡。这种平衡在经济学、政治哲学中已有很多论述。在这个问题的立场选择上，"极左""极右"都是非常危险的。这一问题将在本书第五章进一步阐述。

（三）"西北基层法院的司法问题"

这是本书所要着重论述的一个问题，其中的内容主要体现在本书第三章。在这一章，笔者列举了一个甘南藏区"尼江问题"的个案。通过这一案例，笔者意欲指出西北基层法院司法有其独特的一面，亦即司法本身在结构上是有差异的。突出差异性是要说明，一如"尼江问题"这样的地方性司法差异并不全是"同化"、社会发展等所能够全部回答的——它有其自身的逻辑。换言之，这不是落后与先进的问题，也不存在以此种文化取代彼种文化的问题，而是要考虑如何共容的问题。在这个层面上，惯常我们对于法及司法的理解可能需要做一些改变。申言之，笔者在这其中预想了一种自己所认为的理想的基层法院司法秩序。关于这一问题笔者将在本书第六章给出一些看法。

结合以上两点，尽管"二分法"的认识论有其理解问题的强大功能，但在最终答案或者思路的给出上还是要回到一元论的模式上去。在今天，我们更加熟悉的词语是"整合"。笔者的整合方案是基层法院的"分层区别治理"，在本书的后面章节会详细进行论述，以下先作一总括式的描述。

六 基层法院"分层区别治理"的意义

基层法院的分层区别治理,这一表述含有一定的分权、自治的意思。① 笔者是将本书的写作放置在了一种"社会-法律"的视角下,而且是想在一种狭义上来使用这一方法。但是不论怎样,当将基层法院作为一个整体,尤其是将其置于我国的整个法院体系之中时,一种政治视角的逻辑便不可避免地产生了。

笔者个人认为:我国的法治建设还未定型,特别是其中的司法制度,都还充满着变数和不确定性,我们现在还无法很清晰地给出我国司法的完全图景。也正因如此,笔者也就更倾向于从法律的外部来看待法律,因为对于法律自身而言,它还是不完整、不确定的。一定意义上,它还缺乏能够自我论证与建构的营养,还需要从外部空间寻找必要的基础和支持。这大概也是本书偏向于社会-法律而非法律和社会这样的研究进路的一个潜在原因。

事实上,中国的法治自然包括其司法的完善和进展,这些是很难和中国近代、现代的发展区别开来的。因为就整体的政治结构来看,法律只是全体政治体系的一环。即便是美国这样的三权分立国家,也要看到其司法的独立是时机成熟才破茧成蝶的。② 尽管新中国的政治建构在 1949 年业已完成,但要真正将法治结构、司法体系这些内容完全调试好,并回应社会的要求,则还在路上。

"敢问路在何方"? 行文至此,肯定已有很大的批评或质疑的意见出现,因为笔者赖以立证的方法完全是西方式的,看不到中国的基因。笔者也不想对此做出太多的辩护。作为一种回应,一方面对于已有的人类智慧和成果,我们不一定就要必然进行拒绝。更重要的是另一个方面,我们是

---

① 谢晖在其 2014 年度"中国人类学大会/法律专业委员会会议"上的发言中指出,"事实上,所谓治理,从来是自治、互治和他治的结合"。参见谢晖《法人类学研究的"政治正确"与"学术正确"》,爱思想网,https://www.aisixiang.com/data/82528.html,最后访问日期:2019 年 10 月 14 日。另见〔德〕马克斯·韦伯:《经济与历史 支配的类型》,康乐等译,广西师范大学出版社,2010,第 296 页。

② 苏力:《制度是怎样形成的》,收于氏著《制度是如何形成的》,北京大学出版社,2007。

否还可以这样去设想,我国社会一路发展至今是基于西方社会之冲击而不断被动调整,还是它自身的社会逻辑本来就会如此发展?如果是后者,那么就很值得我们深思。中国之发展就不再是西方模式在中国的一个个案,而是世界社会发展进程中的另一个样本,它是从自身的逻辑深处走出来的。[1]

这样烦冗的铺垫,当然是要指出中国自身发展的问题。具体到本书所设定的场景——我国西北地区,笔者在思考这一地区的基层法院司法时,反复思考这样一个问题:西北独特的地方在哪里?在今天它还有哪些很明显的特征?在地理上,西北的广大区域并没有因为交通的快捷、时空缩小而显得成为国家的中心——它不仅仍然是地理上的边缘,亦是国家意识上的边疆。这是一种并不需要进行特别严谨的论证,而是通过实地观察,以及与国内其他地域的对比就能得出的感受。当然,这一地域还有其少数民族及宗教特点。我国有56个民族,几乎每一个地域都有少数民族的同胞居住。然而在西北地区,回、藏、维等少数民族及其信仰的伊斯兰教、藏传佛教也总是能引起特别的注意。

似乎这些问题也只是新中国成立之后才慢慢出现的,但如果是用历史的眼光来看,也并不是如此。我们是否可以抛开历史,或者说我们是否能够用一种全新的视角对社会进行一种解构?我想这两者都是很难的。从这个意义上来讲,历史上那些有关边疆及少数民族问题的经验和教训都是我们能够吸取和总结的。

然而,这里遇到的最大问题是,如果说在行政权、财权等方面中央、地方之间能够有一些授权、区分的话,在司法上是否也能够这样。这涉及如何去理解司法权从根本上是中央事权。就笔者的理解,即便司法权是"中央事权",也还是要考虑到在实践中司法权怎样才能用好、配置好。因为在当下的体制下,有时会出现一个很难的问题——"一统就死、一放就

---

[1] 孔飞力的著作《中国现代国家的起源》(陈兼、陈之宏译,生活·读书·新知三联书店,2013)给了笔者很大的启发。学者周雪光也讲"我不赞成将理论贴上所谓'西方理论'或'本土理论'的标签。在我看来,只有好的理论与不好的理论之分,适用的理论与不适用的理论之分。"参见周雪光《中国国家治理的逻辑》,爱思想网,http://www.aisixiang.com/data/91354.html,最后访问日期:2019年10月14日。

乱"。①

　　对于上面提出的基层（地方）司法分层区别治理这一理论假设，笔者并不急于给出一个结论，而是希望问题能够在逐步的分析与论证中，呈现出其理论的自觉与自洽。全书是这样安排的：首先是分两章即第二章、第三章列举"分层"与"区别"的事实；而后在第四章指出建立这一理论假设的前提，即在现代社会下，"个体"何以必须，而且是构成社会的基础；第五章将对这一理论假设的正当性寻求一种理据，换言之，在当下中国如何思考正义，亦即正义作为司法的最高价值与最终追求，这种正义不仅要是可欲的，还应是可及的。2012 年 12 月 4 日，《在首都各界纪念现行宪法公布施行 30 周年大会的讲话》中，习近平总书记首次提出了"努力让人民群众在每一个司法案件中都感受到公平正义"的司法工作目标。2013 年 2 月 23 日，在中共中央政治局就全面推进依法治国进行的第四次集体学习中，习总书记强调"我们提出要努力让人民群众在每一个司法案件中都感受到公平正义，所有司法机关都要紧紧围绕这个目标来改进工作，重点解决影响司法公正和制约司法能力的深层次问题。②"

---

① 参见秦晖《中国传统十论》，复旦大学出版社，2013。另见吴晓波《浩荡两千年——中国企业：公元前 7 世纪—1869 年》，中信出版社，2015，前言。
② 《习近平谈治国理政》，外文出版社，2014，第 145 页。

第二章

关系：个案中的基层法院与中级法院

引 论

在理论上，作为我国最重要、最主要的初审法院，基层法院之司法疆域主要在一审案件的裁判方面。但正是基于其初审法院的性质，其又必然面对来自上级法院上诉审的切实影响。是故，检讨基层法院司法所面临之困难及存在之问题，固然要从其自身入手，但还需要从纵向上考察其与上级的关系。在基层法院的日常生活中，这个最重要也是最直接的上级便是中级法院。考察基层法院同上级法院的关系，可以有很多的视角。事实上，有关我国法院上下级间的关系，以及更为具体的审级关系的研究已非常多。本章主要是从事实的层面切入，特别是将问题限定在相对较为具体的中级法院与基层法院的"日常生活"上，而不只是从价值理念及应然理想的角度去揭示我们所面临的问题。

通过"日常生活"这一角度展开，理由主要有二。其一，如果从一个相当的时段来观察一物事之日常生活，那么基本可以看到该物事之本真。换言之，就会少去很多与该物事可能并不相符之修辞。其二，则在于展现基层法院除审判活动外更丰富的生活内容。[①] 在切入点的选择上，本章依赖的是近年渐次推展开来的，目前已有相当数量的网上公开的法院裁判文书。[②] 本章较为系统地以我国西北地区 S 省 Y 市中院 2012～2014 年共三年 1620 件

---

① 自日常生活（程序）研究基层法院的早期作品，参见王亚新《程序・制度・组织——基层法院的日常程序运作与治理结构转型》，收于王亚新《社会变革中的民事诉讼》，北京大学出版社，2014。

② 关于裁判文书公开的规定，较早的可见之于最高人民法院印发的《关于司法公开的六项规定》和《关于人民法院接受新闻媒体舆论监督的若干规定》（法发〔2009〕58 号），其中即有"文书公开"的内容："人民法院可以根据法制宣传、法学研究、案例指导、统一裁判标准的需要，集中编印、刊登各类裁判文书。除涉及国家秘密、未成年人犯罪、个人隐私以及其他不适宜公开的案件和调解结案的案件外，人民法院的裁判文书可以在互联网上公开发布。"之后有 2010 年 11 月 8 日最高人民法院制定的《关于人民法院在互联网公布裁判文书的规定》（法发〔2010〕48 号）；2013 年 11 月 13 日最高人民法院审判委员会第 1595 次会议通过了《最高人民法院关于人民法院在互联网公布裁判文书的规定》，废除了前述规定，新规定自 2014 年 1 月 1 日起施行。2016 年 10 月 1 日起，最高人民法院又以司法解释的形式发布了新的《最高人民法院关于人民法院在互联网公布裁判文书的规定》（法释〔2016〕19 号）。

二审上网裁判文书为样本进行了分析。①尽管现在收集到的1620件裁判文书还不是Y市中院这三年的全部二审文书，但已比较接近该院这三年约2000件②的上诉案件数。通过中级法院的审判实践，我们会发现：目前的中级法院与基层法院之间的上下级关系由于审级安排上的原因，在初审与终审这个维度显得更为复杂。如果仅仅从一审案件审理角度来看，基层法院所审理的案件可能远高于90%；相应地，中级法院也几乎包揽了所有基层法院案件的二审。在我国法院体系行政科层影响本来就比较深的背景下，这一司法实际进一步加深了上下级法院之间的支配关系。③

---

① 样本收集的时间之所以未再向前跟进，主要有两方面的原因。一则是在这之后由于笔者在Y市中院挂职工作的结束，相应地在调研诸方面也不再便利；二则是2016年Y市中院的主要领导做了调整，新领导在工作风格，包括对待裁判文书网上公开方面还是有一些变化。另要补充的是，尽管裁判文书网上公开在我国已达到了相当规模——"（截至2016年）10月16日，中国裁判文书网公开裁判文书超过2180万篇"（而"2013年至2015年，全国法院共受理案件4625.5万件，审执结案件4345.7万件"），但"一些法院存在裁判文书选择性上网现象，部分应当上网的裁判文书由于种种原因未上网公开"。参见周强《最高人民法院关于深化司法公开、促进司法公正情况的报告》（2016年11月5日在第十二届全国人民代表大会常务委员会第二十四次会议上）。
② 该数据是笔者根据该院近三年的工作报告，结合上网裁判文书的案号数估算出的。
③ 就上下级法院之间的关系，我国宪法规定的是"上级人民法院监督下级人民法院的审判工作"，但在现实中，二者之间的关系不论是审判工作还是非审判工作都已经突破了"监督"关系，而形成一种事实上的"领导"关系。对于二者之间的这种复杂关系，事实上，如果还继续用"监督""领导"这样的修辞来界定的话，就不一定是那么准确。客观地说，在我国"官本位"色彩还比较浓厚的今天，要在具体的实践中划分出"监督""领导"各自在权力行使范围、方式等诸方面的具体内容，这是比较困难的。韦伯在其著作中专门论及的一个术语"支配"恰好能描述我国上下级法院目前的这种关系，这一术语相对而言更为中性化一些。关于"支配"，韦伯所用的德语词语是"Herrschaft"。中文译者康乐经过对比英译，认为"domination"比"authority"更为接近韦伯原意，也即"支配"这一表达更准确（在中文的另一个译本中译者就将这一术语译为"权威"）。参见〔德〕马克斯·韦伯《经济与社会》第1卷，阎克文译，上海人民出版社，2010。参见〔德〕马克斯·韦伯《经济与历史：支配的类型》，康乐等译，广西师范大学出版社，2010，第291页。韦伯认为，"支配"即意味着这一情况："支配者"（单数或多数）所明示的意志（"命令"）乃是要用来影响他人（单数或多数的"被支配者"）的行动，而且实际上对被支配者的行动的确也产生了具有重要社会性意义的影响——被支配者就像把命令的内容（仅只为了命令本身之故）当作自己行动的准则。从另外一端看来，这一情况即可称为"服从"。而对于这种支配关系存续之可能，韦伯给出了三种支配结构的"纯粹"类型——"官僚制"（Bürokratie）、"家父长制"（Patriarchalismus）、"卡利斯玛"（Charisma），并认为"见之于真实历史中的支配形态，乃是这些'纯粹'类型的结合、混合、同化或变形"。在这个意义上，我国的上下级法院关系与这三种类型都有一定的关联。参见〔德〕马克斯·韦伯《支配社会学》，康乐、简惠美译，广西师范大学出版社，2010，第8、19~20页。有关韦伯"理想典型"（Ideal types）方法论的具体表述，参见〔德〕马克斯·韦伯《韦伯方法论文集》，张旺山译，联经出版事业股份有限公司，2013，第216页以次。

尽管上级法院对下级法院天然地就有一定的支配性，但是从理论上讲，这种支配关系之范围应主要限定在审级层面。换言之，上级法院和下级法院各自应具有最低的独立性，以保证各级法院在各自权限范围内能够不受干涉地"独立行使审判权"。更进一步，在审级功能的设置上，司法理论也强调初审法院与终审法院间的不同功能。但就我国目前的司法实际，至少从制度的安排样态来看，中级法院和基层法院除了一种类似于行政级别的上下级关系之外，从它们的审判程序及基本式样上看不出有什么实质性区别。中级法院也似乎很难表现出与基层法院相比在司法作为方面的鲜明特点来。某种意义上，中级法院就是一个放大的基层法院。

是故，一如笔者将在下文要具体论述的，一旦这种存在于中级法院与基层法院的支配关系出现了偏离甚至是变异，其所带来的首先是法院审级功能的实际减弱，进而导致上级法院在解决纠纷能力上的折损；其次，离开了审级这一主线之后的上下级法院关系可能会形成某种类似于行政上下级关系的亚官僚体系；最后，如果这种法院间的上下级关系不断蔓延、扩大而不能得到及时的纠正，那么最终就会使得司法特点逐渐丧失，进而成为"二政府"，而不是政治架构中具有独立地位的司法机关。

尽管在最普遍的意义上，上下级法院之间究竟要建构怎样的关系，并无确定模式，一国完全可以依据自己的政治框架做符合自身国情及社会现实的安排。但是我们仍然强调基于司法的性质，上下级法院特别是在初审法院与上诉法院/终审法院之关系设计上要遵循一定的最低标准。就我国当前的司法实践来说，包括中级法院与基层法院在内的上下级法院关系的形成有其制度及社会方面的原因。从制度根源上来讲，自我国法院建立之日起，其便与行政机制以及军事管理等具有亲缘性。在这一背景下，尽管我们也会看到最高人民法院在厘定有关上下级法院关系的时候亦会强调上下级法院乃主要是审判业务上之指导关系，但是在实际的运作中，这一点却总是难以实现。从社会层面来看，大多数基层法院的司法过程都与在地社会的具体环境有着复杂的双向互动。亦即，至少在初审这一阶段，实际的司法过程受一定地理因素之影响。不过就本书而言，这一问题的复杂性尚在于作为事实上之终审法院的中级法院其裁判同样深嵌于具体的在地社会之中。其原因尽管在于我国法院结构上的同质性，但最根本的却是由于中级法院并没有明显区别于初审法院的独立裁判风格。申言之，中级法院之于基层法院的全面支配关系,尽管成全了其作为一个上级法院的权能角色,却一定程度上消弭了其本应具有的审级上的权威。也正因如此,我们会看到在太多的案例中,中级法院和基层法院一样,对那些积案作为有限;甚至于在大多数的上诉审即终审案件的裁判中其遵循了与基层法院一样的裁判理路。即是说,它没能发挥出作为终审法院应有的功能,特别是在政策形成、引导社会方面。基于此,就我国目前的审级制度而言,实际上是很有必要进行改进的。从中级法院和基层法院的审判实践出发,或者是终审的审级过低,或者是基层法院尚无法胜任它所能实际承担的初审任务。① 无论如何,我们还是认为,一个更为合理与科学的做法,就是要在中级法院与基层法院之间形成一定的合理阶梯,或者在它们之间形成"分层"。这也是一种将基层作为"个体"的理论所强调的。

就本章的目的,笔者不仅要从司法裁判的角度来描述实践中中级法院于基层法院支配关系的某些面相,而且还要指出这样的上下级法院关系也正好是对我国目前实际司法样态的一个反映。客观地说,上下级法院支配关系的现状能够在一定程度上减轻,但对于整体的司法文化向理想样态迈进而言则还有很长的路要走。但恰恰是这一制度理想对促进我国司法公信力等诸方面的提升与改善发挥着重要作用。

一 基层法院日常生活认识

在今天,有关"日常生活"的理论越来越具有影响力,也越来越重要。这一理论不仅在有关历史、社会学等的研究中日渐形成自己明显的理论特色,也在哲学等领域取得了丰硕的成果。② "日常生活批判是 20 世纪哲学的基本转向和基本问题。现代哲学自此由宏观而崇高的历史理性期盼走向微观而具体的生活实践诉求。在此根本转型中,马克思的商品拜物教批判理论是方法论来源;卢卡奇是日常生活批判理论的第一推动者;海德格尔则确立了日常生活批判的基础存在论地位;西方马克思主义是日常生

---

① 参见葛洪义、赵健旭《初审权相对独立的若干问题》,《法制与社会发展》2019 年第 5 期。

② 相关的研究如郑震《日常生活的社会学》,《人文杂志》2016 年第 5 期。

活批判运动的主力军,其代表人物是法国的列斐伏尔,其总结者是捷克的科西克(Karel Kosik,1926~2003)。"①

客观地说,一如下文将要论述的,本章所指之"日常生活"其主要含义与前述日常生活批判理论意义上的日常生活还是有一定的差异。具体而言,从日常生活的角度省思基层法院,是希望能够尽可能全面地展示基层法院工作的常态,以及其最丰富的面相。② 因为就基层法院司法的实际,其不仅只有正面的状态,我们还要意识到存在于其中的"难言苦衷"。这比如,法院司法中要怎样面对理论上的尴尬。又如,宪法上规定的上下级法院间的指导关系是如何变异的。再如,法院解决纠纷上的自信与实践中纠纷解决的实际之间的矛盾,等等。另外,从日常生活的角度切入对基层法院司法进行研究,还是反思某种代表官方正统表达的一条路径。

至于日常生活中基层法院同其上级法院之间的关系,在理想状态下应该主要围绕的是案件的审理。但现实中,一如笔者在其他地方已经阐明的,基层法院、中级法院的日常生活并不全是围绕案件的审判。对于大多数人而言,对于法院的了解,最常见的就是视听和影像资料等大众媒介。除此之外,在今天最主要的就是法院公布的裁判文书。虽然结案后的裁判文书,对"外人"而言只不过是一份文字材料,但通过这些文书,我们可以读出很多在实体、程序法律之外的内容。这比如上下级法院关系的间接呈现、基层法院日常生活中具体案件如"积案"的处理情势等。

上述内容一定程度上表明了自日常生活角度切入基层法院司法研究的实际价值,不过这只能是研究的一半工作,最终意义上,我们还是要回到对基层法院日常生活的批判中去。在这个意义上,尽管列斐伏尔(Henri Lefebvre,1901~1991)之日常生活理论另有深意,但其三卷本的《日常

---

① 参见刘怀玉《日常生活批判:走向微观具体存在论的哲学》,《吉林大学社会科学学报》2007年第5期。
② 域外有关法律/司法的日常生活研究,可参考所谓"安赫斯特学派"的研究。参见刘思达《美国"法律与社会运动"的兴起与批判——兼议中国社科法学的未来走向》,《交大法学》2016年第1期。

生活批判》同样对我们很有启发。①

1. 列斐伏尔日常生活理论概要

列斐伏尔认为,现代社会的日常生活是一个具有无意识特征的基础性的层次,它饱受由工具理性和现代技术所主导的工业文明和官僚统治制度所带来的异化之苦。自 20 世纪五六十年代以来,它日益经受着语言和符号的霸权,而它所包含的空间生产则使资本主义得以存续,但解放的可能性也存在于日常生活之中。列斐伏尔的日常生活批判理论推动了社会学的日常生活转向,但其异化和总体人(total man)的思想依然没有摆脱人道主义乌托邦理念的困扰。因此,一门为社会学奠定基础的日常生活的社会学必须在经验研究的基础上从日常生活的自相矛盾中寻找批判的切入点。②

客观地说,列斐伏尔并没有对何为"日常生活"进行直接界定,而是代之以一定的描述。③ 然而我们却要注意到的是现代社会对于"日常生活"的深刻影响(宰制),也正是在这个意义上,尽管本书所论及的基层法院的日常生活更多的是一种事实的正面呈现,但我们还是认为列斐伏尔的思路是有意义的。因为一旦我们了解基层法院日常生活的背后支配机制,就会发现这种看似自然的日常生活其实有其既定的轨道。换言之,其留给基层法院自身自我选择其日常生活的空间并不是很大,特别是从一种上下级法院关系考察的角度来看,更是如此。

2. 基层法院日常生活的"性质"

现实地看,一如王亚新教授所描述的,我国基层法院日常生活的"性

---

① 具体指〔法〕亨利·列斐伏尔《日常生活批判》,叶齐茂、倪晓晖译,社会科学文献出版社,2018。当然要注意的是,列斐伏尔意义上的"日常生活"较之此处的"日常生活"走得更远。"我在使用'日常社会生活'这个词的时候,是严格依照他的字面意义……'日常'这个词所涵括的,恰恰是社会生活经由时空延展时所具有的例行化特征。"参见〔英〕安东尼·吉登斯《社会的构成:结构化理论纲要》,李康、李猛译,中国人民大学出版社,2016,第 11 页。一个并不那么偏向于哲学,而更加重视社会史的关于"日常生活"的研究可参见王笛《茶馆:成都的公共生活和微观世界(1900—1950)》,社会科学文献出版社,2010。
② 参见郑震《列斐伏尔日常生活批判理论的社会学意义——迈向一种日常生活的社会学》,《社会学研究》2011 年第 3 期。另见仰海峰《列斐伏尔与现代世界的日常生活批判》,《现代哲学》2003 年第 1 期。
③ See Henri Lefebvre, *Everyday Life in the Modern World*, trans. by Sacha Rabinovitch, London & New York: Routledge, 2017. 另见刘怀玉《论列斐伏尔对现代日常生活的瞬间想象与节奏分析》,《西南大学学报(社会科学版)》2012 年第 3 期。

质"不只呈现出法律的一面,还有其他更为多面的形象嵌含其中。

法官所从事的审判业务基本停留在解决纠纷的层次,其中并不一定蕴含西方法律传统中通过一个个纠纷的处理解决去不断发现、确认和动态地发展规则那样的观念,因而也未能获得与"引导基于规则的秩序生成"这种高度相对应的社会功能及位置。对于大部分法官来说,日常的业务中还包括大量简单的事务性工作。虽然近二十多年来法院已经越来越多地通过受理、审理案件参与或介入到对社会具有重大价值的种种利害关系的调整过程中来,但审判业务中简单劳动与复杂劳动、基于日常生活经验的判断与需要高度专业技术知识的判断、社会价值或重要性很大和较小的事项等等仍然混杂在一起,使得司法活动难以普遍地被认知为承担了极为重大和独特作用的领域。尤其在一个经济发展构成中心任务或"大局"的阶段,仅仅以处理解决纠纷为依归的司法审判自然不可能在赋予社会资源的优先顺位中居于首要位置。总之,在中国一直到目前为止,社会尚未承认法官能够凭借其从事的工作和作为其业务背景的知识而构成某种特殊的"职业共同体",对外享有崇高的名声、地位和公信力,对内则拥有自律自治的能力。①

因此,在认识我国基层法院的日常生活时,则很难直接以西方法治发达国家之标准与尺度来衡量。同时,我们也要意识到目前之司法状态需要调整与改变之必要。无论从哪个角度来讲,当中国以一个大国的形象屹立于世界民族之林时,走法治之路已成为治理社会的较佳方案。尽管在关于司法改革的各种意见中,行政权等之于司法权干预的消除已达成共识,但是在整体的政治秩序中,还是会发现我国独有的司法文化依然比较孱弱。这无论是将司法机构作为一个整体向外看去,还是在司法体制内部都一定程度上存在。

---

① 参见王亚新《司法成本与司法效率——中国法院的财政保障与法官激励》,《法学家》2010年第4期。

二 为什么说中级法院是终审法院

在笔者所收集到的 Y 市中院 1620 份上网二审裁判文书中，其中 2012 年 504 件、2013 年 556 件、2014 年 560 件。① 从案号来看，2012 年最大的是〔2012〕Y 中民终字第 613 号；2013 年是〔2013〕Y 中民终字第 598 号；2014 年是〔2014〕Y 中民终字第 716 号。再对照这三年 Y 市中院的工作报告，其中 2012 年全年 Y 市中院共受理民商事案件 666 件，审结 660 件。② 而在这审结的 660 件案件中，除再审案件另外统计外，尚包括 Y 市中院自身受理的一审案件约 24 件（笔者所收集到的该类案件的案号最大是〔2012〕Y 中民初字第 24 号），另有 Y 市中院启动的撤销仲裁裁决、破产清算等程序而另外编案号的少量案件。2013 年的情况是，该市中院共受理民商事案件 662 件，审结 661 件。③ 其中在审结的 661 件案件中，在笔者同时收集到的该院 2013 年网上文书中，一审案件案号最大的是〔2013〕Y 中民初字第 44 号。2014 年该中院共审结民商事案件 814 件（至少含再审案件 25 件）④。在这 814 件案件中，笔者依据该院公布的网上裁判文书所收集的一审案件案号最大的是〔2014〕Y 中民初字第 67 号（见表 2 - 1）。

如此，就 2012～2014 年三年的数据，Y 市中院所受理与审结的一审民商事案件平均每年约 50 件。换言之，Y 市中院的日常审判主要是二审，亦即终审的裁判工作。若以 50 件一审案件来计算，其所占 Y 市中院全年民商事案件审理的比例不到 1/10。Y 市中院共辖 9 个基层人民法院。依据前述 Y 市中级人民法院 2012～2014 年工作报告，同时期 9 个基层法院

---

① 需要说明的是，在 2012 年审结的全部二审案件中，有个别案号是 2011 年的案件；相应地 2012 年受理的部分案件，审结也要到 2013 年。
② 参见《庆阳市中级人民法院工作报告》（2012 年度），Y 市中级人民法院门户网站，http://www.chinagscourt.gov.cn/zyDetail.htm?id=732066，最后访问日期：2019 年 10 月 17 日。
③ 参见《庆阳市中级人民法院工作报告》（2013 年度），Y 市中级人民法院门户网站，http://www.chinagscourt.gov.cn/zyDetail.htm?id=1317624，最后访问日期：2019 年 10 月 17 日。
④ 参见《庆阳市中级人民法院工作报告》（2014 年度），Y 市中级人民法院门户网站，http://www.chinagscourt.gov.cn/zyDetail.htm?id=734705，最后访问日期：2019 年 10 月 9 日。

表 2-1　Y 市中院 2012~2014 年二审裁判文书上网公布情况

年度	最大案号		上网数（件）		工作报告公布数（件）	
	二审	一审	二审	一审	受理数	审结数
2012	613	24	504	—	666	660
2013	598	44	556	—	662	661
2014	716	67	560	—	—	814
合　计	—	—	1620	—	—	—

所受理、审结的民商事案件分别是：8465（9131-666）件，8459（9119-660）件；9465（10127-662）件，9456（10117-661）件；10975（11789-814）件（见表2-2）。易言之，就Y市两级10个法院所审理的一审案件而言，中级法院审理的一审案件所占比例不到1%。这一数字也不到其所审理全部案件数的10%。由此可以看到，基层法院几乎承担了所有案件的一审工作；相应地针对这些案件的二审，亦即终审都止步在中级法院。①以下结合前述数据再辅以Y市中院邻近几年的年度工作报告数据作一补充。

表2-1、表2-2中，除却笔者在前文较为详细地对2012~2014年三年的数据分析外，只有2008年的数据表明该年Y市中院所受理的一审民商事案件是36件，而同期其所受理的一审、二审民商事案件总数是375，这个比率是9.6%。亦即1/10左右，这和前文笔者所指出的中院几乎是完全的终审法院的推论是吻合的。

当然在前面有关基层法院几乎承担了所有一审裁判的相关数据描述中，笔者没有加入Y市中院的上级S省高院及最高院所裁判的案件。不过就笔者的推测，就高院与最高院各自所负担的功能来看，它们所审理的一审案件不会比一个中级法院多太多。另外，根据我国《民事诉讼法》第18条关于级别管辖的规定，中级人民法院在一审案件的管辖上，事实是有一些自己专有的部分，比如"除专利行政案件外的其他专利纠纷案件"。② 而这些专有的部分并不存在于高院、最高院所管辖的一审案件中。绝大多数

---

① 由于缺少更多的关于Y市两级法院的相关数据，以下只能结合Y市中院邻近年份的年度工作报告，再作一补充。
② 王胜明主编《中华人民共和国民事诉讼法释义》，法律出版社，2012，第32~33页。

表2-2　Y市两级法院受理（审结）案件情况

单位：件

年度	Y市中院受理（审结）民商事案件数量／一审	Y市两级法院受理（审结）一审、二审民商事案件数量	Y市两级法院受理（审结）各类诉讼案件数量
2014	799（814）/86	—（11789）	—（16018）
2013	662（661）/49	10127（10117）	—
2012	666（660）/32	9131（9119）	—
2011①	623（616）/32	8378（8293）	—（9980）d3
2010②	569（564）/24	7462（7380）	9042（8840）e3
2009③	478（476）/24	7384（7302）	7384（7302）
2008④	375（372）/36	6285（6202）	—
2007⑤	304（302）/47	4892（4964）	6495（6431）h3
2006⑥	280（277）/33	4852（4852）	6485（6394）i3
2005⑦	387（384）/18	5181（5178）	6973（6761）j3
2004⑧	380（375）/28	5268（5517）	7332（7221）k3

注：本表数据除注释中所具体列明的各项之外，另依据《甘肃法院志：1949—2015》（甘肃省高级人民法院编，甘肃人民出版社2017年版）做了补充。d3包括2011年审执结的刑事、民商事、行政一审、行政二审案件及赔偿、再审等案件，e3、h3、i3、j3、k3含再审案件。⑨

初审案件都集中在了基层法院。相应地，基层法院与中级法院成了中国法院司法审判的主阵地。基于此，笔者的一个基本假设是，在我国当下的法治生态环境下，当基层法院所做出的裁判其上诉几乎全部止于中级法院时，就比较容易在中级法院与基层法院之间形成某种牢固的支配甚至强力

---

① 高强主编《庆阳年鉴：2012》，中国统计出版社，2012，第234页。2007～2011年，这5年间Y市两级法院共审结民商事案件31819件，其中Y市中院审结2149件。参见《庆阳市中级人民法院工作报告》（2011年11月10日），Y市中级人民法院门户网站，http：//www.chinagscourt.gov.cn/zyDetail.htm？id=214843，最后访问日期：2019年10月17日。
② 高强主编《庆阳年鉴：2011》，中国统计出版社，2011，第179～180页。
③ 《庆阳市中级人民法院工作报告》，《陇东报》2010年1月17日，第2版。
④ 《庆阳市中级人民法院工作报告》，《陇东报》2008年2月11日，第2版。
⑤ 《庆阳市中级人民法院工作报告》，《陇东报》2008年1月26日，第2版。
⑥ 席承苏主编《庆阳年鉴：2007》，中国统计出版社，2007，第107～108页。
⑦ 《庆阳市中级人民法院工作报告》，《陇东报》2006年1月27日，第2版。
⑧ 《庆阳市中级人民法院工作报告》，《陇东报》2005年3月21日，第2版。
⑨ 还需要说明的是，我国的司法统计并不是很统一，即便是同一个法院，比如本书所主要讨论的Y市中院，其各年的统计口径也并不一致；更容易让人产生误解的是这些年度报告、统计年鉴中提到的各种增长率，有一些存在明显的出入。

控制关系。客观上,中级法院即便不是通过对个案的改判、发回重审这种方式,也会通过事实上已形成的上下级法院之间的各种支配关系来达到对基层法院的控制。

三 中级法院的终审案件裁判

从 Y 市中院 2012～2014 年 3 年的数据来看,该院分别审结了约 613、598、716 件二审案件。而同期 Y 市中院所辖 9 个基层法院共审结了 8459（9119-660）、9456（10117-661）、10975（11789-814）件民商事案件。也就是说,这些一审案件中分别约有 7.2%、6.3%、6.5% 的案件进入了二审。① 以下首先对中级法院的二审裁判做一细致分析（见表 2-3）。②

表 2-3　Y 市中院二审裁判（判决、裁定、调解）数量和比例

年度	判决		裁定		调解		合计
	数量	比例（%）	数量	比例（%）	数量	比例（%）	
2012	257	51	126	25	121	24	504
2013	320	57.6	128	23	108	19.4	556
2014	430	76.8	130	23.2	0	0	560

注：本表及表 2-4 各项数据只能大致反映该年度 Y 市中院终审案件的结案情况。其中本表所列各列年度总案件数大致占 Y 市中院当年全部二审民事裁判数量的 82.2%、92.9%、78.2%。

表面上看,中级法院与基层法院没有太大区别——正所谓"我国没有严格意义上的上诉法院,只有上级法院与下级法院之分,多一级法院只是增加一层行政级别"③。基层法院对裁判结果的理想追求也同样体现在中级

---

① 需要说明的是,这里的一审案件不仅包括直接由基层法院立案受理的案件,还包括二审法院发回重审、再审发回重审等情形。同时,还应注意到我国法院形成的"年底不立案"或在年底立下一年案件的情形。
② 按照《最高人民法院关于开展案件质量评估工作的指导意见》（法〔2011〕55 号）所列的案件质量评估指标体系,至少其中的"一审判决案件改判发回重审率""一审服判息诉率"等都可以评价一审法院的裁判。同时,至少在 2010～2012 年,最高人民法院都发布了年度《全国法院案件质量评估分析报告》。
③ 参见耿宝建《"泛司法化"下的行政纠纷解决——兼谈行政复议法的修改路径》,《中国法律评论》2016 年第 3 期。

法院方面,如表2-3所示。这也正是通常意义上的我国法院的柱形结构。不过针对我国法院柱形结构的批评而形成的某些改进对策,并没有起到立竿见影的效果。

在一定程度上,就国家的四级法院机构而言,它们大略承担着较为一致的终极任务,只是各自的具体行进路径不太一致罢了。① 基层法院专司一审裁判、中级法院终审发改案件、高级法院发改再审并重(绩效考核)、最高院则总体指导。其实,这也是必然,这一则涉及我国的政治体制对于司法机关职能的定位;二则也是《人民法院组织法》的规定,该法第 2 条概括性地规定了四级法院的任务,而不是分别罗列其不同的功能。很自然地,在实务中,四级法院遵循着同样的诉讼法。不同的是,基层法院可以适用简易程序和小额程序;另外,终审法院在进行二审时可以不开庭进行书面审理,然而这样的做法也由于其实务中的弊病,因着正义要看得见的名义,也几乎全部开庭审理了。

尽管我国宪法等法律对上下级法院之间的关系有明确的表述,但依据制度的惯性及实务工作完全可以对此做出有理由的解释。一个基本的事实是,我国的地方法院都是依照行政区划进行设置,进而每一个法院都处在条块体制的精确网格上。进而一系列与司法有关的制度也都是围绕这一基本体制而开展,比如管辖制度、人事及财政保障等。再如,一个比较有意思的现象是各人民法院年度工作报告的内容。除基层法院外,对于中院、高院、最高院的工作报告,有时候很难区分这一报告是针对各中院、高院及最高院自身的审判等工作所做出的,还是针对该中院所辖的所有基层法院及其自身、高院下辖省(市)的全部法院、全国各级法院而做的报告。这样的情形也绝不只是个别的年份,更多的时候是中院就两级法院、高院就三级法院、最高院则是就全国法院统一进行报告。

由此产生的一个直接后果是,上下级法院之间的监督与被监督关系越来越被领导与被领导关系所替代。是故,一种自然的改革或者调整思路,便是急切地想将人民法院的职能纯粹化,将与其审判职能无关或者对审判工作有所侵害的职能剥离出去。但考虑到长期以来形成的制度惯性,对此

---

① 胡夏冰:《构建"一审中心主义"的审级格局》,《人民法院报》2011 年 9 月 22 日,第 2 版。

的改革的确存在比较大的困难。① 同时，如果不是孤立地看待基层法院或者中级法院的审判，而是能够放在一个相对广阔的空间内，我们会发现如下现象。随着社会个体交往半径的不断扩大，纠纷的生发范围已往往为某一管辖法院所不能及。不过，这也不是说我国的法律没有考虑到这样的问题，事实上，各种关于司法协助以及联动执法的制度设计都是在试图解决这些问题，以为人民法院特别是基层人民法院的"越界"办案提供支援。② 不过问题的解决思路似乎并不一定都是这样，至少在笔者所考察的这些案例中，纠纷的范围以及各诉讼当事人及他们所牵涉的主体，大抵是在Y市辖区内，只不过是在市或区县一级。

总之，当基层法院自忖难以处理或者力有不逮时，必然会向上级法院汇报、沟通。这也并不总是如何进行依法裁判的问题，而是要考虑到怎样使当事人服判息诉，正确引导社会舆论。事实上，基层法院在遇到棘手案件的时候，对当事人的上诉是有一定心理预期的。在这一情形下，中级法院能比基层法院的审理更为公正。但不可否认，待到纠纷上诉到中级法院，已经经过了相当一段时间，当事人内心也能够更为释然一些。这或许正是审级所具有的心理意义，况且国人在心底总是相信"青天在上面"，认为审级越高结果越公正。这比如Y市中院在2012年集中调解处理的由其下级法院F区法院所审理的65户菜农诉某农资经营部产品质量纠纷案。该案件也正好为Y市人大督办案件，Y市中院二审全部调解结案，并且列入当年的Y市法院工作报告中。颇值得注意的是，在该案的调解过程中，Y市中院成立的是五人与七人这样的大合议庭。

正是基于前面的特殊关系，我们可以发现在下面笔者将要论及的二审案件发回率、改判率都可以有人为控制和调节的空间，以使其符合一定的

---

① 参见刘忠《格、职、级与竞争上岗——法院内部秩序的深层结构》，《清华法学》2014年第2期。

② 有意思的是，在Y市中院，很早时候便开始在执行程序中运用交叉执行的方法，以解决那些难以执行的案件。交叉执行，举个例子，即将H县的案件交由N县或者其他其所辖基层法院的执行局来执行。这似乎正是基于其他县法院的陌生感。要区别的是，这里所讲的"跨域"与当前司法改革中的"跨行政区划法院"还是有一定的不同。此处之所以指出这一点，是为了强调在基层法院的初审裁判中，案件事实并不必然能在其司法管辖区域内全部形成。一般情况下，我们多强调初审在事实上的鲜活度。另外值得注意的是，在域外的不少国家其司法区与行政区并不必然对应。

社会或政治要求。换言之，基于种种内外部原因，至少在中级法院与基层法院之间形成了颇为复杂的关系。比如在某些情形下，似乎可以暂时得出这样一个结论：就一些案件的裁判而言，其难度与要求已越出了基层法院的能力范围，在客观上有要求更高层次法院审理的需求。这在我国这样一个历来重视层级的社会中更是如此。那么，未来是否可以在不增加我国四级法院总体数量的基础上，打破法院设置上的地域限制，使法院裁判更吻合于纠纷特点而非与一定的行政区划直接对应，以求优化司法资源？①

易言之，在我们反复探讨四级法院之职能、定位的不同时，基于前面笔者所描述的现象，何以能够让它们之间日渐独立起来，而不是越来越高度地融合？这究竟是我国司法机制建设本身的原因，还是社会治理本身带给司法的尴尬与意外？这是颇为令人费解的，问题何在？出路在何处？

四 中级法院之于基层法院的支配关系

（一）中级法院之于基层法院支配关系的具体表现形式

既然中级法院、基层法院之间的定位是一种上下级关系，那么，基层法院和中级法院不可能是在一个平面上，而必然是一种有差序的等级关系，这有历史的原因。"上下级关系"，即便是从汉语字面的含义来看，也主要体现的是一种差异、不对等，甚至不平等关系。在这一情形下，上级法院如何更多地掌控对下级法院的支配权、下级法院如何在上级法院的这种控制中不断扩大自主权，这一力量的博弈就显得非常正常。

尽管在本章笔者所论述的以基层法院与中级法院为对象的上下级法院关系主要围绕的是案件的裁判——二审的发改、维持等，但上下级法院之间的复杂关系绝不只体现在这一端，而是一个多维力量的复合体。尽管从最高院下发的有关上下级法院关系的通知来看，其内容主要是审判业务方

---

① 章武生《我国基层法院的性质及功能定位——从审级制度改革的视角观察》，《法学家》2005 年第 4 期。值得注意的是，早在 2017 年泉州法院便在全国首创了"跨域·连锁·直通"式诉讼服务平台，通过该平台，"在整个泉州区域，不管是哪里人，不管案件属于哪个法院管辖，只要当事人迈进任何一个法院、任何一个法庭，案件均可得到受理、解决"。参见泉州中级人民法院网，http://www.qzcourt.gov.cn/News/ztbd/DetailPage_164.html，最后访问日期：2017 年 3 月 12 日。在 2019 年 6 月举行的"全国高级法院院长座谈会上"，最高人民法院更是要求"要加快推进跨域立案诉讼服务改革"。

面的，但实际上上级法院与下级法院的关系早已突破了审判业务，而是深入人事、财务等多方面。① 如果说审判业务上的上下级法院关系还能不时引起甚至是激起理论与实务界的讨论，那么后者则往往因为纯粹是法院内部的"家事"，相应的讨论特别是自基层法院发出的声音就相当微弱了。

1. 两审终审制度下的基层法院与中级法院关系及其表现

表 2-4 较为简略地显示了 2012~2014 年这三年间，Y 市中院所受理的二审案件的裁判情况。就具体的数据来看，进入二审的案件约 7%，这是比较低的一个上诉率。在这些上诉案件中，最终被改判、发回重审的大概在 30% 左右，其余的案件或维持原判/裁定，或是调解、撤回上诉。那么，现实中的终审法院发改案件等是否就完全能够为这些数据所反映？至少就笔者有限的文献阅读和田野调查经验来看，现实情况比这复杂很多。从基层法院的角度来看，据笔者对 Y 市所辖 F 区法院主管民商事案件的一位副院长的访谈，对于发回的案件，即便是有较明确的关于一审裁判错误与不当的意见，一审法院如果认为自身的裁判没有问题，是完全可以驳回的。尽管驳回并不一定必然代表之前基层法院初审的正确，却在某种程度上反映了现实中级法院在发改案件时可能存在随意性。对于这一点，一如有学者研究所指出的，"实践中上下级法院之间并未将某种规范的解释论作为行为的唯一依据，二审在决定发回重审抑或改判时通常还深受组织管理机制的制约和驱动"。②

就二审法院对待一审法院裁判这一维度上，二审法院对一审的控制与支配可能并不像一般想象中的那样严重，③ 而似乎中级法院一再担心基层法院失控，无法实现其作为上级的权力。尽管如此，上级法院还是有不少可以利用的制度便利，比如级别管辖权等来与下级法院形成某种"争利"

---

① 参见陈杭平《论中国法院的"合一制"——历史、实践和理论》，《法制与社会发展》2011 年第 6 期；刘忠《条条与块块关系下的法院院长产生》，《环球法律评论》2012 年第 1 期；刘忠《格、职、级与竞争上岗——法院内部秩序的深层结构》，《清华法学》2014 年第 2 期；等等。
② 参见陈杭平《组织视角下的民事诉讼发回重审制度》，《法学研究》2012 年第 1 期。
③ 在 Y 市中院的上级院 S 省高院于 2016 年 5 月所做的一项关于"我国审级制度研究"的调研中（政法系统人群占全部问卷的 75%），就"您认为当前上下级法院行政化倾向是否严重"这一选项，有 86% 的样本认为是"比较严重"、9.3% 的样本认为是"严重"。尽管这只是一项抽样调查，却很能反映目前的上下级法院关系。参见 S 省高院课题组关于审级制度的研究报告。

表 2-4　Y 市中院二审结案形式比较

单位：件

年度	改判①	发回重审	维持原判/裁定	调解	撤回上诉	中止诉讼	其他②	合计
2012	103	46	162/12	121	57	1	2	504
2013	111	49	218/19	108	39+2③	0	8+2④	556
2014	142	29	308/26	0	52+1⑤	0	2	560

关系。这比如在〔2012〕Y 中民终字第 383 号裁定中就表现得非常明显，该案件的标的较大，Y 市中院毫不犹豫地裁定该案由自己管辖。这是否可以推测出，尽管基层法院可以对中级法院的二审结果特别是发回案件坚持己见，但中级法院却可以通过其他层面的绝对支配弥补在审判业务上的某种"失控"。

2. 审判业务外上级法院之于基层法院的支配

现实中，也比较容易出现上级法院利用其自身的支配地位而不断与下级法院争夺某一稀缺资源，甚至是占用下级法院的资源。这在法院内部编制的扩充上表现得尤为突出。

> 但是级别越高的法院，审判事务管理机构和人员越多，进而行政事务管理机构和人员越多。所以，在中国四级法院内，外观上，并非是审级越高，法官数量越少，反而是，就单个法院而言，最高院、高院、中院、基层法院的人员编制数量呈倒金字塔形状，审级越高，法院人员编制数量越多。

---

① 此处是在广义上使用"改判"的。这不仅包括《民事诉讼法》第 170 条第 1 款第（二）、（三）项意义上的全部改判与部分改判，还包括原最高人民法院《关于适用〈中华人民共和国民事诉讼法〉若干问题的意见》第 186 条规定之情形。另外，对于当事人因级别管辖提起上诉，中级法院直接受理的情形也包括在内。这比如〔2012〕Y 中民终字第 383 号裁定、〔2013〕Y 中民终字第 449 号裁定。全部改判较常见的是一审判处离婚、二审改判不准予离婚，如〔2012〕Y 中民终字第 363 号判决、〔2013〕庆中民终字第 410 号、〔2013〕Y 中民终字第 7 号等。

② 此列主要是针对一审法院裁定不予立案或者驳回起诉等，二审法院裁定撤销原裁定，予以立案的。有部分案件是撤销原裁定，而后指定审理的。如〔2013〕Y 中民终字第 49 号。

③ 包括 2 件既撤回上诉又撤回起诉的裁定：〔2013〕Y 中民终字第 578 号、〔2013〕Y 中民终字第 310 号。

④ 包括 2 例移送管辖案件。

⑤ 包括 1 件按撤诉处理。

但是审判管理、行政管理两项事权与审判工作监督的结合，导致最高法院对全国法院，上级对下级法院在1998～2008年，越来越突出地在组织、人事、装备财务等各种事项上日益增强自上而下的支配。最高院对高院、高院对中院、中院对基层法院，不仅是审级上的上诉审法院，而且成为审判、行政事务上进行管理、监督、指导的上级法院。①

再比如，中级法院对其所辖范围内基层法院的统一考核。一旦二审法院对一审法院裁判的正常审级评价附带某种额外的评价时，发回、改判、维持本身便具有了案件裁判之外的意义，而变成对法官个人及其所在法院的某种业务评定的一项指标。当这种以数字来考核一个员工工作业绩的方法逐渐成为一种固定模式时，其中所具有的负面作用就会不断出现。② 换言之，基层法院总是无法摆脱这种束缚。

另外的问题是中级法院是否倾向于将尽可能多的案件都由基层法院来审理。实践中确定级别管辖的主要标准是标的额，而标的额的划分总是按照一定的比例原则从上而下进行确定。本次司法改革似乎是要就此做出一定的改变，③ 但是就最高院自2015年5月1日起施行的《关于调整高级人民法院和中级人民法院管辖第一审民商事案件标准的通知》来看，这一点并未有明显改变。④

如果要对中级法院与基层法院间的这种支配关系做一小结的话，某种

---

① 刘忠：《规模与内部治理：中国法院编制变迁三十年》，《法制与社会发展》2012年第5期。
② 需要说明的是，"最高人民法院取消对全国各高级人民法院考核排名"。参见《最高人民法院决定取消对全国各高级人民法院考核排名 坚决杜绝以保证结案率为由年底不受理案件的做法》，《人民法院报》2014年12月27日，第1版。在前述S省高院于2016年5月所做的一项关于"我国审级制度研究"的调研中（政法系统人群占全部问卷的75%），就"您认为现行上级法院对下级法院的考核机制是否合理"这一选项，有65%的样本认为是"不合理"、21%的样本认为是"不太合理"。
③ 这一点有望在新一轮的司法改革中做出调整。《最高人民法院关于全面深化人民法院改革的意见——人民法院第四个五年改革纲要（2014—2018）》（法发〔2015〕3号）第19项规定："进一步改革民商事案件级别管辖制度，科学确定基层人民法院的案件管辖范围，逐步改变主要以诉讼标的额确定案件级别管辖的做法。"
④ 不过就最高院的态度来看，其认为这是"符合职能定位要求、工作规律和审判规律的长久之策"。参见温新征《从"标的额"看完善法院职能定位》，《人民法院报》2015年5月17日，第2版。

意义上,可以借用一个在今天颇为流行的词语——"异化"或者"变异"来描述。相比较而言,"变异"(variation)主要是一个生物学上的术语,比如达尔文的名著《物种起源》中就多处讲到"变异"的内容,意指"通过自然选择的物种起源,或生存竞争中优赋族群之保存"。① 由此,尽管我们看到前述中级法院与基层法院之间的关系在审判工作上有突破《宪法》第 132 条规定的"监督关系"之虞、非审判工作则有"领导化"现象,② 但是还尚未达到如生物上的"变异"一般的严重境地。那么"异化"一词,是否能够更准确地描述当前中级法院与基层法院之间的上下级法院关系?

(二) 上下级法院关系的异化

我们较为熟悉的关于"异化"的表述是马克思在《1844 年经济学哲学手稿》中关于"异化劳动"的理论。③ 据日本学者广松涉的考证,"异化(Entfremdung)这个词,与外化(Entäußerung)这个词一样,源于希腊语 αλλοτριωδιζ 和法语 alienatio 等表达'他者化'这一含义的德语译词,在中世纪的德语中即已存在……这个词,有人认为它的本义是成为他者,表示一种他者的存在方式之状态。另外,同义词 απαλλοτριονν,abalienare,有人倾向于认为其含义是将属于自己的东西让渡于他者,这些古典语词也同样被译为 enffremdem,entäußern"。"异化论,在今天已不单是马克思主义阵营,甚至在与马克思主义较为偏远的领域也成为一种流行。"④

在本书中,笔者只是在"'异化'一词作为日常用语的'向非本来的

---

① 参见〔英〕达尔文《物种起源》,周建人、叶笃庄、方宗熙译,商务印书馆,2009(另参见〔英〕达尔文《物种起源》,苗德岁译,译林出版社,2013)。对本书第一章有关"差异"意义的论述而言,达尔文的"变异"理论本身具有更大的意义。具体而言,达尔文理论之意义并不止于生命科学领域,其对社会科学的研究同样具有意义,这特别对于以实证为主要方法的研究来说,发现个体与个体之间的差别非常重要。也因此,谢宇在结合了达尔文表弟高尔顿的研究后归纳了"变异性原理"等三个社会科学研究的基本原理。参见谢宇于 2016 年 7 月 23 日在中国科学技术馆"理解未来系列讲座第 18 期"之"社会科学与自然科学研究之别"。
② 参见余韬《高级法院与下级法院间非审判工作关系的反思与变革——基于 S 省高级法院 1322 份工作通知的实证分析》,载《全国法院第二十六届学术讨论会论文集:司法体制改革与民商事法律适用问题研究》(2015)。
③ 《马克思恩格斯文集》第 1 卷,人民出版社,2009,第 155~177 页。
④ 参见〔日〕广松涉《唯物史观的原像》,邓习议译,南京大学出版社,2009,第 201 页以次。

存在方式的颓废'、'隔阂'这种意义上的通俗用法的层次"① 上使用这一术语。更具体地说，就司法实践中的上下级法院关系，实际上很难说主要还是"指导关系"。一定意义上，笔者认为上下级法院之间的上下级更多是一种审级意义上的；然则实践中，这种审级上的上下级关系经由复杂的原因而日渐异化成全面的上下级关系，进而形成类行政科层体系的"领导关系"。

客观地来看，造成我国上下级法院这种关系的情况亦非今时今日才出现，而是已有了相当长的时间。同时，这一现象不仅受到了理论界的批判，也不乏法院内部的质疑声音。② 但是，为什么这一问题无法在实践的发展中得到有效的解决，这似乎需要从更深层次上寻找问题的症结。或许，跳脱出司法本身，在整体的政治结构这一更为宽阔的场域中更能看清问题的实质。

（三）上下级法院关系形成的外部原因

某种意义上，上下级法院关系是一个法院内部结构和秩序的建构与维持问题。尽管我们批评上下级法院关系在现实中的异化，但也不能忽视造成这种异化的我国法院自身历史及现实的原因。客观地说，我国法院结构一步一步演化为今天的形态，从其谱系来看，③ 则需要从法院之外来寻求根本的原因。从宏观层面来说，包括法院在内的一国司法体系属于政治架构。我国法院与行政机关、军队等具有多方面的相似性，这种相似表现在其结构层级、内部制度建设乃至具体的实际运行逻辑。这一方面是因为直到今天我们尚未准确定位司法机关，另一方面则是混同了司法机关同其他机关的职能。这一问题的解决有待于司法改革的纵深化发展，同时也离不

---

① 参见〔日〕广松涉《唯物史观的原像》，邓习议译，南京大学出版社，2009，第211页。
② 参见杜豫苏《上下级法院审判业务关系纵横谈》，《人民法院报》2015年4月9日，第2版。
③ "谱系学（Genealogie）"一词在希腊语中指的是有关家庭谱系的研究，是关于家世关系以及由此产生的各种法律的、历史的、社会的和自然法上的关系的学说。根据其内容与研究方法，谱系学被认为是从属于历史学的辅助性学科。在欧洲中世纪的封建采邑制度当中，谱系学发挥了非常重要的作用，因为可靠的谱系能够为某人的贵族出身提供证明。而从16世纪开始，谱系学采用了近代科学的研究方法。其中19世纪上半叶在历史学内部开始的涉及广泛的原始资料考察，家庭社会学的诞生，科学研究方法论上的实证主义主流思潮以及遗传学的发现分别对于家庭谱系研究具有较大的推动作用"。参见〔德〕尼采《道德的谱系》，梁锡江译，华东师范大学出版社，2015。

开一国社会治理能力的综合提升。

就我国目前的社会治理方式而言，属于"运动式管理"和"危机管理"/应急式管理，这也体现在人民司法的工作方式中，比如，司法向来都是作为"刀把子"。① 具体地看，运动式管理更可看作是上级法院对下级法院工作进行监督，或者法院系统内部回应社会反映、解决自身问题的一种思维。这种思维的形成与新中国自成立起所形成的制度设计惯性、路径依赖有关，这种运动式的工作方法固然在一定程度上能够解决问题，但也是值得反思的。笔者相信，随着社会的发展及社会转型的完成，以及法治思维的日渐养成，当一些问题，特别是历史遗留问题等日渐退出公众视野后，这种运动式的工作方式将逐渐消失。比如下文主要讨论的积案问题，目前看来有部分是法院并不能解决的，现在通过集中、专门的积案处理工作，则有可能联合法院外的其他部门进行部分解决；另外，当依法办事能够成为新常态后，所有的事情都不再是先斩后奏、行政权力拍脑子先行的话，就会好很多。②

至于意识形态，可以说这是一个今天被泛化和滥用的词——特别是在我国今天的适用多少已经脱离了这个词本来的语境。正如一位学者所指出的："意识形态——尽管其核心要旨是对统治合法性的论证，却从来不是一般意义上的政治宣讲或灌输。意识形态的形式特征从来是隐形的窃窃私语、喁喁告白，是对化身为常识系统的价值体系的生产与再生产，是对社会与时代的认同与情感结构的塑造。自行暴露为宣讲或意识形态灌输，可能出自其载体的劣质、蹩脚，更可能其自身便是某种合法性危机的指征。"③

"一般认为'意识形态'一词是在19世纪初由法国人率先采用的……

---

① 参见陈洪杰《运动式治理中的法院功能嬗变》上、下，《交大法学》2014年第4期、2015年第1期。
② 据2017年3月1日中央电视台新闻报道，兰州"港联购物中心"侵占泄洪通道长达1.3公里，总建筑面积达17.3万平方米，属无建设用地规划许可、无建设工程规划许可、无建筑工程施工许可的"三无"工程，是典型的政府知法犯法的违法案件，性质恶劣、危害严重，存在重大安全隐患。2019年5月，兰州市中级人民法院日前对市国资委原党委书记、主任杨红心涉嫌受贿案进行宣判，以受贿罪判处杨红心有期徒刑12年。
③ 参见戴锦华《娱乐与意识形态的正相关》，《人民日报》2016年4月15日，第24版。See also Jennifer Pan and Yiqing Xu, "China's Ideological Spectrum", *The Journal of Politics* 80 (2018): 254–273；赵鼎新：《论意识形态与政党政治》，《学海》2017年第3期；等等。

大多数的证据认为法国贵族、学者特拉西（Antoine Louis Claude Destutt de Tracy, 1754—1836）可能是其创始人。"① 而为我们所熟悉的是马克思、恩格斯关于意识形态的表述。② 在最近的一些研究中，有学者从其他角度来切入对法律意识形态的考察，进而提出，"某种具有政府、市场、社会三元结构的国家观应该成为未来中国的法律意识形态，公正程序则构成整合的制度基础……个人被抽象地勾画为受到客观条件制约的主体，并具有关于背景的基本共识。个人可以表达自己的意志，也可以提出要求……"③ 也正是从这个角度，笔者相信，随着法治中国建设的进一步推进、司法改革的逐步深入，尽管上级法院对下级法院拥有着事实上或强或弱的支配力，但从长远来看，在它们之间应该还是有某种平衡——当下级法院越来越对上级法院的工作表现出不合作和非善意时，上级法院就需要或主动或被动地放权。因为当上下级法院间的关系过度失衡、张力过大的话，这势必会影响到法院最终产品——司法裁判的质量，这一结果也必然会"倒逼"上下级法院正确处理其关系。

五 司法能力的不足与终审法院积案处理上的有限作为

在上文，笔者以基层法院与中级法院的关系作为个案较为详细地论述了实践中我国上下级法院的关系。总体上，实践中的上下级法院关系发生了一定变异。这不仅对正常的司法工作造成了一定负面影响，而且也对法院这一共同体产生了一定影响，比较典型的就是形成了在上下级法院经过多次审理而无法终审，或者尽管经过了终审却并没有使纠纷得到有效解决的各种积案，以及令法院头痛不已的大量涉法信访案件。

下文主要讨论有关积案的问题，对于涉法涉诉信访问题我们能够从近

---

① 参见〔美〕利昂·P.巴拉达特：《意识形态：起源和影响》，张慧芝、张露璐译，世界图书出版公司，2010，第7页。
② 参见胡潇《马克思恩格斯关于意识形态的多视角解释》，《中国社会科学》2010年第4期；张秀琴《马克思意识形态论发展的三个阶段》，《马克思主义与现实》2008年第5期；周民锋《马克思意识形态概念的两个来源及其两重含义》，《学术研究》2008年第6期；〔澳〕G.马尔库斯《马克思意识形态概念的三种含义》，闵家胤译，《国外社会科学》1984年第1期；等等。另见俞吾金《意识形态论》，人民出版社，2009。
③ 参见季卫东《论法律意识形态》，《中国社会科学》2015年第11期。

年来相关部门发布的一些文件看到其对司法实践及社会治理所造成的严重不良影响。2014年3月，中共中央办公厅、国务院办公厅印发了《关于依法处理涉法涉诉信访问题的意见》（中办发〔2013〕26号），并发出通知，要求各地区各部门切实加强协调配合，健全涉法涉诉信访工作机制，努力形成依法解决涉法涉诉信访问题的合力。这一重要文件旨在落实党的十八届三中全会关于全面深化改革的决定中就社会治理方式而提出的基本方针，即要"把涉法涉诉信访纳入法治轨道解决，建立涉法涉诉信访依法终结制度"。2014年9月，中央政法委又印发了《关于建立涉法涉诉信访事项导入法律程序工作机制的意见》《关于建立涉法涉诉信访执法错误纠正和瑕疵补正机制的指导意见》《关于健全涉法涉诉信访依法终结制度的实施意见》等"三个文件"，作为涉法涉诉信访改革的配套文件。这一切都表明了国家通过法治轨道解决涉法涉诉信访问题的决心，然则这并没有那么容易实现。①

（一）积案与法院纠纷解决的失败

如果诉讼并不能使纠纷得到最终之公正解决，甚至纠纷在法院这里"停摆"（lockout）而形成所谓"积案"，抑或在耗费了当事人大量的财力、物力、人力后不仅没有得到解决反而变得更糟，②正如《伊索寓言》中"燕子与蛇"的故事——"我这样悲痛，并不仅仅是为了丢失孩子，而是因在这受害的地方本是所有受害者都能求得帮助的地方。"尽管国家并非万能、法院亦非万能，然而在这些积案中，有些是因法院任意限缩、解释案件主管的范围，甚至是因国家政策调整、变化而造成的，因此而形成之积案是本不该发生的。

实践中，尽管人民法院日常司法裁判面临的绝大多数案件还是那些普通、常规案件，棘手、有争议的案件只占一小部分，但是某种意义上，法院解决争议复杂案件的能力更具社会现实意义。因为如果法院不能在棘手、有争议案件中提供符合司法本意的裁判，或者是当法院在面临这类案件时，出于某种考虑而忽视甚至无视更大多数群体的合理诉求时，那么这不仅会损伤法院及司法自

---

① 参见吴英姿《从诉访难分看治理模式创新》，《法治现代化研究》2017年第1期。另见徐艳阳《涉诉信访问题研究——以制度博弈为视角》，人民日报出版社，2013。
② 特别值得探讨的是2014年最高人民法院《关于适用〈中华人民共和国民事诉讼法〉的解释》第519条规定的"终结本次执行程序"。

身的公信力，还会使得社会公众产生更大的不稳定情绪。[①] 司法需要一定之担当，要能够为社会起到定盘星的作用。申言之，当大量的积案不正常出现时，确实需要反思运行中的司法。尽管所有纠纷都寻求司法解决是不正常的，但当法院的纠纷解决效果越来越差时，这同样是不正常的。

（二） 纷繁社会下法院积案的多样类型：Y 中院的个案

笔者将在此处列举部分案例来说明无论是基层法院还是中级法院在遭遇积案时的困境及其今后的可能化解方法。之所以要陈述这一问题，是为了表明基层法院与中级法院那种千丝万缕的剪不断、理还乱的关系，也是为了表明在目前的状况下，任何想要毕其功于一役的改变两级法院乃至整个我国法院体系的做法都将会面临很大的阻力。这种阻力不仅在于所谓的"压下葫芦浮起了瓢"，还在于尽管中级法院对基层法院形成了较深的支配和控制。但是，在面临一些难办案件时，基层法院本身也受到了前述支配和控制的利益，以使其暂时从积案的缠绕中脱离出去。

下面所选取的这些案例，有一个共同的特征，即它们至少两次进入中级法院的裁判过程。换言之，该案件至少经过两级法院的四次审理。

类型 1. 没完没了的诉讼

〔2012〕Y 民终字第 329 号判决：宅基地使用权纠纷。该案由 H 县人民法院于 1997 年 10 月 13 日做出〔1997〕H 民初字第 173 号民事判决，二审发回重审后裁定中止诉讼。双方当事人间的界墙地基使用权属争议，于 2008 年 3 月 3 日经 S 省高级人民法院做出〔2008〕S 行终字第 28 号行政判决。2009 年 5 月 25 日 H 县人民法院做出〔1997〕H 民初字第 173 号民事判决。被告不服，提出上诉，Y 市中院于 2009 年 11 月 27 日做出〔2009〕Y 民终字第 349 号民事裁定书，裁定撤销原判，发回重审。H 县人民法院于 2011 年 12 月 14 日做出〔2010〕环民初字第 469 号民事判决，被告仍不

---

① 需要反思的是，当我们在批评基层法院于纠纷解决能力上的不足时，亦要注意到法院为解决当事人之纠纷而采取的种种措施与方法，这比如在执行程序中执行法官的"斗智斗勇"。尽管对于具体案件来说，这些措施和方法取得了相当的效果，满足了一方当事人的利益，但是从另一个方面来看，法院的这些行为却给社会、其他当事人造成了相当的错觉甚至是误解——法院自己也不讲规则、也不遵守法律，这同样造成了法院司法公信力的折损。现实中，我们的一线办案法官的确很辛苦，不少法官更是在超负荷工作，但实际是当事人不一定感觉到法官的这种努力；法院的各级"婆婆"也没有全部给法院的工作点赞。这就需要探究其原因。

服向Y市中院提出上诉。之后，〔2013〕S民申字第153号裁定又驳回了被告再审申请。①

类型2. 进入死局的纠纷

〔2012〕Y民终字第97号判决②：相邻排水纠纷。该案先后经过初审—（二审）发回—再一审—（二审）维持、再审—发回、再一审—维持这一系列审判，前后近10年时间。本案目前情形大致如下，本案原告1985年于本村就地取土建住宅一处，住宅东面与X公路相邻，南面为耕地，北面与被告公司相邻。庄基处于低洼地段。原庄基北有一排土坑，原告住宅的流水就向北流向土坑。被告公司购买后将土坑垫高修建了建筑物，使被告住宅里的雨水无法排放。此时，原告请求：（1）加高院坪至院内水能够顺畅流出所需土方、人工等费用；（2）被告公司赔偿现有房屋及围墙的价值；（3）被告公司支付其房屋重建的费用。但被告公司认为：其系依法受让土地，经批准建造房屋，本就没有留水路的可能。相邻权的行使必须以从相邻另一方获得必要便利为条件，但获取便利并不是让提供便利的人彻底放弃对物的正常使用，其没有为被上诉人提供排水的义务；且原告房屋本身有使用寿命，主观认为其损失系雨水浸泡所致，缺乏依据。总之，该案讼争宅基地排水问题因地理位置及客观原因已无法解决。

类型3. 法院不予受理的纠纷谁来解决

〔2013〕Y中民终字第202号裁定：物权保护纠纷。③ 该案中，原被告讼争房产原系某汽修厂单位房屋。2002年，该汽修厂对企业进行改制，在改制中依据国家政策规定，一次性将职工所住单位房屋产权全部出售给个人。现在问题是，在争议房产上，房产管理部门先后给原被告颁发了不同编号房屋所有权证书。其间被告曾提起行政诉讼，请求撤销原告房产证，法院予以维持。本次法院以"本案的实质属政府主管部门在对企业国有资产进行行政性调整、划转过程中发生的纠纷。根据《最高人民法院关于审

---

① 类似的再如〔2013〕庆中民终字第88号判决等。
② 对于该案件笔者曾在早前的一篇文章中有过具体分析，参见韩宝《基层法院"司法过程"实证研究：法院调解之困境——以我国西北地区为例》，载《民事程序法研究（中国民事诉讼学研究会会刊）》第8辑，厦门大学出版社，2012。与该案关联的诉讼见〔2012〕庆中民终字第593号判决。
③ 类似的案例如〔2012〕庆民终字第212号裁定、〔2013〕庆民终字第66号裁定、〔2012〕庆中民终字第583号裁定、〔2013〕庆中民终字第36号裁定，等等。

理与企业改制相关的民事纠纷案件若干问题的规定》第三条'政府主管部门在对企业国有资产进行行政性调整、划转过程中发生的纠纷，当事人向人民法院提起民事诉讼的，人民法院不予受理'之规定，该案不属人民法院主管范围"做了处理。另外，本案所涉汽修厂已于 2008 年吊销营业执照，撤销注册号。

类型 4. 社会保障

〔2013〕Y 中民终字第 163 号判决：医疗损害责任纠纷。[①] 本案原告出生时就患有先天性肛门闭锁，1994 年在某市医院先后进行三次手术治疗，术后诊断为"膀胱直肠瘘"。2008 年原告又于某军区医院治疗，经检查无法行修补术。后以某市医院对其手术治疗存在医疗过错为由提起诉讼，法院审理后，双方均未上诉，判决发生法律效力并执行完毕。2010 年，原告于北京某医院医治后，以相同案由再次起诉某市医院。后经二审法院调解，由某市医院一次性支付原告手术费、护理费、住院伙食补助费等若干元。2012 年，原告在对其伤残等级及护理级别进行鉴定后，再次起诉某市医院。判决做出后，原告不服提起上诉。二审法院对此予以部分改判。

类型 5. 人性的弱点

〔2013〕Y 中民终字第 60 号判决：排除妨碍、恢复原状纠纷。本案中，1972 年前后，某石油公司在某自然村征用土地修建了某石油公司某片区。该片区办公场所北侧与刘某等三被告住宅相邻，三被告的住宅地势均低于该办公场所，在该场所北侧土崖下的平台上自西向东相邻而居。20 年前，该石油公司下属的某片区办公场所曾在其北侧筑有土墙，并在墙外留有至三被告住宅崖背交界距离 6 米的土崖，墙内修建了一排土木结构房屋，现均已塌损废弃。10 多年前，与三被告住宅相毗邻的某石油公司某片区办公场所北面土崖因年久未曾加固，土块顺势塌损下滑。之后，三被告不断将其住宅南侧与某石油公司某片区办公场所相邻的土崖削平，挖损并侵占了某石油公司某片区办公场所北面部分土地，重新修建房屋。现三被告要求该石油公司在其该片区办公场所院内留出道路供其通行。诉讼中，原告提供证据证明其片区办公场所地理位置、占地面积及四邻与三被告住宅并

[①] 类似案例如〔2012〕庆民终字第 350 号判决。

未有重叠,且该办公场所院落内并没有原始人行道路通行。但三被告却主张是某石油公司办公场所地势相对较高,加之相邻之处土质疏松,年久失修,最终因暴雨冲击而坍塌,将被告人窑洞等掩埋,同时砸坏被告人新修建的楼房和楼房内的生活用品。二审法院经审理,认为三被告均不同程度侵占某石油公司某片区部分土地,属侵权行为。故三被告上诉理由不成立,驳回上诉,维持原判。

类型6. 政府是一方主体的案件①

〔2012〕Y中民终字第468号判决:房屋租赁合同纠纷。② 2002年某镇政府与集资户协商,由集资户筹资,在镇政府大门外临街道两侧的地皮上建造平房。在镇政府与集资户签订的《集资建房合同》中约定:镇政府每年向集资户收取地皮费,集资户自2002年2月1日起使用集资房25年,使用期限届满,房屋无偿归镇政府所有;合同期内,若因小城镇建设和其他特殊建设任务需要拆除改造,镇政府有权收回该地皮,并对集资户的损失按照国家建筑拆迁折旧补偿标准及个人房屋保护情况以下剩年限按比例补偿;所建集资房在25年合同期限内,集资户有权出租、出售,但出售房屋时,必须征得镇政府同意,并重新签订变更使用合同。房屋建成后,集资户赵某的集资房与镇政府院内平房之间有大约10平方米的空地,赵某征得当时的镇政府领导同意,利用单位房屋的边墙自行修建一间房屋,与其集资房打通连成一体使用。2007年,赵某将集资房转让给苟某,但未约定如何处理自建房。2008年,苟某又将该集资房及自建房转让给侯某。该镇政府有关工作人员在转让协议上签字并盖章,之后又收取侯某该自建房的地皮占用费,侯某使用受让房至今。2011年,该镇政府因整体规划,需拆除该自建房,侯某拒不拆除。现对自建房部分,该镇政府要求侯某赔偿损失;侯某要求该镇政府按照合同约定补偿其因拆除自建房所造成的经济损失。一审法院判决某镇政府补偿侯某自建房净值(有鉴

---

① 与此类案件一定程度上有所关联的是所谓"地方政府违约"问题。颇值得注意的是2016年11月27日的一份文件《中共中央 国务院关于完善产权保护制度依法保护产权的意见》。

② 类似的纠纷数量很多,如〔2012〕庆民终字第60~65号调解书;〔2012〕庆中民终字第462、486号调解书;〔2012〕庆民终字第468号判决;〔2012〕庆民终字第339号裁定;〔2013〕庆中民终字第100~106号调解;等等。

定）5409 元，驳回侯某有关赔偿其预期房租经济损失的请求。二审驳回上诉，维持原判。

类型 7. 法院解决纠纷的边界

〔2012〕Y 中民终字第 534 号判决：建设工程施工合同纠纷。该案中，某能源公司与某施工机械公司之间因建设某煤矿新村土方工程签订合同。合同其中一项约定由施工机械公司拉运土方××立方米，运距为 4.6 公里，单价为××元/立方米。后施工机械公司组织施工。该工程完工后，平整的土地用于当地搬迁村民的新村建设。在施工机械公司施工过程中，因村民要求解决搬迁后的打碾场地而阻挠施工，能源公司为了解决搬迁农户的用场问题，遂请求乡、村干部协调，将施工机械公司拉运的部分土方用于居民的打碾场地回填，但双方未因该回填土方量没有运至合同约定的 4.6 公里而变更合同内容。现施工机械公司向能源公司要求结算工程欠款时，能源公司以施工机械公司缩短运距为由拒付，施工机械公司请求乡、村组织出面协调无果后提起诉讼。二审法院认为，一审法院判处结果适当：某施工机械公司虽然缩短了运距，但这是应能源公司请求，解决该能源公司实际困难，经乡、村出面现场协调做出的决定，而施工机械公司为了自己利益的擅自行为……故驳回上诉。

通过这些案例，我们可得出如下结论。

（1）包括基层法院在内的下级法院在对纠纷的独立判断上需要考虑更多的因素。这表现在对于是否要受理某一纠纷及要做出怎样的裁判等方面。下级法院不断求助于最高院的各种司法解释、上级法院的指导性案例，乃至中院的审判工作会议纪要或者内部的裁判指引。这在达致裁判尺度有限度的统一的同时，基层司法机关也慢慢失去了最主要的前行动力。纠纷总是各式各样的，有的是法律无法涵盖的，也是成文法自身规定不了、预想不到的，需要法院依法理进行裁判，这比如在〔2013〕Y 中民终字第 455 号离婚案件中，当事人一方现要皈依佛门。①

（2）对于那些法院一次又一次不予受理的案件，尽管我们也看到在现

---

① 又如〔2013〕Y 中民终字第 257 号、〔2013〕Y 中民终字第 42 号、〔2012〕Y 中民终字第 498 号、〔2013〕Y 中民终字第 184 号、〔2013〕Y 中民终字第 59 号、〔2013〕Y 中民终字第 232 号、〔2013〕Y 中民终字第 435 号。

有的制度框架下法院确实无能为力，需要寻求其他的解决途径。那么，政府、社会、国家到底要怎样处理这类问题，"沉没成本"该由谁来负担？社会变迁或者政策调整的代价怎样才能降到最低？

（3）对于那些涉及更多部门、更高层次机构的案件，中级法院的确体现出了它较基层法院更强的应对能力。但这究竟是因为中级法院自身的司法权威还是其高于基层法院的地位——特别是行政级别方面的，还是需要再思考的。

（4）对于那些涉及赔偿金、补偿款等金钱分配的案件，尽管在某种意义上这表现出了人性本质的不宽容，但在另一方面也说明在一个物资还很稀缺，社会保障还很不健全的地区，我们如何来为那些弱者或者潜在的弱者提供可能的帮助，以让他们维持基本的生活。

基于此，笔者的思考是，中级法院何以担当起自身作为终审法院的角色？在中级法院与基层法院的上下级关系中，中级法院到底起到了什么作用？其裁判是有效率的吗？回到那个常提常新的旧问题，中级法院是要通过事实的认定还是法律的说理来给出一个最后的裁判？这似乎是一个十分清晰的问题，但仔细分析，还是能够发现其中我们能够选择的余地是很小的。详言之，在我国现行的诉讼制度下，进入中级法院终审程序的案件，至少已经经过了一次初审。换言之，此时所谓的"案件"至少已经经过法律语言、司法程序的整理了，或者说被"裁剪"了。即是说，之后案件的再次处理都已经有了一个"基础"；或者说，终审法院面对的案件很可能是一个被"污染"了的案件。就我国现时的法律来说，终审法院的审理是"对上诉请求的有关事实和适用法律进行审查"。但由此导致的问题是，案件中的"事实"部分一直是待定的，即没有锁定。终审中"事实"的相对待确定，其利与弊几乎相同。理论上，终审法院对初审法院的事实认定及法律适用进行全面审查似乎更有利于得出一个正义的裁判。①暂且不论终审法院通过对事实的"颠覆性"认定而有可能造成更大的司法不公，仅就

---

① 笔者也不排除有以下担忧，即在目前这种国内司法水平与司法环境都还有待提高和完善的背景下，如果完全限制终审法院对初审法院所认定事实的审查，可能会放纵基层法院枉法裁判而导致一定的司法腐败。但是，就目前这一法院机制，我们同样难以保证终审法院对初审法院所认定事实的改变就一定是正确的，就不存在错判，乃至前述枉法裁判等司法腐败情形的发生。

法律、司法自身特性的实现而言，中级法院不过是一个加强版的初审法院。尽管在本书中，笔者强调一种社会 - 法律研究的思路，但这并不是要稀释、消解法律及司法所具有的独立品性。换言之，在强调法律及司法与社会的相对"阻隔"，裁判社会争议的范畴内，于社会的整体机制中还是要确立法律及司法作为最后权威的作用。恰恰这一最后权威的发挥，主要是通过它所做出的绝对的终审裁判来不断形塑。但是这一点在我国司法过程中的体现是比较弱的，尽管从制度的设置初衷上给予了这样的期望。

职是之故，要么是变革现行的审级制度，提高审级，要么对现行的终审程序与初审程序几乎一致的制度模型做出改变。① 这样的思路，部分理由是为了确立法律及司法的权威，部分也是为了反思现行基层法院司法制度。总体上，一如笔者在本章多处提及的，基层法院及其司法，在我国的整体司法体制及社会中充满着种种张力。这些张力有来自身份的，亦有来自功能及其他方面的。其中的原因，在笔者看来，主要是制度衔接不够。在这里，首先需要明确的是，我们对基层法院的定位是什么？依据《人民法院组织法》的规定，基层人民法院包括在一个更大的概念——"地方各级人民法院"内。而对于基层法院与其他各级法院如中级法院、高级法院之间在职能分工上的规定是缺少的，至于通过级别管辖切割出来的各级法院角色定位，这仅仅是就审理案件来说。问题是，就整体的司法制度来说，尽管审理案件是法院的主要职能，但这无疑是简化、矮化了法院的功能。亦即，法院的功能应该是多元的。同时，即便是对案件的审理，不同的审级要发挥的作用也是不一样的。

基于此，与前述我们突出终审法院在于形成确定的裁判不同的是，我

---

① 在2019年2月27日最高院发布的《最高人民法院关于深化人民法院司法体制综合配套改革的意见——人民法院第五个五年改革纲要（2019—2023）》（法发〔2019〕8号）中，提出"29.优化四级法院职能定位。完善审级制度，充分发挥其诉讼分流、职能分层和资源配置的功能，强化上级人民法院对下监督指导、统一法律适用的职能"。而这在《最高人民法院关于全面深化人民法院改革的意见——人民法院第四个五年改革纲要（2014—2018）》（法发〔2015〕3号）表述为："19.完善审级制度。进一步改革民商事案件级别管辖制度，科学确定基层人民法院的案件管辖范围，逐步改变主要以诉讼标的额确定案件级别管辖的做法。完善提级管辖制度，明确一审案件管辖权从下级法院向上级法院转移的条件、范围和程序。推动实现一审重在解决事实认定和法律适用，二审重在解决事实和法律争议、实现二审终审，再审重在依法纠错、维护裁判权威。"

们不应将基层法院的能力拉高到终审法院的程度,而是要体现出一定的层次。就笔者自己的一些体会,现实中基层法院裁判的尴尬在于:一方面,它让当事人觉得太过职业化(典型如证明责任分配等);另一方面,在那些经过初审裁判最后又进入上诉终审程序案件的上级法院看来,这些裁判无论是事实认定还是法律适用都有可能不够专业。本来,一旦当事人之间的纷争进入法律程序,各种认识上、逻辑上的断裂与衔接就会不断出现,但当司法体制设计不尽合理时,会进一步加剧这中间的张力。这些首先表现为传统观念与司法逻辑之间的冲突。常见的是,当事人经常对裁判结果表示惊讶,甚至愤懑,法院、法官所给出的解释是,"这就是法律"。这样的情形很多都会出现在笔者这一部分所简要描述的各种积案中。①

结合我国的社会背景以及基层法院的司法现实,是否会有这样的疑问——现行基层法院的运行机理是否存在将社会纷争转入法律及司法程序中过快的问题?② 在其他一些地方关于基层法院司法的研究中,笔者发现某些案件,比如婚姻家庭案件、身体权或健康权纠纷等案件在进入法律程序之前,有过家庭、村组乡镇等基层组织的解决努力。是否可就此表明,法院之外的纠纷解决过程已经相当充分地过滤、解决了各种社会纠纷呢?答案并非如此。近年的社会变化,使得原本还有一定效果的家庭、民间等渠道对纠纷的化解能力几乎消失殆尽。那么,社会纠纷的自解决到底是要依赖社会机体的自觉发展还是行政国家的主动安排和政治宣传?③ 在后一方面,就我国社会的现实来看,尽管国家也鼓励社会纠纷自解决机制的发展,但总是担心这些力量会造成社会的不稳定。同时,行政机关自身所培育的机构,却又不能总是取得很好的信任。在这一情形下,"涌入"法院的纠纷,事实上是即刻从社会纠纷变成了法律案件,但这显然不是一个很好的转化过程,是一个硬性着陆模式。换言之,由此而做出的裁判,其往往面临说服力上的困境。这种困境并不是因为法院的裁判没有依照法律,而是当事人无法接受司法自身的逻辑以及由此得出的裁判结果。在笔者看

---

① 这不免令人想起莎士比亚在《威尼斯商人》第四幕第一场中所描写的那种"正义与怜悯""法律与仁慈"之间的两难。参见〔英〕威廉·莎士比亚《莎士比亚喜剧选》,朱生豪译,人民文学出版社,2013,第133~147页。
② 参见郭星华《当代中国纠纷解决机制的转型》,《中国人民大学学报》2016年第5期。
③ 参见胡洁人《当前新型社会纠纷解决机制研究》,《当代法学》2012年第2期。

来，这种同时出现在当事人和基层法院之间的心理焦虑的解决，还是要回到对法律及司法本质的反思上去。要知道，尽管中国历史上也有法律和司法，但它同当下中国所实行的"法治"意义下的法律及司法分属不同范式。① 由此产生的一个问题便是，基层法院到底要扮演怎样的角色，又何以定位它的身份？

六 基层法院存在的意义

在对基层法院的认识上，我们已经习惯了政治的维度；但某种意义上，从社会的角度，或者从本章一开始便已交代过的"日常生活"的视角来切入可能是更有意义的。首先，我们要指出的是，基层法院司法的第一步便是它所实际面临的纠纷。某种意义上，纠纷是一个抽象概念，但它却富含社会意义。这种社会意义笔者指的主要是它的地理文化意义。其次，基层法院作为国家司法机关，就其司法过程来说，很难说总是严格依法，而不融入一丝法外因素的。最后，就基层法院司法之特性而言，一定程度上，实际上总是在诉讼与诉讼外两种思路间寻找平衡。

在前文，笔者使用较多的篇幅批评中级法院之于基层法院的支配而带来的实际问题。在接下来的论述中，将进一步指出一种看似矛盾，实则完全符合我国司法秩序之基本机理的现象。即尽管中级法院对于基层法院具有很强的支配力，但在具体案件的处理上，中级法院并不比基层法院拥有更大的权威。换言之，基层法院之司法裁判并不因经过中级法院之上诉审，也就是终审而获得当然之审级效力。恰恰相反，在一些时候，即便是对于经过中级法院仔细裁判之上诉案件，往往也会被认为是上下级法院之间的"合谋"，而并不认可最终之裁判。我们也要注意到，一定程度上这已经形成了上下级法院之间"联动"的必要。原因何在？从根本上，这需要反思我国司法之具体结构。作为一种专业司法裁判机构，作为终审法院，其在能动的同时理应非常克制，以维持其本身所具有的职业及最终

---

① 借用欧阳莹之的话来说，即是法律概念上的不同。参见欧阳莹之《龙与鹰的帝国》，中华书局，2016，第306页以次。

地位。[1]

（一）纠纷的地理/社会特征

进入 Y 市中院终审程序的主要民事案件类型，概略地说是呈一定的阶梯状：最多的是合同、侵权、婚姻家庭及人格权这几类纠纷，总体在 2/3 以上；其次是各类物权纠纷与劳动纠纷，总体占 1/5 左右；而与公司等有关的纠纷占比则非常小。具体如图 2-1 及表 2-5：

Ⅲ类	（1）与公司、证券、票据等有关的纠纷； （2）保险纠纷，主要是人身保险合同纠纷；	
Ⅱ类	（3）物权保护纠纷，比如排除妨害纠纷、财产损害赔偿纠纷； （4）用益物权纠纷，较为集中表现在土地承包经营权纠纷、宅基地使用权纠纷； （5）所有权纠纷，主要表现为相邻关系纠纷； （6）占有保护纠纷； （7）劳动合同纠纷；	
Ⅰ类	（8）合同纠纷，主要集中在借款合同纠纷（民间借贷纠纷）、保证合同纠纷、租赁合同纠纷（房屋租赁合同纠纷）、合伙协议纠纷、建设工程合同纠纷（建设工程施工合同纠纷、农村建房施工合同纠纷）、承揽合同纠纷、银行卡纠纷、追偿权纠纷、服务合同纠纷（旅店服务合同纠纷）； （9）侵权责任纠纷，较为集中的是机动车交通事故责任纠纷、提供劳务者致害责任纠纷/提供劳务者受害责任纠纷、义务帮工人受害责任纠纷、触电人身损害责任纠纷、产品责任纠纷、物件损害责任纠纷（公共道路妨碍通行损害责任纠纷/地面施工、地下设施损害责任纠纷）、医疗损害责任纠纷； （10）婚姻家庭纠纷； （11）人格权纠纷，主要集中在"生命权、健康权、身体权纠纷"	

图 2-1 2012~2014 年 Y 市中院主要民事案件类型阶梯

注：根据中国裁判文书网（http：//wenshu. court. gov. cn/）收录的 Y 市中级人民法院裁判文书汇总，具体的案件类型依据的是《最高人民法院关于修改〈民事案件案由规定〉的决定》（法〔2011〕41 号）规定的案由。由于笔者最终未能收集到该法院 2012~2014 年各年各类案件精确的受理（审结）数据，故这里所估算的各类案件类型占比与实际有一定出入。下面表 2-5 所显示的中国裁判文书网收录的 Y 中院 2012~2019 年的主要民事案件类型数据基本能够印证图 2-1 的估算结果。

---

[1] 参见张榕《司法克制下的司法能动》，《现代法学》2008 年第 2 期。

表 2-5 2012—2019 年 Y 市中院主要民事案件数量及比例

单位：件，%

案件类型	Ⅰ类 (78.7%)				Ⅱ类 (14.3%)				Ⅲ类 (1.7%)		总收录数
	合同纠纷	侵权责任纠纷	婚姻家庭纠纷	人格权纠纷	物权保护纠纷	用益物权纠纷	所有权纠纷	占有保护纠纷	劳动合同纠纷	保险纠纷	与公司等纠纷	
案件数	3183 (53.6%)	618 (10.4%)	576 (9.7%)	296 (5%)	380 (6.4%)	91 (1.5%)	72 (1.2%)	16 (0.3%)	291 (4.9%)	63 (1%)	41 (0.7%)	5933

注：根据中国裁判文书网（http：//wenshu.court.gov.cn/）收录的 Y 市中级人民法院裁判文书汇总，数据截至 2020 年 3 月 31 日。需要特别说明的是表中的案件数含有少量 Y 市中院的一审案件。

基于前面的数据，可提出这样一个问题：这些案件到底是由基层法院来审理——维持现状，还是增加中级法院受理一审案件的比例更适合一些。以下首先扼要讨论纠纷类型与地域的简单对应关系，再讨论纠纷解决过程中的中级法院与基层法院关系，以及我国法院依据行政区划设置所带来的困难。

毫无疑问，纠纷之生发与一定的地理空间紧密相关，这再明显不过地体现在前述由 Y 市中院所审理的各类案件中。在前述纠纷类型中，除却一些特殊类型外，绝大多数纠纷都能找到与 Y 市的地理及其现时社会发展的一一对应关系。① Y 市地处我国西北地区黄土高原，辖 1 区 7 县 100 多个乡镇，人口约 220 万，以农业为主，矿产为石油与近年新探明的煤炭资源。在这样一个概略的自然、地理背景下，伴之以近年西部经济的开发及社会变迁，如果描绘图 2－1 列举案件类型的纠纷地图，大致会呈现如下情形。

首先是基于当地社会条件而表现出的主要及重点纠纷类型。尽管这些纠纷在全国其他地方也普遍存在，但其纠纷内容却显示出较明显的当地社会特点。其次是因特殊地理条件而生发之纠纷类型。第一类纠纷主要是指婚姻、家庭继承等纠纷，笔者称其为经典纠纷类型。尽管从空间的角度，我们可以农村、城镇（市）及城乡接合部来区分具体纠纷，但对于这类纠纷，区分空间结构的意义并不大。总体上，我们发现这类纠纷大同小异，只是在不同时期要解决的问题的内容不相同罢了。比如在当下，比较突出的变化大致是离婚率的上升、婚约财产纠纷的大量出现。② 这类纠纷的一个特点是发生在亲人和邻里之间，它们的彻底解决异常困难。在婚姻家庭纠纷之外，这些纠纷还较多地出现在以"生命权、健康权、身体权纠纷"为案由的大量案件中。纠纷的起因或是由于日常生活琐事，或是相邻关系的处理，或是承包地、宅基地等引发的纷争等，轻则使当事人之间产生不愉快，严重的甚至有可能大打出手，甚至是演化成世仇。

对于第二类，首先是因对生存、生活空间造成影响而引起的纠纷。前

---

① 舒国滢：《法律的地理空间》，收于氏著《在法律的边缘》，中国法制出版社，2000。
② 笔者在一篇文章中曾对 Y 市中院所辖 H 县法院 2012 年的裁判进行过分析，其中婚姻家庭纠纷占该院全部裁判约 40% 左右。参见韩宝《基层法院裁判过程的法社会学分析——以离婚案件中的子女抚养问题切入》，载张仁善主编《南京大学法律评论》2014 年春季卷，法律出版社，2014。

已述及，Y市地处黄土高原，而这一地理地貌也形成了当地人固有的住宿习惯。尽管今天，即便是在这一地区的农村，越来越多的农民选择水泥、砖木结构的平房，但还是有不少的人家依然居住在土窑洞中。土窑洞多挖在土崖之下，一般垂直都在10米上下。由此，这样的土窑洞也就特别怕震动与雨水长时间浸泡。〔2013〕Y中民终字第558号裁判案例即与此有关，另有一例〔〔2013〕Y中民终字第380号〕案件尽管不是关于住宅，而是承包地方面的——起因是一棵枣树，这同样反映了当地以农业生产、生活为主的社会环境。一棵枣树之所以能成为纠纷的根源，自然在于枣树生长后由于吸收本就贫瘠土地的养分而使别人的土地更为贫瘠。而更深层次的原因还在于，枣树由于其生长特性——发达的根系，而使得一棵枣树栽种后，很快会有更多的小枣树长出来，而且在今后很长的时间里都无法彻底根除。另外，枣树的木质异常坚硬，而且基本不能当作木材来使用，因此当地人普遍不会在自家种植枣树，枣树一般也长在荒山、荒坡之中。

其次是伴随社会发展，人们出行方式改变及交往半径增大，机动车交通事故责任纠纷居高不下。与此同时，作为一个以农业为主的区域，囿于Y市的具体地形地貌，加上缺水少雨的气候条件，这里的农业还是较为初级的小规模家庭作业。由此带来的问题是，单纯的传统农业生产事实上已很难维持一个家庭较为体面的开支与生活水平。① 这样，伴随农村土地的流转，会出现小面积的集中，比如比较集中地种植瓜果蔬菜等经济作物，或者比较高产的玉米、树苗等。这样一来的话，势必有一部分农民将离开土地成为城里的农民工，而这些坚守在土地上进行前述相对规模生产的农户，其自身家庭又无法满足这样的劳动需求，这就使得季节性的临时用工有了很大需求。与此相关的纠纷比较典型地体现在前述"提供劳务者致害责任纠纷/提供劳务者受害责任纠纷"。

同样是在农村，村民已不再满足于过去简陋的居住条件，随着经济收入的提高，居住条件的改善势在必行。加之国家在农村的投入，特别是新

---

① 关于这一情形的具体表现笔者亦曾有过较为具体的描述，参见张榕、韩宝《基层法院裁判过程中的"政策"解释难题——以西北地区S省一起"退耕还林"案为例的分析》，载谢进杰主编《中山大学法律评论》第12卷·第2辑，广西师范大学出版社，2014。

农村建设,以及生态移民①、灾房补助②等项目与工程的推进,都使得"农村建房施工合同纠纷"明显增加。而这其中的纠纷主体除却村民与农村建房匠人外,还会涉及政府以及承揽政府工程的"包工头"。就农村建房匠人而言,其自身资质,以及《村镇和集镇规划建设管理条例》的实际操作都会引发相关问题。而在政府和"包工头"之间,主要是债权债务的清晰以及各自权利义务的实现与履行问题。对此,在这一情景中,政府到底是一个经济主体还是管理主体,当管理过程必然要让其成为一个经济主体时,其到底能参与到什么的程度?这是在农村,在城镇,又涉及征地拆迁补偿中政府的作为,只不过这其中的"包工头"成为开发商〔比如〔2013〕Y 中民终字第 483 号判决〕。与上述政府工程相关的还有农村电网的铺设、改造等。这体现在前述的一起触电人身损害责任纠纷中。这里再对前述政府的角色做一补充说明,下文还将专门详细论证。这主要是政府所主持的一些企业合并改制等,造成了一些遗留问题,进而成为积案,法院很难妥善解决。

再次,如果将上述纠纷的界限从 Y 市大面积的农村移之城镇(市),那么非常突出的是前述房屋租赁合同纠纷。这些纠纷的发生既有一方当事人因租赁国家机关或部门的房产而突然因为政策调整、政府收回房产而难以续租的情形,也有承租人因为出租人(商场)突然增加租金或者经济不景气而转租等情形,不一而足。③

最后,有必要对围绕前文提及的 Y 市的石油及近年开发的煤炭资源产生的纠纷再做分析。这同样是为了说明一定的社会环境总会影响一定的纠纷样态。Y 市发展石油工业已有相当的时间,就笔者所收集到的 Y 市中院的案例,其中不少是与油田建设相关的。更多的还是刑事案件中的盗油犯罪。

近几年兴起的煤炭开采,似乎还没有牵涉有关环境污染责任等方面的

---

① 如〔2013〕Y 中民终字第 536 号判决。
② 这需要说明的是在 Y 市所辖的一些乡镇,由于条件艰苦,并不适宜居住,由此便有了那些整体的搬迁工程。而在灾房补助,这主要是针对 2008 年的地震及近年的其他自然灾害,特别是暴雨对这里农民住宅的破坏。
③ 顾蔚:《中国商铺泡沫更甚于住宅》,华尔街日报中文网,cn.wsj.com/gb/20140606/GJZ092332.asp,最后访问日期:2020 年 12 月 1 日。

纠纷,现在还只是征地、搬迁安置及其后续生活何以为继的问题[如〔2012〕庆中民终字第534号判决]。另有比较巧合的案例是,Y市地处西北,事实上空气质量一直不好,粉尘防治比较困难。而在Y市的北面正好有一家高粉尘污染的水泥厂,由此便产生一例关于除尘设备购置的纠纷[见〔2013〕Y中民终字第452号]。

综上所述,我们还是可以发现,这种工业少、农业为主、第三产业不甚发达的经济形态,其实还是较深地影响了该地的纠纷种类。非常明显的是,该地区"与公司有关的纠纷"就很少,但这并不是说这里没有企业,这种纠纷更多地出现在这样一个经济体——"砖厂"中。相对较差的经济状况,使得民间借贷纠纷很多,这些借贷多是发生在亲友等熟人之间——多在10万元至几百万元不等。然而,受经济大环境的影响,这些借贷不管是用来周转或是投资,则有可能又一次亏损。①

(二)基层法院司法的社会性、政治性、法律性

前文所述,较多地强调了法院所处理的纠纷与现实社会地理环境之间的具体关系。申言之,地理因素之于纠纷具有相当的形塑作用。基于此,纠纷的最终解决,某种形式上上下级法院"联动"似乎不可避免。不过,这些都是从社会角度出发而对法院具体司法过程的一种认识。实际上,法院设置以及具体司法过程还是一种政治安排。同时,作为一种专业的司法机关,法院还具有其独立特征。是故,就"日常生活"中之基层法院,其所呈现之面相是多元化的。最理想的,莫过于这些不同的面相能够协调存在。

(1)社会性。在前文,笔者实际上已经就基层法院司法之社会性做了较多叙述,这里再做一定之补充。各类纠纷在进入法院之后,都会分门别类为刑事、民事、行政等案件。同时,无论多么复杂的纠纷,都会按照法律的要求裁剪成统一的样式。②诉讼还是一种"就事论事"的裁判方法。尽管法官的"心证"过程也考虑事件的前因后果,甚至案件的特殊性,但是通常情况下,法官会过滤掉当事人对案件前因后果的无关陈述,法官只想听当事人对案件本身的看法。就笔者观察的情形,当事人的这些"情况

---

① 这其中要注意的一个情形是,结合前文的政府农村项目,投资资金如何管理和使用,而不致成为无效的投资。〔2013〕Y中民终字第418号,即为以养殖为名骗取贷款的案例。
② 参见苏力《纠缠于事实与法律之中》,《法律科学》2000年第3期。

说明"、"问题反映"其实对法官的心证影响并不大。但法官为了表明自己对当事人的这些情况反映还是重视的,也会在庭审的必要环节进行回应。尽管如此,在刑事案件以及一些涉及赡养、继承等民事纠纷中,法官会要求当事人写悔过书、保证书之类的文字材料,也会附卷。这是笔者在几家基层法院观察到的一些情形。或许正是这些细节,才使得基层司法除却冰冷的法律之外,有了一些温度。对于绝大多数的案件,包括刑事案件,整个审理程序都十分简单。对于绝大多数的人来说基层法院审理的案件本就不太复杂,人们对法律和司法是敬畏的,也普遍具有厌讼心理。

(2) 政治性。纠纷与矛盾,在外在表现和内在机理上都有一定的相近性。通常的表达是"化解纠纷""解决矛盾"。"矛盾",1949 年后的较长时期内都被表达为敌我矛盾与人民内部矛盾;二者的解决方式、方法差别很大。① 从较为宏观的层面来讲,人民内部矛盾不像敌我矛盾那样激烈,是可以得到化解的,而且也是能够化解和应当化解的。② 因为人民内部矛盾解决不好会影响安定团结。具体来说,矛盾之解决,首先考虑的是政治因素,其次才是解决的方法。这是一种包含极强的政治意识形态的概念划分方法,这种思路也延伸进了人民法院的司法过程。人民法院解决纠纷首先考虑的是这种解决方式是否符合既定的政治理想与要求。③

既然这是一种首要强调政治意识的纠纷思维,那么相应的司法制度也要与此相匹配,一定的司法制度又通过对诉讼模式的构造来体现。在一个并不主要以当事人为中心的诉讼结构下,当事人诉讼权利的展开受到了一定的影响。事实上,一直到今天,包括人民法院的司法裁判在内的司法活动还是十分强调其政治意义及价值的。

司法活动终究和政治活动有一定的差异性,司法是一种专门性的活动,应当具备解决社会纠纷及矛盾的能力与相应的条件。尽管政治对法律和司法的影响存在并将延续下去,然而司法在现有状态下却不能没有改观。这主要是出于两方面的考虑,一方面,社会的发展,客观上要求党政

---

① 参见《董必武政治法律文集》,法律出版社,1986,第 532~543 页;彭真:《论新中国的政法工作》,中央文献出版社,1992,第 130~131 页。
② 《人民司法》从创刊至"文革"时期刊发了不少这一主题的文章。
③ 另见刘思达《论中国司法实践中的"人民"》,载徐昕主编《司法:调解的中国经验》第 5 辑,厦门大学出版社,2010。

治理水平能够有所提高，也需要厘定其对司法的领导和指导边界；另一方面，国内外交流的进一步加深，客观上会导致司法的运行逻辑趋同。由此便需要努力发现基层司法存在的问题并寻求改变这些症结的可能驱动力。

（3）法律性。这里比较明显地表现为如下矛盾：一定纠纷之发生总有一定之背景及原因，比如前文多有论述的地理因素，但司法裁判的基本法理却往往并不考虑这些，而更看重的是"法律规定"。由此，如果是从纠纷解决之角度出发，实需检讨我国法院之结构层级及其背后所依赖的法理。至少要使得初审法院能够有足够的空间去消化这些被遮蔽在法律事实背后的社会现实。

（三）基层法院司法的特点及其困境

笔者之所以将基层法院置于其与中级法院关系的纵轴上来观察，一方面固然还是想展示上下级法院之间关系的某些面相，但更重要的一方面是基层法院对于社会的距离，这也是倚重于基层法院一个重要理由。详言之，基层法院审理了远较中级法院多很多的初审案件，同时，相对于终审、再审等案件的裁判，初审所呈现出的纷争最初状态总是最直观的，也是最有温度的。这在社会法律研究的视野中，显得非常重要。当然，这一思路的出发点不仅取决于法律的独特以及它对社会的实际影响力有多大，还在于司法机关在整体的法律框架中的作用。这又延伸出两个层面的问题：其一，法律对社会的规制是有限的；其二，司法裁判最初并不只依赖于法律。

这一思考是要将基层法院同其所处的基层社会联系起来，亦即一种以"社会中的法院"来考察司法及法律的方法。换言之，在这一视角下，我们会看到正是那样一种"在地"社会文化，生发出了那样的司法过程——社会为司法框定了一定的制度进展范围，这种司法正是这种社会环境的反映。一言以蔽之，即"处在基层社会中的基层司法"。从基层社会这个大场景看来，基层法院的司法过程呈现为一种颇为复杂的面相：一方面，基层法院的基层属性，要求其司法过程不能脱离基层，要了解并理解基层社会；另一方面，基层法院作为一级国家司法机关，需要保持其应有的立场与身份，而不至于将其自身消解在茫茫的基层社会之中。[①] 也就是说，基

[①] 某种意义上，基层法院的这一功能是国家权力（影荫）深（伸）入基层社会的一种努力，这也是一种表征。当然，在今天，司法机关社会动员的作用越来越弱了。

层法院的司法过程既要代表国家、捍卫司法的权威,又要考虑基层的情状,表达出对基层的深切同情。基层法院的司法处在国家与社会之间,这种状态并未因对其作为司法机关的性质的强调而消退,这是我国的一个现实。尽管基层法院的司法已在国家制度的层面获得了正当性及权威的来源,但是司法价值的实现更依赖于社会的信任与认同。

这种自我身份上的紧张,从制度的根本上讲,是基层法院作为最低一层审级,其成为关注焦点、话语中心的意义要较之最高人民法院、高级人民法院、中级人民法院少得多,它的出场多是作为某种要刻意制造的形象的需要。然而,有没有进入重要的话语体系、发声体系这并不重要,基层法院自有其运行的逻辑,这是一种无声的制度运作模型。要声明的是,笔者的这一表述,不仅是要指出基层法院的这种运行实践——在纵向上它对于其上级法院有可能显示出服从,也有可能是抵触与反抗。同时,基层法院的这种运行实践也在某种程度上造成了司法过程的随意,也造成了司法秩序的紊乱。

就制度逻辑的理想秩序来看,自上而下的制度建构是要保证能够畅通地上通下达。但如果不是过度地夸大其理想功能的话,其实际发挥的效用远没有设想中的那样理想。这种制度设置所造成的弊端,一方面就是惯常论述中的科层制结构,其下级组织活力及发展动力匮乏、制度机制僵化、欠民主等;另一方面,笔者想结合本书第四章提及之科斯"边缘革命"、高王凌"反行为"理论再补充一些自上而下的司法机制下基层法院的可能运作逻辑。一般而言,我国整体法院体制中的自上而下运行方式主要是通过思想、组织、制度等层面的领导来实现,然而这一过程的实现犹如光的传播、热的传递一样,它需要一个过程。在输送的过程中,信息完整性的损耗几乎是必然的。言下之意,除却大的方针政策,并不是所有的来自上级的命令都能得到准确无误的执行,而且,有时会以一种匪夷所思甚至是戏谑的方式来实现。

我国独特的政治结构,决定了基层法院及其法官的生活、工作内容。尽管对业务的要求排在了政治学习之后,但政治毕竟代替不了审判。能够进入司法队伍,首先肯定是忠实于党和人民的,自然其工作也是有益于党和人民的。这被当作一个不言而喻的前提。这样的一种思维,潜移默化在每个进入司法队伍的人的心中,并在日后漫长的职业生涯中不时进行强化与巩固。偶尔有个别对这种机制发出不同声音的人员,也会受到教育或被排除出机体。经久的学习很默契地在这些人员身上形成一定的制度自觉,他们逐渐自动屏蔽或过滤那些可能与指导思想不相符合的内容。这些自觉会成为他们办案的潜意识反映,同样,法官在最后的司法决断中,也会考虑自己的心证有没有撞到红线。

这些似乎普适于所有体制内的法院及其法官的司法知识对基层法院的影响更为直接。因为作为权力执行最末梢的机构,其所拥有的制度解释空间几乎被其层层上级用尽。然而其总有变通的方式,比如对制度的不完全执行。不完全执行并不代表着错误执行,其很容易借由现实条件的限制而被纳入制度允许的范围,并有可能成为下一次修改或制定制度时的经验素材。

在一个相对封闭与安适的环境中,成员的流动性是很差的,绝大多数基层都具有这样的特点,初入职时的种种冲动都有可能因为激情的消退,加之家庭、亲情的羁绊而消磨殆尽。于此情景,安于现状似乎成了最好的职业选择。这一切似乎在表明,基层的工作是相当无趣与耗人意志的,但这并不意味着基层工作就不具有挑战性。恰恰相反,基层法院的司法工作越来越受到当事人的质疑与挑战,这样的问题不断向基层法院的上级转移。这是一种既奇怪又正常的思维,自认为蒙冤与受了委屈的当事人,相信那个来自"上面"的清官总会拨云见日、主持公道。问题又回到原点,基层法院可以是一种制度的安排,但它的立身之本仍是其所审理的具体案件。如果没有这些具体的案件作为它讨论的基础,那么其将失去存在的理由。

在这些案件中,其中的一个问题就是怎样将它们从复杂变幻的社会生活中抽离出来,并让当事人通过司法程序接受法律上的最终结果。一如前述,在缺乏更多有效的社会纠纷解决机制的前提下,而直接"扎进"诉讼的世界,必然导致处理效果的不尽如人意。这些内容又涉及我们对于"纠纷"的理解,详细的论述笔者将会在第三章具体展开。这主要涉及传统的纠纷金字塔模型、宝塔结构,以及树状结构。

(四)基层法院改革的一种思路

经由前述,我们会发现在基层法院法定性质与其实际制度功能之间存在较大的张力。具体地说,如果是严格依照法律和制度设计的初衷，基层法院只能是严格依法进行裁判，但现实中，具体的司法实务却要求基层法院能够松动法律和程序以为纠纷的最终解决提供尽可能的空间。就基层法院来说，不管是其自身日渐形成的惯性思维和做法，还是基于法律、上级的种种约束，它自有一套在前述两种不同方向上的司法要求之间进行平衡、权衡的方式方法。那么，这就会产生一定的争议。

笔者认为很有必要对此进行反思，这是因为，不管司法实务怎样定义和划分基层法院的职能，现实是基层法院的裁判结果最终都要汇入国家的正式审级之中；同时在我国审级比较低的情况下，基层法院的初审就显得相当重要，甚至是决定意义的。在这一情况下，二审法院即终审法院在评价当事人不服一审的上诉审中，其所采用的标准却是严格的法律和司法程序，并不会如基层法院司法的过程有时会采取变通的方式。换言之，这样的初审与二审裁判相互的运行逻辑实际上并不在同一个层面。如果完全按照法定的标准来展开基层法院司法这也是存在问题的，这方面的张力已一再为各种研究所揭示。① 由此，我们很有必要对现在的基层法院及其司法进行一定的调整和改革，要让基层法院认真做好初审工作并最终汇入严格的司法审级中，基层法院就要严格依法审判，而不能调和进法律之外的因素；同时，要让基层法院深入社会现实，就需要在生活逻辑与法律逻辑之间做出变通，这要么依赖于基层法院之外的组织来过渡，要么就对基层法院进行改造。② 从这个意义上看，似乎一种多元化纠纷解决的思路是有理

---

① 比如郑智航《乡村司法与国家治理——以乡村微观权力的整合为线索》，《法学研究》2016年第1期。
② 10多年前，我国已有学者提出："从世界范围来看，凡设置四级法院的国家，其基层法院大都定位为简易法院，其上一级法院为普通案件的一审法院，两级法院共同构成初审法院。我国应当吸取这一经验，将基层法院改造成简易法院。同时，应大幅度合并城市的基层法院，撤销在乡镇设立的中心法庭，每乡建立一个用调解、仲裁等替代性纠纷解决方式解决纠纷的新型法庭。"参见章武生《基层法院改革若干问题研究》，《法商研究：中南财经政法大学学报》2002年第6期。另外，在本轮司法改革中针对基层法院如何进行员额制改革的问题，有实务部门工作者指出可以在基层法院设置两种类型的法官，即主审法官与简易法官。参见蒋飞《基层法院法官员额制改革设想》，《人民法院报》2015年5月28日，第6版。另见顾培东《人民法庭地位与功能重构——基于P县人民法院相关实践的分析》，《法学研究》2014年第1期。

论上的可能性的。① 但问题是，如何在我国那些市民社会并不太发达的地区将这些复杂的内容组织起来，并整合成一个相互衔接、整齐有序的系统。

依据前面的分析，若果是按照某种较为规范与成熟的关于法院的理论，特别是来自西方法治发达国家的经验，那么我国的法院无论是在专业化还是职业化上其分化程度都还比较低。尽管我们有着庞大的司法系统，但相对前述国家和地区，受政治制度习惯的影响并没有给其安排一个非常独立和超然的地位。具体到基层法院和中级法院之间的关系，尽管囿于法院内科层式官僚体系不可避免的日渐臃肿，但司法审判职能的纯化仍然是我们首先要达到的第一步。固然在民商事案件的审判中，法院的主要功能是解决纠纷，但却并不能止步于此，我们并不赞同由法院一直来承担本应由政府部门与社会承担的义务。这并不是说法院要对这类纠纷（事件）无动于衷，而是法院实际上对此无能为力。这种法院对自我任务与职责的清晰认识以及社会乃至国家政治架构对此的廓清、厘定都需要一个过程。

尽管我们以行政区划设置法院的模式有其短板，使得基层法院在处理那些超越其"管辖（行政区划）边界"的纠纷时客观上需要中级法院的支持，② 也由于中级法院、基层法院的上下级关系，使得其各自权力、职责难以清晰界定，而需要不断进行调整。但笔者还是认为基层法院与中级法院在司法审判的层面上应有明确的区分，而不只是今天在审级上的有其名而实有限的状态。至于包括最高院在内的高级司法机关在推行

---

① 这比如所谓的"多门法庭"（multi-door courthouse）制度。参见韩宝《美国"多门法院"研究初步：兼论多元纠纷解决机制下法院的角色》，载董开军、张卫平、俞灵雨主编《民事诉讼法修改重要问题研究：中国法学会民事诉讼法学研究会年会论文集（2011年卷）》，厦门大学出版社，2011；龙飞《新加坡ADR制度的发展及启示》，《人民法院报》2013年8月16日，第8版。另参见我国司法实践中近年来推开的"法院诉调对接中心"，比如"浦东新区法院诉调对接中心"。参见蒋惠岭《诉调对接注活力 各得其所真多元——全面深化多元化纠纷解决机制改革系列评论之三》，《人民法院报》2015年4月17日，第2版；周方《诉调对接：多元化纠纷解决途径之探索》，硕士学位论文，暨南大学，2014；潘剑锋《民诉法修订背景下对"诉调对接"机制的思考》，《当代法学》2013年第3期。

② 与此略有关联，值得注意的是：2016年10月31日上午，最高人民法院召开关于公正审理跨省重大民商事和行政案件典型案例新闻通气会，并且公布了10件典型案例。参见最高人民法院网，http://www.court.gov.cn/zixun-xiangqing-29211.html，最后访问日期：2019年10月14日。

各项新的司法改革方案时所存在的低效甚至某些负面影响，特别是致使上下级之间本应以职业化、专业化为主线的鲜明司法功能日渐被一种愈来愈繁复的科层架构所辖制、绑架实非我们所愿见。

余　论

在这一部分，笔者主要是想基于前文所描述之中级法院之于基层法院的支配关系以及在这一关系背后所呈现的我国法院司法之某些面相以来反思具体法院结构。杜牧有个比喻"丸之走盘，横斜圆直，计于临时，不可尽知。其必可知者，是知丸之不能出于盘也。"① 笔者是要表明，无论怎样，不管作为一种制度的法律怎样去规定司法的过程——设计理想的基层法院式样，也不管政治的主流意识形态要怎样规划或要求实际的司法程序，但可以肯定的是，实际的司法程序必然是不徐不疾、不紧不慢，该怎样还是怎样，只能从社会本身出发。

通常情况下，从案件本身出发，以此来反思法院的审判程序以至司法机制的时候，多不出"疑难案件"处理的思路。但问题是，这种从内部不断寻求出路的做法，更像是一种不断"内卷化"的趋向，终究是死胡同。② 这种情况下，是否可以适当转换思路，从社会本身来寻求出路？换言之，当法院不能达到纠纷解决的理想效果时，这不一定是法院自身的问题，而有可能是它无能为力了。我们应该考虑怎样让纠纷在进入基层法院之前经过一定的过渡与转化，而不是硬着陆。这好比当自来水的水质普遍降低的时候，人们会考虑在进水管上安装必要的净水设备。

至少在现行制度下，如果不调整关于基层法院功能的惯性思维，基层法院是无法在一个长袖善舞的灵活纠纷处理机构和严格依法做出最终审判结果的裁判者之间平衡的。是故，在这一前提下，在进一步降低各

---

① 杜牧：《樊川文集》卷一〇《注孙子序》上海古籍出版社，1978。
② 参见张洪涛《法律洞的司法跨越——关系密切群体法律治理的社会网络分析》，《社会学研究》2011年第6期。

基层法院派出法庭法律专业性的同时，更区别基层法院和作为终审法院的中级法院的运行逻辑。或者说，笔者是假设了法律及司法程序对于纷争的解决是有选择性的。① 亦是说，并不是所有的纠纷都能在法律及司法的框架下获得妥适的解决。同时，在纠纷的解决思路上，也不是严格依照法律就能达到最佳的效果。总之，法律及司法秩序下的纷争解决，如果只是从法律及司法的角度出发，这是片面的，还需要理解纷争本身，而对于纷争的发生和进展这是无法通过人力的选择、干预而成型的，它是随意的。法律及司法的逻辑并不必然能给出当事人满意的结果，而毋宁说是给出一个最终确定的结果，以使一定的纷争能以一种可预期的方式结束。但问题是，当事人所能接受的结果与其之间的距离到底能有多大。刘子曦关于"法律意识"的解释很有启发意义，"法律意识并不局限于'人们对法律条文的了解'，而包含更丰富的意涵，即，行动者如

---

① 刘思达、吴洪淇在他们的研究中提出了一个"法律边疆地区"的概念，用以指称那些"没有律师事务所或只有一个国办律师事务所的地区"，"其至少包括遍布全国各地的近千个区县。这种状况在西部地区相当普遍"。不同于本书所讨论的已经进入法院司法体系中的案件，刘思达、吴洪淇叙述的是那些尚未进入法院的纠纷。他们认为，在这些"法律边疆地区"，"包括律师、基层法律工作者、司法助理员、'赤脚律师'乃至乡镇干部和村干部在内的各种法律服务提供者构成了一个相互关联的、分化成县城、乡镇、村落三层的法律职业层级系统"。"这个松散联系的层级系统中的不同法律职业群体，既不是相互排斥的纠纷解决渠道（即'纠纷宝塔'），也没有形成一条通往法院的目的性路径（即'纠纷金字塔'），而是构成了一个迷宫"，"在这个不可预测的迷宫之中，法律的力量很大程度上要弱于渗透其日常运作之中的各种政治力量。许多农民的纠纷被嵌在这一系统之中屡屡碰壁，而无法得到满意的解决。而对于那些得到解决的纠纷，最终的解决途径常常是通过政治渠道而不是法律渠道。"参见刘思达、吴洪淇《法律边疆地区的纠纷解决与职业系统》，《社会学研究》2010年第1期。笔者也完全接受二位作者对于"法律边疆地区"当事人纷争解决状况与过程的描述，但还可以继续追问的是，是什么导致了当事人这种"迷宫"般的体验？尽管二位作者没有对此给出更为具体、详细的阐述，但似乎可以推测的是，既然存在"法律边疆地区"，那么就会存在"法律的腹地（中心）地区"。是故，是否可以说，只要这些"法律边疆地区"发展成为"中心地区"问题便会解决？不过笔者认为这种推断不一定能全部成立。这首先是因为，比喻意义上的"边疆"与"腹地"是相对的，其外延是变动的；其次，对于法律及司法而言，是否存在"边疆地"。换言之，笔者认为，尽管不同空间下法律及司法过程的展开存在不同，但这种不同并不是一种质上的本质差异，毋宁是一种作用范围与种类上的不同。这可以从发生在一地的主要纠纷类型看出来。参见杜文忠《边疆的概念与边疆的法律》，《中国边疆史地研究》2003年第4期。另外，与"法律边疆地区"联系密切的还有"边疆的法律""边疆的法律治理"等概念。

何理解和体验——作为制度与文化的——法律。"① 申言之，在强调当事人对于法律的意识的同时，还要注意到法律及司法对纠纷类型的拣选。② 进一步的论述将在下一章展开。

---

① 参见刘子曦《法律意识的两个维度：以业主诉讼维权为例》，《开放时代》2014年第4期。
② 在这里，第一个层面的一项实证研究参见程金华、吴晓刚《社会阶层与民事纠纷的解决——转型时期中国的社会分化与法治发展》，《社会学研究》2010年第2期。

第三章

空间：法律的"边疆"

引 论

在上一章，我们已经指出纠纷之类型及其生发原因与在地社会的紧密关系。在本章，笔者将进一步指出纠纷之具体解决同样受在地社会，特别是地理物质环境的影响。① 在今天，尽管我们同样强调纠纷的诉讼解决，但种种情势下，人们越来越意识到"多元化纠纷解决机制"（Diversified Dispute Resolution，DDR）的重要意义及价值。② 客观地说，通过诉讼的纠纷解决是有边界的。这除了要表明诉讼在纠纷解决上的有限性外，更要揭示出的是，即便是那些看似可以通过法律来解决的纠纷，在具体的实践中，也可能因为种种原因而最终无法通过法律来解决。③ 在这一理论语境下，我们需要意识到国家法之边界，亦即本章标题所指出的——法律的"边疆"。当然首先需要澄清的是，这并不是质疑国家法的效力，而是要表明国家法在社会中的一种可能呈现方式。事实上，在多年的积累中，不少研究已经很好地回答了此处的疑惑。更进一步，如果我们欲使法律在纠纷解决中发挥更大、更广泛的作用，就需要反思国家之法律制度，以使其能回应具体之社会现实。

在笔者之前的论文《地域与认同之于纠纷解决的意义初探——基于我国西北地区的考察》中，④ 笔者曾指出："一定的纠纷与特定的地域环境有很大的关联。同样的纠纷在溢出一定的地域边界之后，于解决的逻辑便有所不同"。下文将要具体阐述的"尼江问题"的个案提供了这方面的一个

---

① 这很容易让人联想到"环境决定论"的观点，不过德芒戎很早的时候就很认真地指出：这并不是"一种粗暴的决定论"，其中的"因果关系是非常复杂的"。参见〔法〕阿·德芒戎《人文地理学问题》，葛以德译，商务印书馆，1993，第 8~9 页。
② DDR 语出中国应用法学研究所所长、最高人民法院高级法官蒋惠岭于 2016 年 5 月 25 日在第三届中英司法圆桌会议上的演讲"中国多元化纠纷解决机制改革的措施"。
③ 有学者将"由于缺乏实体法以及程序上的支撑……无法进入法律渠道的矛盾纠纷称为法治剩余问题"。参见桂华《论法治剩余的行政吸纳——关于"外嫁女"上访的体制解释》，《开放时代》2017 年第 2 期。
④ 拙文载《甘肃政法学院学报》2013 年第 4 期。

很好案例。"尼江问题"① 在起源上其实是一个草山、草场纠纷,但因其在产生之初没有得到很好的解决,一个"民事纠纷"逐渐转变为刑事犯罪,并进而成为难以解决的区域社会问题。尽管"尼江问题"的形成有其历史、文化、地理等多方面的原因,但这并不妨碍从现行有效国家法的角度对其进行解决。不过正如我们所看到的,尽管在"尼江问题"的解决过程中,法律起到了一定的作用,但绝非是主要作用。在这一背景下,当我们从社会治理、国家政治、经济发展等角度去反思"尼江问题"时,还有必要自法律的角度给出一定的分析。

对于"尼江问题"的法律反思,笔者所依凭的切入点是法律地理学。法律地理学在今天的学术研究话语中更多的是自列斐伏尔、福柯等人的空间理论展开的法律空间研究。不过笔者首先想回顾的是孟德斯鸠的思想,即孟氏在《论法的精神》中那段经典表述。尽管在今天大多数人看来,孟氏的这段论述仅仅只是一段不合时宜的历史言论,对现实并不具有指导意义。但如果这不是现代人的自负,则是对国家法的机械理解。客观地说,对"尼江问题"的解决,我国当下的法律及司法并不具备充足的能力。那么如何才能让司法具有处理该类纠纷的能力?退一步讲,有没有可能完全通过法律途径来解决该类纠纷?对于这些问题的回答,首先在于我们是否愿意通过法律途径来解决该类纠纷;② 其次是如果用法律途径来解决,那又该是怎样的法律和具体的司法过程?表面上看,前一个问题似乎是一个伪问题,能够用法律解决的问题却为何不用法律去解决?一如笔者将要在后文所论述的,这其实是当下我国法院司法中的一个特殊问题——在一些情形下,具体司法过程的展开往往受到多种因素的掣肘。典型表现即为该适用法律时不适用法律,不能适用法律时强行适用法律。对于第二个问

---

① 1995 年 10 月 18 日,甘肃省甘南藏族自治州尼巴村和江车村在江车沟口因争夺草场发生冲突,造成江车村 3 人死亡、8 人受伤,尼巴村 1 人死亡、9 人受伤的流血事件,被称为"尼江事件"。其后,两村多次为争夺放牧的草山而发生冲突,直至 2015 年,经过两年多的艰辛努力,尼江两村终于重启全面混牧。

② 在这一点上,还需做一定之补充。亦即,尽管我们说司法方法在处理与解决类似"尼江问题"上的能力不足,但是我们还要考虑到在"尼江问题"解决的策略选择上让法律/司法方法成为一种辅助方法是否是一种刻意的安排。当然对于"尼江问题"处理上的法律失位,比较便宜的一种方法便是政治之于法律的影响;但是当我们不是过于强调这一点,而是从法律自身的视角出发,有没有可能找到一种比较适合的处理该类问题的方法?这也是本章所要努力尝试解决的。

题，尽管我们说"尼江问题"是一个较为极端的个案，导致了国家法适用上一定的困难，但是在其他一些并非如此极端但同样涉及国家法适用受阻的场合我们需要反思当下关于国家法的观念。

在惯常的思维模式中，我们很容易想当然地将某种统一性与国家法联系起来，因而关于法的多元化观念以及纠纷解决上的多样性在现实中比较难以落实。但是一如我们将要看到的，现实中的纠纷充满了多样性，客观上需要多元之法律对此予以回应。以"尼江问题"为例，首先，它并不是一个纯粹的法律问题，它可能更多是一个经济问题，或者生活、生存与发展问题。在"尼江问题"持续的几十年间，尽管当地政府采取了不少措施，但一直到2014年都没有能够从根本上解决这一问题。其次，目前就引起"尼江问题"的藏区草山草场纠纷的处理已经有了不少研究，这些研究也从不同侧面揭示了草山草场纠纷解决的独特性、特殊性。① 就这些研究而言，比较重要的一条路径即在于讨论国家法与习惯、习俗之关系，更准确地说是在地社会同国家法之间的张力。不过我们是否有更为宏观的关于法律的理解框架来讨论类似的问题？这也是本章从纠纷及其解决、在地社会整体（地理）背景来检讨"尼江问题"的主要出发点。就"尼江问题"中的法律问题而言，其核心并不在于这里有没有法、要不要适用法？而是我们究竟如何来理解法以及怎样适用法？无论什么时代，人类社会秩序之维系都离不开一定的规则，只不过是在多大程度上我们要将这其中之规则的主要内容固定在国家认可的法律上。

若对法律的理解不是过度强调国家、政治的因素，而是从社会特别是地理的视角来分析，结果又会如何呢？② 我们不仅会发现法律之作用有其实际边界和效能范围，而且法律之作用于社会，可能也只是诸复合因素之一，这比如多元化纠纷解决框架下的法律。法律地理学之典型特征在于情景化地去阐释具体的法律实在，它既不将法律视为强调政治主权特点的国家法一元论，亦不将法律过度弱化、软化，进而矮化为一般的规则。在此背景下，是否有可能在反思法、国家法等的前提下，于现实层面切实回答

---

① 如后宏伟《藏族习惯法回潮及其原因探析》，《甘肃政法学院学报》2017年第4期。
② 有关西方法律思想及诸流派，特别是法社会学的梳理可参见徐爱国《法学的圣殿：西方法律思想与法学流派》，中国法制出版社，2016。

孟德斯鸠所描述的法律与司法因为地理等的差异而产生的不同要求，亦重新阐释所谓一国之下法律与司法的统一？申言之，即使是在涉及民族、宗教等问题需要司法满足比如"稳定"等目的的场合，既可以通过司法模式的调整与优化，而逐渐将纠纷的解决思路纳入法律及司法的轨道上，亦可以在多元化纠纷解决的思路下回应具体的社会问题，并以此来理顺社会的治理逻辑。总之，笔者是想将这一问题抽象为国家法之"统一性"与社会生活之"多样性"的关系。或者说，如何使得一种多元性及差异性的司法实际成为可能。基于此，本章主要在于探究特定场景下的纠纷及其解决，特别是如何通过国家法的途径来予以妥善解决。而这，主要是从社会角度来省思实践中的法律。具体而言，是通过对特定地理环境下的纠纷与国家法关系的考察，以指出这种基于地理——主要是区域，研究法律问题的必要性。在此基础上，再从纠纷特点及纠纷解决本质出发，讨论纠纷司法解决的可能局限及纠纷合理解决的可能图式。尽管本章主要探讨的是法律与地理的关系，但在本质上还是要论述司法由于地理等因素的影响而实际上可能存在的某些差异。亦即，某种关于法律适用的一元论思路需要做出改变和调整。

　　作为一种事实存在，尽管在现代国家的环境下，司法官都是要严格遵循既定的程序法，但不管怎样，在具体的司法过程中，案件之裁判还是会有一定的差异——只是这种差异要在一个可接受的范围内。此处所讲"差异"可以从两个方面来理解。一方面是主观差异，这主要是指司法官的自由裁量权。客观地说，这也是裁判者的个性乃至诉讼当事人的自身条件、案件背景等因素使然。另一方面是客观差异，这比如本章所专门论证的关于地理等因素而致的差异。申言之，如果我们不是先在地将司法过程看做是先有国家制定相应的法律规范，然后是司法机关严格地执行——主要将人们对司法的服从理解为"强制"，那么不难接受司法过程及当事人对裁判的服从是基于某种社会心理过程，特别是一种认同的观点。基于这种法律存在于或者深嵌于社会之中的逻辑，一地的司法最好是与一地的社会相匹配与适应。但客观地说，这种逻辑上的可能在实践中实现具有极大的挑战性，甚或不可能。但就问题的实质而言，其实是在强调社会治理中法律及司法功能的进一步分化。虽然法院司法之无限物理式分化及因事不同而区别设置之实现有其困难，但在法院成为确实之"个体"后，其便具有更强能力以对纠纷类型做出判断并进而提供相当恰当之处理方法。

现实是，在中国这样讲求"车同轨、书同文、行同伦"① 的中央统一领导的国家里，突出的是"司法权乃中央事权"。亦即，至少从表面上是不允许地方动辄以特殊性要挟中央的，这其中最大的担忧便是地方以特殊性之名而行独立、分裂之实。这就带来了一个问题，制度上的统一规定如何来适应实践中的个案处理，因为如果以一种完全整齐划一的方式来判断，势必会导致某种实质的不公正。由此，不免实践者的阳奉阴违，将实际的操作包装成符合上级要求的标准样式。然而，这却会不断走入一个怪圈或者说悲剧的轮回，实践者往往会从最初基于应对案件特殊性的考量渐次发展为中饱私囊、坐地起价的权力寻租者。于此的另一个极端是制定法律时高度的概括性，留给裁判余地与空间。

此处所讲之个案因为地理之差异及司法的"个殊化"应做何解？一个疑问是，此处所讲之个案差异，地理因素会占多大比重？更具体地说，我们到底该怎样理解"地理"，又该如何看待地理加诸司法之影响？这些问题主要是早期"法律地理学"的研究范围。在强调现代化、现代性的今天，似乎一切都在趋同化、世界呈扁平发展、空间在不断压缩、人与人的生活也正在变得毫无差异的情形下，地理，主要是环境/空间，它们之于司法的影响又是怎样的？② 尽管如高铁这样的超级交通工具正在改变人们的时空观念、超市这样的购物场所也早已填满人们的生活世界、现代的建筑也早已不再仅仅局限于其原初的功能……这一切似乎表明现代社会下的人们已经进入了全新的世界，但为什么会有那么多人越来越对如郎木寺那样的小镇感兴趣，寻找最后的"世外桃源"？也正是基于这样的理由，我们逐渐看到，

---

① （宋）朱熹《四书章句集注》，中华书局，1983，第36页。
② 笔者非常认同 Noel Castree（诺埃尔·卡斯特里）对这一问题的回答，"第一，也是最明显的，全球化用缩小跨越空间所需的时间的方式使地方之间更紧密地联系在一起，但同时地理距离依旧存在……（即）绝对区位差异依然存在。第二，全球化并没有在一个无差别的空间中呈现出来。相反，它之所以把各个地方联系在一起就是因为它们是不同的。第三，即使很多地方都受到相同的全球化力量的影响，它们的反应和变化也是不同的。第四，即使是在今天，日常所及的所有的或者说大多数的社会关系并没有都全球化……并不是世界上所有的地方都同等程度地被'卷进来'……如果认为全球化就等于统一化和均质化就是一种误解。相反，人文地理学家已经证明地方之间的联系越多，地方之间的差异就越多，并会被改造。"参见〔英〕萨拉·L. 霍洛韦、斯蒂芬·P. 赖斯、吉尔·瓦伦丁编《当代地理学要义——概念、思维与方法》，黄润华、孙颖译，商务印书馆，2008，第140~141页。

案件在类型上更趋近同步了,即便是在西北地区的一个省份内,离婚案件普遍增加、民间借贷纠纷爆发等,是否这中间的差异都消解在快速一致的社会之中了?① 由此,笔者所疑惑的个案与"大一统"之司法思维间的矛盾还存在吗?是不是所有的问题都将以一种模式来解决——所有的后发地区都是先发地区的昨天,所有的先发地区都是后发地区的明天。在《乡土社会秩序的沿传:透过"打官司"的观察》一文中,我曾对现代性之可能的不足有过一定思考②。由此,地理之于司法的影响,是不是不再是个案的差异性方面,而是变成某种资源分配的根本性缺陷。然则,一个更大的问题是,现代性之后果并不全是如前述的那种渐趋一致,而是愈加在社会上产生更大的张力与裂痕。同时,个体的自主性也更为强劲。人终究是有意义的存在,人不可能只活在物质与经济的世界中。③ 作为一种最直接的主观体验,当你在不同地域内游历观察时,还是会惊异于这种自然禀赋上的明显差异,现代性应该是多元的,也应该使这些多元得到大体相当的保护和发展。④

经由上面的论述,至少有两点内容值得我们反思。首先,在纠纷之生发及其特征比较明显受一定地理环境影响的场景,国家法的具体展开过程在理想层面上要能照应到这种实际;即便不能全面照应到这种实际,也要为具体的司法过程处理此类纠纷提供足够的回旋空间。其次,如果是从纠纷解决的角度出发,法律实际上是有其局限的,那么在理想中,非讼与诉讼方式的相互沟通就显得很有必要。下文将围绕这一问题具体论述。

一 法律地理学(法律-空间)研究的引入

(一)法律地理学研究的切入点

就笔者的阅读所及,中国有关法律地理学的研究还比较少,尽管一

---

① See Song, Z., Storesletten, K. and Zilibotti, "Growing (with Capital Controls) like China", *F. IMF Econ. Rev.* 62 (2014): 327, in https://doi.org/10.1057/imfer.2014.18.
② 拙文载杜宇主编《复旦大学法律评论》第1辑,法律出版社,2014。
③ 这其中的一些著作,比如格尔茨借用韦伯的概念所表达的关于文化的概念,"人是悬在由他自己所编织的意义之网中的动物"。参见〔美〕克利福德·格尔茨《文化的解释》,韩莉译,译林出版社,2014,第5页。亦如卡西尔的《人论》(甘阳译,上海译文出版社,2013)、雅斯贝斯的《时代的精神状况》(王德峰译,上海译文出版社,2013)、阿伦特的《人的境况》(王寅丽译,上海人民出版社,2009),等等。
④ 刘东主编《〈中国学术〉十年精选:实践与记忆》,商务印书馆,2014,第129页。

些学者在他们的作品中表达了法律与地理关联的研究片段。① 何以要从地理的角度切入来研究社会-法律的现实？地理的概念及其思想能对法律、法学有多少启示？卡西尔（Cassirer，1874～1945）在他借用赫拉克利特的话语中，指出"在世界上没有任何东西能超越它的尺度——而这些尺度就是空间和时间的限制"。② 在本书，笼统地说，笔者尝试将地理与法律联系起来，至少是暗含了如下两个出发点，即或是假设造成司法差异性的诸原因中包括了地理的成分，或是假设司法的差异性部分是由地理的因素造成的。这涉及我们对于地理的理解，以及地理研究中的"空间"。

要给"地理"下一个定义、划定一个清晰的范围，这就如同回答"什么是法律"一样困难。把二者结合起来，即关于法律和地理的研究，这即便是从世界范围来看，也是非常单薄的。在惯常的意识中，一提到法律和地理，人们首先想到的就是孟德斯鸠（Montesquieu，1689～1755）和帕斯卡尔（Blaise Pascal，1623～1662）的论述③。由此可见，这一领域研究的传承与积淀是多么有限。尽管孟德斯鸠的《论法的精神》早已成为名著，但这部出版于1748年、距今已逾270余年的作品，其间关于法律与地理（主要是气候等）的论述其局限与不适当是非常明显的。④ 尽管在今天，关于法律移植的种种争论不绝于耳，但这并没有影响世界上那么多的国家在持续不断地大规模地借鉴欧美诸国的所谓先进法律制度。而且，当立法越来越成为法学家、政客的职业以及各利益群体反复争夺利益的工具时，在商品经济下的法律也距离孟德斯鸠的论述愈来愈远。

---

① 少量的直接研究参见孙峰华《当代西方法律地理学研究的几个问题》，《中国地理学会2007年学术年会论文摘要集》；张世明：《中国大国空间特性的新历史法学透视》，《中州学刊》2013年第5期。非常值得注意的是朱晓阳的研究。参见朱晓阳《地势与政治：社会文化人类学的视角》，社会科学文献出版社，2016。
② 参见〔德〕恩斯特·卡西尔《人论》，甘阳译，上海译文出版社，2013，第71页。
③ 相对孟德斯鸠而言，帕斯卡尔对法律与地理的论述要简略得多。同时，就可看到的文本，帕斯卡尔强调的似乎是孟德斯鸠文本的另一个方面。帕斯卡尔说，"我们就会看到正义植根于世界上的一切国家和一切时代，而不会看到所有正义的或不正义的东西都在随着气候的变化而改变其性质"。参见〔法〕帕斯卡尔《思想录：论宗教和其他主题的思想》，何兆武译，商务印书馆，1985，第153页。
④ 当然单纯从"范式"转换、发展的角度来看，孟德斯鸠在那个时候提出那样的观点是很有洞见的。

事实上一直到20世纪60年代后期（人文）地理学研究转向，① 法律与地理的研究主要还是集中在一些比较法学家基于其对不同地区法律现象的观察。无疑，这些研究并没有超出孟德斯鸠的研究多远。然而，这并不是说孟德斯鸠的理论具有不可超越的深刻的阐释力，而是说这么多年，这一领域的研究太缺少新的成果了，也太缺少新的研究动力了。2001年布隆里（Nicholas Blomley）编辑《法律地理学读本》时还在感叹这一研究领域的萧条状况。②

伴随着地理学研究的转向，大约从20世纪80年代后期到90年代初期，法律与地理或者说法律地理学的研究渐渐丰富了起来。特别是有关法律与空间的研究。试想，如果将 *R v. Dudley and Stephens*，(1884) 14 QBD 273 DC 这样的案件放在法律与空间的思路中去研究将会如何，是否别有洞天。这不仅能够阐述法律与地理之间的关系（connection），也是在认真对待地理学自身。③

尽管法律地理学的发展至今还很有限，但它提供了尤其是从空间等角度思考法律的思路。这其中的意义也是非常明显的，它能够解释通常思路下阐释不及或阐释不清的问题。首先，它将地理因素在法律/司法中置于一个较突出的位置；其次，界分法律/司法"中心－边缘"的主要决定因素将不再是某种强力的政治意识形态；④ 再次，这为多元、开放社会下，地方司法获取自身地位提供了一种理论思路；最后，这也为更新法律地图提供了方法。

在法律地理学尚未完全发展出专属于自身的话语体系及明显的学科框

---

① 参见〔英〕R. J. 约翰斯顿《地理学与地理学家——1945年以来的英美人文地理学》，唐晓峰等译，商务印书馆，2010，第152页以次。
② See Nicholas Blomley, David Delaney and Richard T. Ford, ed., *The Legal Geographies Reader: Law, Power and Space*, Oxford: Wiley - Blackwell, 2001: Preface, p. xvii.
③ See Nicholas Blomley, David Delaney and Richard T. Ford, ed., *The Legal Geographies Reader: Law, Power and Space*, Oxford: Wiley - Blackwell, 2001: Foreword, pp. xi - xii.
④ 当下意义上的法律/司法发展路径一直在警示我们，法律正在统治着我们的世界，而且还在以非常野蛮的方式疯狂生长。以至于治理这个世界的工具、观察这个世界的存在方式都不能没有法律。但事实上，世界并不是这样，法律也不是万能的。比如，通过空间的观念所看到的法律、司法可能并非如此。申言之，以"空间"结构重新梳理过的法律/司法，势必对传统观念下法律/司法权力的来源进行解构。See Henri Lefebvre, *The Production of Space*, tran. by Donald Nicholson - Smith, Oxford: Wiley - Blackwell, 1992; Edward W. Soja, *Seeking Spatial Justice*, Minneapolis: University of Minnesota Press, 2010.

架之前,它的不独立性导致了发展上的困境。首先它需要不断回到地理学,特别是那些有关"空间"的理论体系中去。事实上,特别是当法律地理学将自身的论域界定于法律与空间之后,可以看到相关研究的很多精力都是在消化关于"空间"的基本理论及其发展后的理论。至于是否需要对这些不同的"空间"理论进行反思,以及如何反思,显然法律地理学还无暇于此。其次,法律地理学需要达成一个最低的关于何为"法律"的共识。如果没有这个共识,则很可能使它的研究不能发展下去。我们能够看到,法律地理学所做的工作在某种意义上与法律多元论者的工作有所交叉;不过法律地理学者却认为法律多元论者所认识的法是将法本身扭曲了。另外,法律地理学者显然是不可能完全赞同法律实证主义关于法的观念的。

就法律地理学的理论路径而言,它的思维首先是批判性的。批判总需要建构。这从司法的角度来看显得更为突出。因为无论怎样的批判,一旦落实到具体的司法过程中,总需要给当时的法官提供一个审判的"前提"。

从地理与法律的角度来看待法律和司法过程,较之传统的观点还是有一些变化。首先,具体到某一个个案,比如下文主要论及的甘南地区,其司法生态与话语运作还是有其富有个性的一面——无法重复,也无法代替。这主要体现在实际的司法过程中,而不是静态、固化的法规范中,因此这是无法简单地用"法意识"这样的模糊语言来涵括的。法律涵盖不了社会的全部,社会也绝不只有法律。职是之故,即便是在发生纠纷的地方,也即便是在法院这样一个专司纠纷裁判的特殊空间里,这其中的一些内容,也往往会溢出或者越出法律的边界。其次,借着"甘南"这一地域实在,我们还能抽象出更多的内容。比如,法律是如何在一定的地域环境下展开的?地理背景又是如何影响司法进程、回答法律时效等一系列问题。最后,通过法律与空间这一研究路径,我们还能看到二者的互动关系。总之,这一意义下的空间,已经超越了作为一个可以触摸的实体的限定,而成了一种抽象的"空间"。一如 Nigel Thrift 薛伟德关于四种空间类型的划分。正是这种空间与法律互动的根本关系及本质特点,使得我们进一步考虑法律的行动以致社会的运行多了另一个维度。

(二) 早期的"法律和地理"研究

2003 年,伦敦大学学院的两位教授 Jane Holder(简·霍尔德)与 Carolyn Harrison（卡罗琳·哈里森）合编出版了《法律与地理》。这部近600页的著作共有八部分内容，第1部分是导论，第2~8部分分别是：边界、土地、财产、自然、身份（群体、个人与地方）、文化和时间、知识。① Jane Holder 主要从事环境保护诸问题的研究，而 Carolyn Harrison 则是地理学系的教授。仅就这部著作的内容来看，似乎远超出了我们平常所了解到的一般地理学的知识，这也与前文笔者提及的我们较为熟悉的孟德斯鸠、帕斯卡尔的相关论述内容存在很大差异。而这除却地理学知识自身的发展以及其内部不断分化出来的传统而致使学科分化愈加明显外，也与地理学学者所批评的其他学科的研究者对地理学的认识与运用有关——"其他学科总是用自己的方式运用地理学，而这些方式要么已经过时，要么过于幼稚"②。Marvin W. Mikesell 也说，"可以公正地说，其他领域的学者所熟悉的绝大多数地理学著作并不被地理学家们认为是他们领域最新的代表作品"。③ 当然，至于公众的理解，则"地理学是'通俗描述和旅游'的另外一种称呼"。④

地理学的理论、思想在其发展中也是不断变化的，比如其研究重心的转移、关键词理解的变化。在今天的地理学研究中，"空间"已成为核心的质料。"作为地理学的核心概念，空间是地理学研究的永恒主题，但与此同时'空间'概念及其在地理学研究中的作用，也是处于永恒的演化过程之中，并且互动和渗透到了许多学科"。⑤ 在传统的观点中，"空间"是死的、固定的、非辩证的（undialectical）、不动的；相反"时间"是富裕的、多产的、生命的、辩证的。福柯对此进行了严厉的批评。⑥

---

① See Jane Holder and Carolyn Harrison, ed., *Law and Geography*, Oxford: Oxford University Press, 2003.
② 参见〔英〕彼得·丹尼尔斯、迈克尔·布莱德萧、丹尼斯·萧、詹姆斯·希达维编《人文地理学导论：21世纪的议题》，邹劲风、顾露雯译，南京大学出版社，2014，第11页。
③ Marvin W. Mikesell, "The Borderlands of Geography as a Social Science," in M. Sherif and C. W. Sherif, eds., *Interdisciplinary Relationships in the Social Sciences*, New Brunswick & London: Aldine Transaction, 2009: 227-248.
④ 参见〔美〕杰弗里·马丁《所有可能的世界：地理学思想史》（第4版），成一农、王雪梅译，上海人民出版社，2008，第646页。
⑤ 参见张捷《空间概念的演化：物质的、地理的抑或是精神的?》，载陶东风、周宪（执行）主编《文化研究》第10辑，社会科学文献出版社，2010，第68页。
⑥ See Jeremy W. Crampton and Stuart Elden, ed., *Space, Knowledge and Power: Foucault and Geography*, Aldershot: Ashgate, 2007: Chapter 19.

由此产生的问题是如何理解"空间",以及法律(法学)中"空间"的含义。笼统地说,法律与地理研究的"空间"(为避免误解,这里主要是指研究的主要对象及其可能的发展方向等)依赖于是由谁来主导,是地理学人还是法学者。如果是法学者,这又依赖于他们对地理学知识的掌握。自然这也与公众所认识的地理学、法学知识有关。

以下首先阐释的是关于"空间"的观点。需要指明的是,"……'空间'从地理学的基本术语和传统研究领域拓展嬗变成为横跨地理学、社会学、哲学、文化学乃至美学、文学等学科领域的后现代主义、激进主义、社会建构主义等学派的重要研究主题和领域"。[1] 换言之,尽管"空间"这一概念始自地理学,但在不断开枝散叶以及被其他学科不断借用的情形下,"空间"这一概念几欲获得自己独立于地理学的宽广论域。

(三) 作为核心质料的"空间"

1. "空间"解释种种

Nigel Thrift 在他的研究中将空间分为"第一空间:经验性诠释""第二空间:开敞空间""第三空间:图像空间""第四空间:地方空间"。[2]

卡西尔将空间分为有机体空间、知觉空间、符号的空间。[3]

列斐伏尔提出了物质空间(体验空间、可触及和可感觉的知觉空间)、空间的再现(空间被感知和被再现)以及再现的空间(被日常生活方式所收编的并在知觉、想象、情感和意义上生成的空间)。[4]

哈维(David Harvey)在统合列斐伏尔关于空间的观点的基础上,结合自己关于空间的理论[5],整理出了如表 3-1 所示的 3×3 矩阵模型。

---

[1] 参见张捷《空间概念的演化:物质的、地理的抑或是精神的?》,载陶东风、周宪(执行)主编《文化研究》第 10 辑,社会科学文献出版社,2010,第 68 页。

[2] 参见〔英〕萨拉·L. 霍洛韦、斯蒂芬·P. 赖斯、吉尔·瓦伦丁编《当代地理学要义——概念、思维与方法》,黄润华、孙颖译,商务印书馆,2008,第 77~84 页。Edward W. Soja, *Thirdspace: Journeys to Los Angeles and Other Real – and – Imagined Places*, Oxford: Blackwell Publishers, 1996.

[3] 参见〔德〕恩斯特·卡西尔《人论》,甘阳译,上海译文出版社,2013,第四章。

[4] See Henri Lefebvre, *The Production of Space*, trans. by Donald Nicholson – Smith, Oxford: Blackwell Ltd., 1991. 对国内在列斐伏尔"三元空间理论"上的误解/不完全理解的一个评论参见林叶《城市人类学再思:列斐伏尔空间理论的三元关系、空间视角与当下都市实践》,《江苏社会科学》2018 年第 3 期。

[5] 参见〔英〕大卫·哈维《地理学中的解释》,高泳源、刘立华、龚运龙译,商务印书馆,1996。

表 3-1 作为关键词的空间所具有的潜在含义矩阵

空间类型	物质性空间（体验性空间）	空间的呈现（概念化的空间）	再现的空间（活现的空间）
绝对空间	墙壁、桥梁、门、台阶、地板、天花板、街道、建筑、城市、山脉、陆地、水域、领地标志牌、物理边界和障碍、门控社区等	土地勘测与管理地图；欧几里得几何学；景观说明；禁闭和开放空间、位置、地方、定位等的隐喻（支配和控制起来相对容易）——牛顿和笛卡尔	围坐在炉灶旁的满足感；封闭场所内的安全感或禁闭感；在所有权、对空间的支配权和主宰权中产生的权力感；对他人"预谋不轨"的担忧
相对空间（时间）	能源、水、空气、商品、人员、信息、货币、资本的循环与流动；距离摩擦的加速或减速	主体性或拓扑地图（如伦敦地铁系统）；非欧几何学和拓扑学；透视画；定位知识、运动、流动、转移、加速和空-时压缩与分延等的隐喻（支配和控制起来相对较难，需要专业精良的技术）——爱因斯坦和黎曼	担心不能按时上课；害怕进入陌生环境；堵车时的沮丧；对空-时压缩、速度或运动的紧张感或亢奋感
关系空间（时间）	电磁场及其能量流动；社会关系；具备潜在出租和经济价值的地面；污染聚集；潜在能源；随风飘来的声音、气味和感觉	超现实主义；存在主义；心理地理学；赛博空间；力量和权力内化的隐喻（极难支配和控制——混沌理论、辩证法、内部关系、量子数学）——莱布尼茨、怀特海、德勒兹、本雅明	想象，好奇，欲望，沮丧，记忆，做梦，幻觉，心理状态（如野外或广场恐惧症，眩晕，禁闭恐惧感）

资料来源：〔美〕大卫·哈维《作为关键词的空间》，付清松译，载陶东风、周宪（执行）主编《文化研究》第 10 辑，社会科学文献出版社，2010，第 57 页。

哈维在他的研究中曾指出，"就空间自身而言，它既非绝对的或相对的，亦非关系性的。是其中之一，还是会同时成为三者，这要视其所处的环境而定。对空间如何下一个恰当的概念，这个问题应通过相关的人类实践才能加以解决。"① 笔者完全赞同这些关于"空间"的洞见，无论是 Nigel Thrift 较为具体的直观分类、卡西尔带有启发的分析，还是列斐伏尔开

---

① 〔美〕大卫·哈维：《作为关键词的空间》，付清松译，载陶东风、周宪（执行）主编《文化研究》第 10 辑，社会科学文献出版社，2010，第 50 页。

创性的"空间生产",以及今天影响极大的哈维的观点。在这些观点中,一方面,我们看到空间可以以各种方式拆解开来以供细致的分析;另一方面,空间的类型之间又存在过渡与转换,甚至是复杂的矩阵。依笔者的认识,这些思路更多是倾向于研究单个的空间——一个范围可大可小的空间。但是,具体到一定的社会现实及制度运作,全部内容无法只呈现在一个空间之内,而有可能出现在诸多能够不断细分的各种空间之中。这些不同的子空间各自表现出相异的内在本质,这在本书所讨论的关于甘南基层法院司法的场景更是如此。如果以一种审视的、比较的眼光来看待本书所着力论述的关于甘南社会司法的问题,就会发现其社会空间内在机理上的差异。

尽管在笔者的阅读中,尚没有找到关于对整体空间划界的清晰研究,但有一个问题是不时被论述的,即边界(界限)。在关于空间的看法中,德勒兹、瓜塔里基于他们的"块茎"理论,"试图铲除根和基础,反对统一并打破二分法,伸展根与枝叶,使之多元化和散播,从而产生出差异与多样性",批判了"根-树"结构下的"'有纹路的'、具有封闭疆界的空间",进而提出了"一个'光滑的'无边际的平面"。① 这似乎与本书阐述的甘南司法之独特性的一面有了一定的理论张力。因为,从表面上看,笔者似乎是要将甘南社会的司法问题作为一个特殊的个案独立予以处理,② 这端赖观察问题的角度。但是,笔者实际上是要强调国家法律/司法在制定、展开过程中需要预先对这一地区的情况有所了解与掌握,以避免在以强力推动、施行时,所可能遭遇的各种硬的、软的抵抗,以致从外在上看去,似乎是要围出一个特别的空间。借用德勒兹和瓜塔里的研究,如果是一个平滑而非条纹的空间,问题便不会如此复杂。

这又涉及我们如何看待主体。德勒兹、瓜塔里认为:③

---

① 〔美〕道格拉斯·凯尔纳、斯蒂文·贝斯特:《后现代理论——批判性的质疑》,张志斌译,中央编译出版社,2012,第110~111页。
② 参见〔法〕吉尔·德勒兹《差异与重复》,安靖、张子岳译,华东师范大学出版社,2019。
③ 〔美〕道格拉斯·凯尔纳、斯蒂文·贝斯特:《后现代理论——批判性的质疑》,张志斌译,中央编译出版社,2012,第111~112页。另见〔法〕吉尔·德勒兹《游牧艺术:空间》,陈永国译,载汪民安主编《生产:德勒兹机器》第5辑,广西师范大学出版社,2008,第143~154页。

主体就像是一只手，由众多的线组成。其中有三种基本的线。第一种是"僵硬的分割线"，一种克分子线，它是主体在各种社会制度中通过二元对立建构起来的稳固的规范化认同……第二种线是柔韧的分割线，一种摆脱了克分子之僵硬性，扰乱了克分子线的线性特征及其正常状态的分子运动……最后还有一种"逃逸线"，一种成功地摆脱了克分子认同的解辖域化运动（deterritorialization）。①

三种线、三种不同的空间也代表了不同的疆域。尽管这一思路并不是直接在对空间进行划界，而无疑是在阐述一种关于空间的想象，进而达到解辖域化的目的。但是，如果从最终的结果上来看，比如，就本书所期待的——达到一种对甘南司法的妥帖对待，那么这一思路是有极大启发性的。详言之，笔者要突出甘南这一个案，是因为某种外在的强力恰使其处在一种并不那么有利的地位，反倒需要通过一种强调来实现主动或某种平衡。换言之，需要更新关于发展变化的理路。这个新的思路，似可以从德勒兹与瓜塔里这里找到一些灵感。尽管笔者还缺少有关德勒兹理论对法律观点的研究，但可以肯定的是统一的法律在德勒兹那里不会有太高的地位。这也恰说明法律与空间研究要获得突破，还需要找出一些更为强大和说服力的理论依据。不过，在社会法律研究的视角下，伴随对法律及司法自身理解的变化，以及人们对现代社会发展的不断反思，一些更新、更妥帖的关于法律与司法的理论也必将出现。最近的社会法律研究，已经在考量关于"解开法律"的问题。②

2. 法律地理学视角下"空间"的意义

"法律-空间"中的"空间"，尽管与列斐伏尔、福柯等经典作家所论述的"空间"有着深刻的关联，但此处的空间主要强调的是特定空间与普通空间之间的差异。就本章个案而言，"空间"不仅是一种有意义的存在，而且它还代表着将此与彼区分开来的特征。一定意义上，社会空间作为一

---

① "将物质生产和欲望从社会限制力量之枷锁下解放出来的过程被称为'解辖域化'"。参见〔美〕道格拉斯·凯尔纳、斯蒂文·贝斯特《后现代理论——批判性的质疑》，张志斌译，中央编译出版社，2012，第98页。

② See Nicholas Blomley, "Disentangling Law: The Practice of Bracketing", *Annu. Rev. Law Soc. Sci.* 10 (2014): 133-48.

个抽象的理论阐释工具，指涉着空间的意义；但空间同样有其丰富的微单元，甘南尼江就是这样一个微空间。在国家层面上强调法律的统一实施外，也要承认子空间的差异。

更具体地说，我们能够看到以甘南尼江为例的空间，其首先是一个地理空间。这一地理空间在其长久的历史、文化言传中，逐渐形成了自己的秩序体系，这包括其关于在地社会基本规则的认同结构。尽管这种地理空间一定意义上已转化为特定的社会空间，以至于这时的社会空间已与地理空间相互融合，或者说已经形成了较好的合作模式。但是在"尼江问题"的个案中，我们发现法律/司法在解决这一问题的时候并没有发挥一般想象中的作用。这并不是说，在这一空间下不需要法律。事实上，我们已经在其他很多的研究中注意到，这里不仅有法律，而且是自成传统的法律；或者说它有其特定的关于纠纷解决的方式方法，这就是他们的"法"。在这个意义上，我们会看到，尽管无论是现行的国家法还是在地的"习惯法"，它们都是一种人为建构的秩序规则，也都是要作用于一定的空间，但显然这两种规则由于其建构路径上的区别而出现了相当的差异。那么我们是否就能判断这是现代国家法社会空间建构上的失败，而妥协为对在地纠纷解决方式——某种融合了特殊心理、意识情感的暴力、报复、武力模式——的根本接受？客观地说，没有任何群体总是愿意用一种暴力的方式来解决其交往中的纠纷。① 就新闻的采访报道来看，我们看到"尼江问题"的解决是以一种做加法的方式展开的，它不仅仅在于定分止争，而是从根本上去回应"尼江问题"这一表面上看来可归类为法律问题的草山、草场边界纠纷背后的生存、发展问题。在此处，如果是比较苛刻地来看，当法律面临的是生存、发展等尚需要进一步的生活安排才能妥善处理的纠纷时，也有其不足的地方。

据此，至少我们可以得出以下几点结论。首先，法律/司法的展开是有其空间性的；其次，不同的规则秩序在作用于一定的地理空间时可能会发生一定的冲突；最后，当个体/群体之间的纠纷发展为一定的社会问题时，法律可能以其标准定分，但却不一定能够止争，这确实是值得我

---

① 参见〔美〕兰德尔·柯林斯《暴力：一种微观社会学理论》，刘冉译，北京大学出版社，2016。

们反思的。

（四）当下法律与空间的研究

如果说法律地理学是关于法律研究的地理学转向的话，那么伴随着地理学的空间转向，关于法律地理学的研究也越来越将其研究的重心、核心转移到法律与空间的研究。① 一些著作也直接认为法律地理学就是法律与空间的研究。於兴中在他关于法律地理学的文章中是这样介绍法律地理学的："顾名思义，法律地理学或地理法学，又或称法律与空间研究，关注的是法律之于空间，空间之于法律，以及二者间的相互影响，其根本上也是对于法律封闭性的批判"。②

以下是近年比较有影响力的广义法律地理学研究的著作。2001 年，加拿大西蒙弗雷泽大学地理学教授布隆里（Nicholas Blomley）与美国阿默斯特学院（Amherst College）的德莱尼（David Delaney）、斯坦福大学法学院的理查德·汤姆森福特（Richard Thompson Ford）合编了《法律地理学读本：法律、权力与空间》一书。③ 之后，布隆里又与 Irus Braverman（伊洛斯·布雷弗曼）、David Delaney（戴维·德莱尼）、Alexandre Kedar（亚历山大·凯达尔）合编了《法的扩展空间：最新法律地理》一书④。早些时候，1994 年，布隆里还出版了《法律、空间与权力的地理性》一书。⑤ 1998 年 David Delaney（德莱尼）也出版了《种族、地方及法律：1836—

---

① See Andreas Philippopoulos‑Mihalopoulos, "Law's Spatial Turn: Geography, Justice and a Certain Fear of Space, Law", *Culture and the Humanities* 5 (2010).

② 参见於兴中《法律地理学：法的空间维度》，收于氏著《法理学前沿》，中国民主法制出版社，2015，第144页。需要略做交代的是，就笔者的阅读范围，於兴中这篇关于法律地理学的文章应该是国内较早系统介绍这一研究领域的文献。如果再往前追溯，民国时法学家吴经熊的论文《法律三度论》中曾论及"所有的法律，均在一定的领域，或对一定的人民（如游牧民族），发生效力，没有一种法律，其效力范围是普天下的；它的管辖权是毫无限制的。"某种意义上，这也可被看作是一种法律空间（地理）之维的探索。参见吴经熊《法律哲学研究》，清华大学出版社，2005，第15~19页。

③ See Nicholas Blomley et al., eds., *The Legal Geographies Reader: Law, Power and Space*, Malden, Mass: Blackwell, 2001.

④ See Irus Braverman et al., eds., *The Expanding Spaces of Law: A Timely Legal Geography*, Stanford: Stanford University Press, 2014.

⑤ See Nicholas K. Blomley, *Law, Space, and the Geographies of Power*, New York: Guilford Press, 1994.

1948》一书,① 还有德莱尼 2005 年出版的《领域简述》。② 另外,《地理研究》(Geographical Research) 分别在 2013 年和 2016 年开辟了一个有关"法律地理学"的专栏和专辑。③

有必要介绍布隆里与布雷弗曼、德莱尼、凯达尔关于法律地理学研究三种模式的观点:

> 法律地理学研究的第一种模式涵盖法学或地理学各自学科内的工作,它模仿的是输入、输出的传统图景。第二种模式则是交叉学科式的。在这一模式下,法学、地理学的学者相互借鉴,共同致力于发展一项共同的事业。第三种模式更是要将法律地理学带向超学科,甚或后学科这样一种学术方式。④

在本章,尽管笔者认同与接受法律地理学的研究思路,但在具体的进路上主要是借鉴"以区域作为方法",通过"尼江问题"的个案,描述司法在实践上因地理原因而呈现出的差异。

在本书阐述的关于甘南司法的个案中,笔者希冀"空间"是一个论证的切口。而更进一步将此作为一个问题,还是再次回到本书在多个地方提到的关于"差异"的辨析。

二 "以区域作为方法"与法律地理学

(一)"以区域作为方法"⑤在法学研究上的可能

无论是从法律地理学还是法律与空间的思路看法律,相对而言都是比较抽象的。如前所述,"空间"本身就是一个难以被清晰界定、排除歧义

---

① See David Delaney, *Race, Place, and the Law*, 1836 – 1948, Austin: University of Texas Press, 1998.
② See David Delaney, *Territory: A Short Introduction*, Malden, Mass: Wiley – Blackwell, 2005.
③ See "Themed Papers: Legal Geography", *Geographical Research* 51 (2013); "Special Issue: Legal Geography", *Geographical Research* 54 (2016).
④ See Irus Braverman et al., eds., *The Expanding Spaces of Law: A Timely Legal Geography*, Stanford: Stanford University Press, 2014: 2.
⑤ 这一研究方法的范例如沈海梅《喜马拉雅生态 – 社会文化的整体性——兼论云南梅里藏区区域研究的路径与方法》,《西南民族大学学报》2016 年第 7 期,等等。

的概念。笔者是想通过这一表达将上述有关法律地理学的理论进一步的具体化，并较为融洽地用在以下关于甘南草场/草山边界纠纷的个案讨论中。从"区域"的角度，笔者无疑限缩了论题的范围，最关键的是，经由这样的限定，笔者所论述的对象便能特定化了，也会立体起来。① 不过，具体与抽象之间总是相对的，它们之间也是相互关联的。

笔者在本书中的论述也关涉少数民族的问题。本章所讨论的关于"尼江问题"的个案及它背后的草山、草场纠纷生发的背景就是在民族区域自治区划内。在笔者的论述中势必也会遭遇以下问题：②

> 在民族区域的研究中，以行政区为单位与以族群为单位书写历史具有截然不同的政治意涵——以民族为单位书写历史，意味着将区域的扩展置于纵向的差异性时间的轴线上，而以行政区划为单位书写地方史，则通过空间的规划将纵向的差异性时间置于统一的时间框架（民族国家的时间框架）之下……区域概念的模糊性和重叠性决定了一个双重事实，即一个地区（甚至国家）可能同时属于多个地区，一个地区可能包含多种社会关系。区域的概念与行政区划未必一致，也未必不一致，真正的区别在于行政区划按照自上而下的轴线将区域组织在一个结构之中；而人类学、社会学意义上的区域却包含对各种历史偶然性、事件和其他形态的交往而形成的横向联系。

事实上，如果只是从国家的角度来看，国家法及其司法规则在这些少数民族区域的展开是再自然不过。然而，如果是从社会的角度去看，无论是少数民族地区对国家法的接受度还是国家法在这些地区的"打折"适用，都说明国家法在这里遇到了阻力——一种结构性的阻力。③ 至少我们

---

① 与"区域"相接近的另一个词"地方"（local）或许更能契合本书所表达之思想，但是从"地方"这一个词看去，它还是太松散了，没有办法形成一个相对的整体。值得注意的是，"域"这一词在藏文化中有其具体含义，参见陈波《以藏文明为中心看中国》，《文化纵横》2016 年第 5 期，第 112 页以次。另见陈波《藏文明与喜马拉雅区域关系史》，载《中国人类学评论》第 17 辑，世界图书出版公司，2010。
② 参见汪晖《东西之间的"西藏问题"（外两篇）》，生活·读书·新知三联书店，2014，第 188、191 页。
③ 在西北地区，这样的问题也不只存在于藏地社会，对于回族同胞而言也会面临相似情形。相关研究参见马明贤《伊斯兰法：传统与衍新》，商务印书馆，2011，特别是第 16 章。

应该承认这是一个问题，暂且不论怎样去解决这一问题。而这似乎又涉及一些更远的问题——"谁来决定我们是谁？"① 我们的规则由谁制定？申言之，对于法律及司法的思考，放在一个空间的维度下思考，这是可行的吗？

鲁西奇关于"中国历史的南方脉络"的研究提供了一个很好的思路。鲁西奇指出：②

> 有关中国古代史的传统阐述，从总体上看，是以北方中原地区的历史发展为主要阐述脉络或叙述线索的，甚至可以表达为一种"北方中心论"或"中原中心论"。在以"王朝更替"为主要叙述线索的中国古代史阐释体系中，有关南方地区的历史发展，主要被叙述为中原武力向南方地区的扩张与征服，北方人口南移带来了南方地区的经济开发；然后是中原制度在南方地区的推行：建立起强有力的官僚系统（以及附属于官僚系统的诸种制度设置，诸如选官制度、法律体系等）……再进一步，则是所谓"教化"的展开……最终完成对南方地区的"文化改造"。

鲁西奇认为，历史并非如此，这"掩盖了不同区域历史发展进程的复杂性与多样性，将丰富多彩的中国历史进程简单化了"。鲁西奇还认为以上这种关于"核心与边缘"的观念还会表现在以下方面，即尽管论述者们已经意识到"传统中国并非一个均质的政治经济与社会文化实体，而是由政治控制与经济发展极不平衡、族群构成与社会结构各不相同、文化内涵与价值取向千差万别的各个地方、区域，在历史的长河中不断互动、整合而形成的一个巨大系统"，但是他们的关注点还是在描述一个"同心圆式"的结构模式："从帝国体系的腹心地带（核心区），向遥远的帝国边疆（边缘区）"发展的过程。换言之，这种描述展示的更像是一种"以中原为核心区的汉地社会（'华夏文化'）与各边疆的非汉族社会（'蛮夷文化'）之间互动与整合的历史过程"。③

---

① 借用自一本书的书名。参见葛剑雄等《谁来决定我们是谁》，译林出版社，2013。
② 参见鲁西奇《人群·聚落·地域社会：中古南方史地初探》，厦门大学出版社，2012，代序。
③ 参见鲁西奇《中国历史的空间结构》，广西师范大学出版社，2014，第9、256页以次。

尽管鲁西奇的研究针对的是中古时期南方史地研究，笔者此处讨论的是甘南藏区的司法问题，或者国家法在特定区域的适用问题，但在我们的法律、司法发展过程中，是否也存在鲁西奇所批评的那种中心论观念，而无视藏地社会特质的情形？尽管本书有一些要强调西北作为一个区域而可能表现出基层法院司法上某些不同的意思——在与其他区域基层法院司法的对比中，但就法国年鉴学派的启示来看，非常深入地去阐明一个地域空间内的历史文化世界，这本身就足以表现出这个特定空间内的特质。在这个意义上，是否一定要把差异放在前面，就不是那么迫切了。某种意义上，这也是非常恰当的一种论证方法。①

（二）司法之差异性与"法律乃地方性知识"的辩证

在今天，格尔茨的"地方性知识"/"当地知识"（local knowledge）更像是一个学术流行语。尽管如此，我们仍不应忽视其在学术阐释中的功能。某种意义上，"法律乃是地方性知识"便说明了司法的差异性。由此，我们究竟该如何来理解"地方性知识"及"法律乃地方性知识"？

一如有学者所指出的那样，"实际上'local'既可以指'地方性的'，也可以指广义上的'当地性的'，而它绝对与我们中国观念中的'地方'意思不同。我们说的'地方'，更像'place'、'locality'，而非'local'。'local'可以指包括整个'中国文化'在内的、相对于海外的'当地'，其延伸意义包括了韦伯所说的'理想类型'。"② 格尔茨"地方知识"较为集中的阐述是在其《地方知识：比较视角下的事实与法律》一文中，这篇文

---

① 这其中的典型比如〔法〕费尔南·布罗代尔《地中海与菲利普二世时代的地中海世界》，唐家龙、曾培耿、吴模信等译，商务印书馆，2013。

② 参见王铭铭《人类学讲义》，世界图书出版公司，2011，第256页。另见李耕《"地方性知识"在法学语境中的使用》，载苏力主编《法律和社会科学》2010年·第7卷，法律出版社，2010；张世明《对于"法律多元"与"地方性知识"理论的反思》，《商丘师范学院学报》2015年第4期。无独有偶，在2016年7月2日于兰州举行的"《甘肃政法学院学报》创刊30周年暨'民间法·民族习惯法'栏目设立10周年学术研讨会"上，刘作翔教授指出，与"地方性知识"对应的应当是"普遍性/普适性知识"。笔者对此深表赞同。对此非常细致的一个研究可参见谢晖《族群-地方知识、区域自治与国家统一——从法律的"普适性知识"和"地方性知识"说开去》，收于谢晖《民间法的视野》，法律出版社，2016。不过格尔茨本人可能并不完全这样认为，其认为是"一地方知识对应的另一种地方性知识"。参见〔美〕克利福德·格尔茨《烛幽之光：哲学问题的人类学省思》，甘会斌译，上海人民出版社，2017，第144页。

章实际上是一篇讲座报告,由相互关联的三部分构成,第一部分"讨论了一个对于英美法学和普通法裁判均极为重要的课题:'实然/应然'、'发生了什么/是否合法'的分别";第二部分追索了"三个法律传统,即伊斯兰教的传统、印度式的传统,以及马来-印度尼西亚的传统当中具有的类似观念";第三部分是作者的观点。同时,理解这篇文章不能不结合格尔茨的阐释人类学以及深描的方法。另外,这篇文章还在为所谓法律人类学或法律的人类学寻求发展的路径。①

就笔者的理解,如果我们不是过分地脱离格尔茨概念适用的语境,就会发现这其实是一个适用面相对比较窄的概念。首先,这一概念主要还是描述性的,是自法律外研究法律的一种方法;其次,这一概念是为了更好地在人类学、法学之间寻求沟通的连接点;最后,这一概念主要还是一种比较法视角上的。作者下面的表述再清楚不过地表明了这一点:"它是在将自我知识、自我觉知、自我理解的过程与他人的感知和他人的理解焊接起来,从而更准确地辨识(也可以用其他近似的说法)我们是什么样的人,我们周围的人又是什么。"② "视法律为一种对特定地方的特定事物(已发生的、未发生的以及可能发生的事物)赋予特定的意义,以使这些高贵的、邪恶的或纯粹权宜性的应用以特定的形式表现出来,并产生特定效果的模式。简言之,法律是意义而不是机制。"③

对于法律是地方知识,格尔茨论述道:"我一直在陈述法律其实并不是以柏台大人的辞藻(woolsack rhetoric)来刻录的那种矫揉造作的东西,它其实是地方知识;它的地方性不仅在于空间、时间、阶级及其他许多方面,更在于它的腔调,即对所发生的事实赋予一种地方通俗的定性,并将之联结到当地关于'可以不可以'的通俗观念。我一向名之曰'法律感性'的,就是这种定性与想象的丛结……法律的比较研究不可以将具体的差异化约为抽象的共通性;第二,它不可以将同样的现象伪装在不同的名

---

① 参见〔美〕克利福德·格尔茨《地方知识——阐释人类学论文集》,杨德睿译,商务印书馆,2014,第18~19、193~271页。
② 参见〔美〕克利福德·格尔茨《地方知识——阐释人类学论文集》,杨德睿译,商务印书馆,2014,第210、268~269页。
③ 参见〔美〕克利福德·格尔茨《地方知识——阐释人类学论文集》,杨德睿译,商务印书馆,2014,第210、268~269页。

号之下……"另外,格尔茨还指出,"关于法律、司法、法庭或审判过程的比较研究……在于领会判决的情景(当然,也包括领会规范)如何让既定的规范得以进行判断的方法或规矩,也就是在被我称为'法律感性'的东西里头,才能让人类学家将地方性的观点放在地方的语境中的热情和法学家将偶发的案例安放在确定性的架构中的热情两者得以相互交会、相互强化。"①

那么"法律乃地方知识"这一论断能够解决的问题是什么?就本书的论述而言,笔者并不认为司法之差异性,即便是因为地理而致的差异也完全是因为"法律乃地方知识"。其原因主要是,从格尔茨的语境来看,他着重强调的还是对正在发生的法律及司法过程的一种描述——"法律可能既不是霍姆斯稍嫌过度激昂地宣称的那样一个经天纬地,无所不包的东西,但它也并不是法律现实主义带着土气的热情的质朴词语所描绘的那样一套避免争端、促进利益、排解棘手案件的聪明主意的大汇集——它或许比较近似一种市井里的人情世故";而对于法律的未来发展,他只是描述了所谓"法律混合"(legal imminglement)所带来的问题——"世界真是一个分歧的地方……正视这一巨大的真实,而不是希望它消灭在无力的通则和虚假的舒适所构成的雾霭中"。至于问题的解决,格尔茨并没有给出答案,唯有那样两个反问,"一切事物是否即将毫无罅隙地聚合在一起?或者反过来说,我们所有的人是否都将持续地闭锁于自身的一种隔绝的偏见之中?"② 在这一点上,格尔茨意义上的"法律乃地方知识"所引发的疑问和笔者在这里所讨论的司法差异问题有相同之处,只不过,司法差异是希望在司法制度的事先设定上能够提前认识到问题的存在并予以回答,至于如何在国内法的适用中来具体实现则是需要进一步考虑的。

(三) 司法之差异性与法律多元论之关联

司法差异与法律多元论之间存在相当的联系,这主要有两个方面。首先,由于种种原因而导致的实际司法上的差异为法律多元论的提出提供了

---

① 参见〔美〕克利福德·格尔茨《地方知识——阐释人类学论文集》,杨德睿译,商务印书馆,2014,第249~250页。
② 参见〔美〕克利福德·格尔茨《地方知识——阐释人类学论文集》,杨德睿译,商务印书馆,2014,第203、249、271页。

分析的视角，进而一方面使得我们能够得以反思某种一元论的特别是国家法视野下的司法过程实际上是不可能的；另一方面这也使得我们至少接受这样的现实——国家司法程序展开过程的法律适用，其法源是多元的，至少应该包括非国家法。其次，就法律多元论的实质而言，理想状态下的社会规范、秩序构成与维系并不只依赖于法律及司法，这从卢曼的法社会学理论中就表现得很明白。我们强调司法之差异性，固然是从导致司法无法统一而反推出来的，究其根本，我们还是希望通过对法律及司法内部系统的反复调试或者增加其开放性而将可能的社会问题、争议都吸收进来。换言之，这还是自法律、司法出发的思考，而不是在一个更高的位阶上，也就是法律、司法之上来看待司法、法律与社会的关系。在这个意义上，某种比较极端的法律多元主义便在回答这一问题。

现实地看，目前国内已经进行了相当一段时期的民间法、习惯法研究，以及强调大小两个传统沟通的研究都在做这方面的工作。[①] 客观地说，在今天的社会，即便是我们持法律多元论的观点甚至对国家法实际能力有所质疑，但我们的社会始终都离不开法，只是各人对"法"的理解不一罢了。换言之，某种最低层次的法的存在是必然的。现在的问题只是，我们在多大程度上遵守何种层次的国家法。[②] 这比如，在民事法领域我们贯彻的是私法自治的原则，在诉讼上遵循的是不告不理的原则；但在刑事法、行政法等这些传统的公法领域，并不允许国家司法机关选择性适用，也不允许当事人违反。

结合已有的一些研究成果以及司法现实，笔者认为这其中比较有争议

---

① 这其中的工作主要有谢晖教授主编的《民间法》（至2019年6月已出版22卷）、"民间法文丛"（中国政法大学出版社）、"法意文丛"（厦门大学出版社）等，以及在《山东大学学报》《甘肃政法学院学报》《原生态民族文化学刊》等刊物主办的定期或不定期的相关栏目，此外，还有"全国民间法、民族习惯法学术研讨会"（至2019年已连续举办15届）。

② 需要略做引申的是，第一，至少是在法哲学的范围内，"法"的意义不仅仅只是我们在今天较为狭窄地使用的主要是实定法意义上的立基于国家立法上的法。这一意义上的法比如孟德斯鸠《法意》中的"法"、黑格尔《法哲学原理》中的"法"。第二，如何理解法官之司法，或者说法官之裁判是如何依法裁判的？尽管我们知道那种法官之裁判过程如同自动售货机式的比喻是不客观的，但是要准确测度法官偏离法的幅度也是不容易的，因为总不能认为法官是依据事实与经验在裁判，毋宁说法官之裁判是包裹了事实与经验的依法裁判。

的问题还是在民事领域。尽管我们认为民事争议和纠纷的处理并不必然要寻求国家法的解决，但现实是随着社会的发展变迁，旧有的权威秩序及解纷方式丧失了其固有的地位，进而当事人还是有可能最终寻求国家法的解决，问题是国家法有其自有之规定——通常都是普遍性规定，并不刻意去考虑每一个特殊细节，而这却与这些当事人关于秩序及结果的期待出现了偏差。是故，国家法是否要在这一过程中对这些当事人传统上之秩序习惯予以尊重？更进一步说，苏轼所说的"常行于所当行，常止于不可不止"如何才能够实现？

从法律多元主义的角度来看，问题的解决并不轻松。简单地说，法律多元主义尽管有着重大的意义，但是在其发展到今天后，也面临种种困境。① 笼统地说，法律多元主义如何在一国内部实现，尤其是在我国这样一个单一制国家？法律多元主义的意义何在？仅仅只是一种描述、只是揭示一种现象吗？换言之，其建设性何在？这些问题都还没有解决——尽管实证法没有解决好，但法律现实主义在发现问题后也没有给出很好的答案。

在本书所涉及的具体场景下讨论法律多元可能还会造成相当程度的误解和困境。笼统地说，这一思路是否要将不同个体单独区别开来，并进行单独立法，以实现自己的小王国？客观地说，这在单一制的主权国家内是危险的，也是不允许的。本书所想要表达的意思是，何以在整体的立法中能够以更为包容的精神囊括更为多元的要素，使得每个特殊的个体能够有更多的选择空间。

三　法律与空间关系阐释的个案：甘南草场/草山边界纠纷

（一）　文献中的甘南草场/草山边界纠纷

在此之前，笔者曾经以甘南藏区为个案有过一些研究。一处是将甘南藏区放在其所属的我国西北 S 省的场景下，粗略地指出地域/地理之于纠

---

① 参见杨静哲《法律多元论：轨迹、困境与出路》，《法律科学（西北政法大学学报）》2013 年第 2 期；王伟臣《法律人类学的身份困境——英美与荷兰两条路径的对比》，《法学家》2013 年第 5 期。See also Special Issue: Franz von Benda‑Beckmann, "Legal Pluralism in the Past and Future", *The Journal of Legal Pluralism and Unofficial Law* 47（2015）.

纷的影响；另一处是尝试对国家法进入所遇到的困难作一初步探讨。事实上，近年来，针对藏区的研究已有不少，这比较突出的是民间法、习惯法角度的研究。也有针对包括藏族在内的整个少数民族地区司法政策比如"两少一宽"的研究。不过随着对这一地区了解的逐渐加深，笔者认为首先有必要将"纠纷"与进入诉讼程序的"案件"这两个概念区分开来。在这一地区，进入诉讼的案件，也只能是那些纠纷的一部分，诉讼也只是多种纠纷解决方式的一种。从表面上看，这与惯常的描述并没有区别。但若是深入这些地区，会发现纠纷与进入诉讼的案件在过渡上有非常明显的层次感，二者的区分还是比较明显的。一个前提是，这一区域内的纠纷，并不是所有或者说大多数都要进入诉讼程序，也很难说诉讼程序就是解决纠纷的主要途径。

在这个人口仅有 70 万左右的藏族自治州，和其他有差不多人口的 S 省所辖区域相比，案件数量明显较少。与笔者所分析过的 S 省其他地区相比，没有哪一个地方的地域特质更能与法律的关联如此明显。这首先是社会之于法律/司法的影响；其次是社会对于法律的需要，以及法律展开所需依赖的土壤。2013 年宁浩执导的电影《无人区》，2006 年王全安《图雅的婚事》，还有 2004 年陆川执导的《可可西里》都讲述的是一些极端的生活场景，充满了戏剧张力。但如果要将法律/司法与社会的关系放在一个非常纯粹或者极致的条件下来看待，这些电影都会是很好的诠释。之所以如此，是因为在某些场景或者条件下，法律/司法找不到了。① 由此也可以看出：法律，特别是国家法并不是社会发展的最终结果和表现形式，法律在创制过程中也规制了处在其中的个体。

这并非意味着国家法没有进入的必要，只是这会让我们更清晰地意识到法律及司法展开所需要的条件。基于此，在论述对象上笔者侧重的是藏区的司法裁判，方法上则更多偏向于法人类学。也正是由于本书人类学的视角，那么一种可能的批评则在于"20 世纪以来，人类学家对于'摇椅上的人类学家'的所作所为加以批判，认为凭靠文献与文字，人类学家做

---

① 比如曾经的一个报道，参见杨中依《在三和玩游戏的人们》，触乐网，http://www.chuapp.com/article/282974.html，最后访问日期：2019 年 10 月 10 日；另见田丰、林凯玄《岂不怀归：三和青年调查》，海豚出版社，2020。

的，不过是对于历史的猜想；若要做符合人类文化实在的研究，要理解文化的真面目，人类学家就必须亲身进入'原始社会'，目睹其生活方式，聆听其口述的传奇。"①

在笔者最后选择"甘南草场/草山边界纠纷"这个论述标题之前，原是计划对该地的司法裁判秩序进行探讨。这之前笔者也初步对当地的司法做过一些描述。2014年9月笔者第一次深入该地。之前除却对一位下面将要重点提及的"尼江事件"所在的卓尼县一位法官和一位原为甘南中院法官后改行专司律师业务的律师进行访谈外，剩余的都是一些文献材料。而将主题完全限定在现在之标题，是因为其恰与地理学关切的几个内容都有相当关联——无论是甘南的独特地域文化背景，还是其间涉及的草场边界纠纷。②

> 藏族传统社会中，经济领域有因矿产、林产、草场、资源使用权等引发的诸如草场草山边界及承包权、借贷等经济利益性质的纠纷形式；社会生活领域有婚姻纠纷、宗教教义、教派冲突等纠纷形式；政治领域表现在政府与牧民、社会管理者与被管理者之间所引发的社会治安、公安行政执法等纠纷形式。总体上看，草场与婚姻纠纷是藏族牧区社会生活中最常见的社会冲突表现形式。③

凡是在牧区工作并参与解决和了解草场边界纠纷的同志都知道，在以牧为主的地区，草场边界纠纷带有普遍性，历史上有，现在有，今后相当长的一段时期内也会存在。近几年来，草场边界纠纷成为牧区社会治安的一个突出问题。就甘肃省甘南藏族自治州而言，据不完全统计，其境内大小边界纠纷有26处之多，近20年来，在草场边界纠纷中死亡的人数已超过160多人，折合财产损失上千万元；有些纠

---

① 参见王铭铭《人类学讲义》，世界图书出版公司，2011，第170页。
② 参见王勇《草场权属、边界互动与纠纷解决——甘青藏区的经验观察》，载苏力主编《法律和社会科学》第10卷，法律出版社，2012；王勇《草权政治：划界定牧与国家建构》，中国社会科学出版社，2017。另见朱晓阳《语言混乱与草原"共有地"》，《西北民族研究》2007年第1期；熊征《20世纪以来藏族部落纠纷解决方式研究述论》，《青海民族研究》2013年第1期；等等。
③ 参见冯海英《传统与现代：论安多藏族牧区社会冲突治理——基于两类常见纠纷的思考》，《西藏研究》2010年第4期。

纷发生时令人触目惊心，其后果是非常严重的。草场边界纠纷往往会引发很多犯罪问题，如偷牛盗马、非法持有和私藏枪支弹药、故意杀人、故意伤害、抢劫、抢夺牲畜等。因此，草场边界纠纷问题直接关系到人民群众生命和财产安全，关系到纠纷地区的社会稳定，关系到纠纷地区经济发展和社会进步等诸多问题。①

对于绝大多数读者，很难有机会身临其境去体会这其中的事件发展过程。不过，只要有充足的文字材料，也同样能够达到研究、讨论的基本要求。而下面笔者选取的登载于《人民日报》上的一篇报道，以及围绕其展开的各种报道还是能够在一定程度上再现关于甘南藏区草场/草山边界纠纷解决的时空场景及特殊情形。"甘南在草山纠纷方面，有'两个问题'十分复杂，一是卓尼县'尼江'问题，二是合作市'太子山'问题"。②

（二）甘南草场/草山边界纠纷的个案："尼江问题"

1. 媒体报道中的"尼江问题"

《人民日报》在2014年10月23日第1、11版登载了一篇《甘南藏族自治州用群众工作方法化解草场纠纷：尼江两村的"结"解了》的文章。③作为我们最朴素的经验和常识，一则新闻能够在《人民日报》头版报道，除却当然的政治意义外，必是相当重要的事件。甘南州由甘肃省下辖，之后，《甘肃日报》又先后在2014年10月25日刊文《甘南藏族自治州用群众工作推动化解两村60年草场纠纷：车巴沟的积雪化了》④、10月28日刊文《争斗与和平：甘南州深入贯彻群众路线推动化解两村60年草场纠纷（上）》、10月30日刊文《眼泪与微笑——甘南州深入贯彻群众路线推动化解两村60年草场纠纷（中）》；10月31日刊文《生活与梦想——甘南州

---

① 参见洪源《对草场边界纠纷特性的认识》，《西藏研究》2003年第3期。
② 俞成辉：《在太子山草场纠纷调解会议上的讲话》，《甘南日报（汉文版）》2014年4月18日。其他涉及甘南草场纠纷的文献，如《巴青成功调处一起历时25年的草场纠纷》，《那曲报》2011年4月17日，第2版；邹雅林《坚持民族团结 让利于民——甘肃省和兰州军区联合解决军民草场纠纷的回忆》，《中共党史资料》2008年第3期；等等。
③ 统一日的《光明日报》也登载文章。参见宋喜群、束杰《甘肃甘南：与群众贴着心谈 化解矛盾促发展》，《光明日报》2014年10月23日，第3版。CCTV《焦点访谈》也在2014年10月29日制作了《融雪车巴沟》的节目。
④ 银燕：《甘南藏族自治州用群众工作推动化解两村60年草场纠纷：车巴沟的积雪化了》，《甘肃日报》2014年10月25日，第1~2版。

图 3-1　甘南"尼江问题"解决的新闻登上了《人民日报》头版

图片来源：人民日报网（http://data.people.com.cn/rmrb/20141023/1）。

深入贯彻群众路线推动化解两村 60 年草场纠纷（下）》①对此连续进行了较为具体的报道。

在 2014 年 10 月 23 日《人民日报》报道之前，按图索骥，我们还能看到如下一些报道。《甘南日报》2013 年 1 月 21 日《要认真实施"六大举措"切实抓好"六项工作"确保车巴地区广大群众早日过上幸福和谐新生活》，2013 年 7 月 16 日《紧盯稳定和发展两大任务　实现尼巴江车两村长治久安》，2013 年 8 月 28 日《俞成辉在尼巴乡调研时强调要妥善解决矛盾把群众思想转移到谋发展思致富上来》，2013 年 9 月 17 日《俞成辉到卓尼尼巴乡江车村尼巴村开展节前慰问活动》，2013 年 10 月 9 日《俞成辉在卓

---

① 参见白德斌、赵梅《争斗与和平：甘南州深入贯彻群众路线推动化解两村 60 年草场纠纷（上）》，《甘肃日报》2014 年 10 月 28 日，第 1、3 版；白德斌、赵梅《眼泪与微笑——甘南州深入贯彻群众路线推动化解两村 60 年草场纠纷（中）》，《甘肃日报》2014 年 10 月 30 日，第 1、3 版；白德斌、赵梅《生活与梦想——甘南州深入贯彻群众路线推动化解两村 60 年草场纠纷（下）》，《甘肃日报》2014 年 10 月 31 日，第 1、6 版。

尼尼巴乡调研时强调：要密切联系群众 为彻底解决"尼江"问题打下坚实基础》，2013年12月10日《俞成辉在尼巴乡调研时强调：要统一思想 多措并举 尽快彻底解决"尼江"问题》，2013年12月24日《齐心协力 全面推动车巴地区跨越式发展和长治久安》，2014年2月8日《俞成辉深入卓尼尼巴江车两村看望慰问困难群众》，2014年3月10日《让问题浮出水面 把工作做到最好：俞成辉深入教育实践活动联系点尼巴乡调研指导工作》，2014年3月25日《在卓尼县"尼江"工作推进会上的讲话》《俞成辉深入临潭卓尼合作调研检查指导工作》，2014年4月22日《在江车村干部群众座谈会上的讲话》，2014年5月13日《群众工作方法"十字经"》①、2014年6月12日《在向卓尼县尼巴村村干部宣布"坐牧办法"时的讲话》。《甘肃日报》2014年7月23日头版《车巴沟里来了"好亲戚"：甘南藏族自治州走群众路线化解"尼江问题"侧记》②，2014年10月18日《省委常委会召开会议 省委书记王三运主持传达学习习近平总书记批示精神 研究部署甘肃省贯彻落实具体工作》③，2014年10月21日《冉万祥在卓尼县调研"尼江"工作时强调：坚定不移贯彻落实群众路线 有效化解矛盾加快脱贫致富》④。

如果再拉长时间，2004年11月1日《人民公安报》刊登文章《尼江缉枪攻坚战——甘南藏族自治州采访纪行（中篇）》⑤，《甘南日报》（汉文版）2006年8月28日刊登《卓尼尼江地区政策法制宣传教育工作成效显著》，《兰州晨报》2001年11月20日长篇报道了《漫卷尼江恶云》。

由这些庞杂的大篇幅报道，足见"尼江问题"的棘手。从纠纷的发生及其解决来说，可以有很多不同的视角。在现代政治国家的框架下，对于多数纠纷我们的理想是能够通过法律来予以解决。但是，至少在前述20多

---

① 文章作者俞成辉（时任中共甘南藏族自治州委副书记）系2013年甘南州委成立的"尼江"问题调处领导小组组长。
② 参见赵梅《车巴沟里来了"好亲戚"：甘南藏族自治州走群众路线化解"尼江问题"侧记》，《甘肃日报》2014年7月23日，第1版。
③ 习总书记专门就尼江事件的化解做出重要批示。
④ 参见白德续、赵梅《冉万祥在卓尼县调研"尼江"工作时强调：坚定不移贯彻落实群众路线 有效化解矛盾加快脱贫致富》，《甘肃日报》2014年10月21日，第2版。
⑤ 参见孙宝叶、于志刚、李勇《尼江缉枪攻坚战——甘南藏族自治州采访纪行（中篇）》，《人民公安报》2004年11月1日，第4版。

图 3-2 尼江缉枪攻坚战

资料来源：http://blog.sina.com.cn/s/blog_4b5f85a2010093zp.html。

篇报道中，法律及司法的身影几乎是看不见的或者说退场了。那么，这其中的原因又是什么？在这些报道中，我们能够读到的是政府的行政力量，或者说是党的政策发挥了最关键的作用。如果不是先入为主地看的话，我们至少需要反思如下几个方面的问题。（1）在法律、司法与纠纷的解决之间是什么关系？如果将司法的主要功能定位于纠纷的解决会不会有疑问？①（2）对于当下的国家法及其司法方式需要检讨吗？（3）在社会与法律的互动中，哪一极才是我们要考虑的终极因素？欲回答这些问题，笔者以为似乎可以换一种思路，亦即是否可以从地理、空间的角度来看制度及其中各主体的行动。换言之，笔者将甘南社会看作一个空间，而且是不限于地理意义上的空间；同时，将其中的草场纠纷及其解决视为各主体于空间中的行动。是故，需要先描述这一场景。另外，笔者强调司法的地理维度还是要尝试去认识、解释、反思我们正在建设中的法律有学者已经指出中国走向法治的十大困难，其中的两个困难是"最终权威困境"以及心性文化和智性文化的冲突。在心性文化下孕育的是道德文明秩序，而法律文明秩序则是智性文化。②

---

① 吴汶聪：《论法律的纠纷解决之困》，硕士学位论文，西南政法大学，2011。
② 参见於兴中《法治东西》，法律出版社，2015，第9章。

2. 人类学视野下的"尼江问题"

严格地说，下面并不完全是关于"尼江问题"的人类学阐述，毋宁说是借用了人类学的方法对"尼江问题"生发的场景及事件大致内容所做的叙述。从地理位置来看，"尼江问题"中的两个村子指的是甘肃省甘南藏族自治州卓尼县的尼巴村和江车村。"尼巴"为藏语音译，意为"阳坡"。尼巴村地处卓尼县车巴河中游的尼巴乡，村寨坐北朝南，车巴河穿村而过。① 距离尼巴村7公里左右，就是江车村。"江车"在藏语里是"外来的"之意。很久以前，江车人从外地迁居到车巴沟，和尼巴人一起放牧、生活。尼巴村、江车村，两村人口共3000余人，其中，尼巴村现有200多户近2000人，江车村现有100多户1000余人，两村都是以牧业为主的纯藏族聚居区。

引起两村争议和不断冲突的操场则是从尼巴大沟河溯流而上的帕吾娄沟草场。为了争夺放牧的草山，这里从1958年起多次发生群体冲突，造成多人伤亡，② 成为物权纠纷类案件中的一个经典案例。

(三) 认知差异及问题的底色

对我们绝大多数人来说，我们的角色在西藏可能只是一个如游人般的匆匆过客，我们感觉到的只是那里的藏地风情，蓝天、白云、草原、羊群、牦牛、转经筒等。总之，我们对那里的生活是缺乏根本经验的，那里的文化、饮食、生活等都可能与之前的生活相去甚远。当我们在考虑从一地到另一地的交通为什么还不够迅捷、还不能无缝对接时，无法想象这里的有些地方还在等待怎样才能通上公路。当我们已经习惯了车水马龙甚至抱怨严重的塞车烦恼时，可曾想象这里还有专门的骑警，而且并不如大连一样是作为一种城市景观而进入视线，马匹——切实还是他们的一种交通工具。总之，时空在这里会与我们惯常熟悉的社会，特别是城市社会有一定差异。

由此，我们也不难看到描述类似地区的司法场景总是充满着浪漫主义

---

① 参见曹志政《尼巴村——阳坡上的百年藏寨》，《甘肃经济日报》2014年12月22日，第8版。
② 参见马克利、赵梅《尼江美丽——甘南州践行群众路线依托双联行动解决"尼江"问题纪实》，《甘肃日报》2015年8月24日，第1、3版。

的色彩。① 于此情景下，要么会让人质疑现代法律的作用，要么就会质疑这个社会本身。总之，这实在是与常见的司法场景多少有些不一致的情形。对于甘南藏区草场纠纷的解决，其间的问题——尽管不一定总会明白地报道出来，往往又是同民族、宗教问题联系在一起。于此，不协调的不仅是现代司法的作用空间，更增添了被视为会带来一定社会矛盾与冲突的民族、宗教问题。

在这样一种复杂的语境下，问题似乎可以从两个方面来进行分析。一方面，在今天的社会里，我们已经非常习惯用法律的思维来考虑纠纷/纷争如何去解决。在这一思路下，即便我们怀疑法律、怀疑法律的实施者、怀疑法律所能实际起到的作用，但无论如何我们总是对法律心怀期待。这是从我们的视角出发的一种方法。另一方面，如果是自"尼江问题"中的藏胞的视角去看呢？通过有关材料可以了解到，我们所视为当然的法律在这里并不会当然地受到尊重，甚至说法律在这里不仅是不被人们熟悉的，还是不被接受和反对的，这里自有其自身之解决纠纷的逻辑。某种意义上，原始之复仇、武力械斗以及各种习惯法、民间法才是他们认可的方法。在这个层面上，是否可以说，法律在这里是不适用的，或者说要适用还有很长的路要走。是故，如何理解国家法在这些地区的遭遇？在一种不否认国家法效力的基础上，至少需要调整司法思维和过程。客观地说，司法目的之一在于解决纠纷，但某种意义上，这只是对当事人而言的；对国家来说，它还有其他更重要之意义，比如政策之实施、主权之宣示等。在这样的法律实施语境下，法律则可能变得不纯粹。同时，当法律目的已经转变到政策实施和国家治理目的之达到时，当其能力有所不逮时便会让位于其他手段和方法，即是说，社会疑难问题并不必然转变为法律问题。由此而导致的一个矛盾是，究竟是比法律更有效之方法来解决疑难问题还是调整法律本身以来更好地回应与解决疑难问题？

（四）司法与民族、宗教问题

在通过司法途径的甘南草场/草山边界纠纷的解决上，有两个背景性

---

① 比如在一篇描述内蒙古自治区锡林郭勒大草原上基层司法场景的报道《幕天席地来开庭——阿巴嘎旗法院巡回办案现场速写》（《人民法院报》2010年7月25日，第1版）。参见常亮《民族地区纠纷司法解决机制研究》，博士学位论文，中央民族大学，2013。

的因素还是要仔细考虑的，即这里的民族与宗教问题。司法与民族、宗教这是一个十分庞大的议题，需要专门的体系化研究，这里的论述仅仅是为契合法律地理学的趣旨而设。大体上，法律与民族问题的讨论，至少在我们所见的英语文献中不少涉及的都是种族歧视问题；而在法律与宗教这个论题上，讨论多见于西方法律的起源与基督教的关系，伊斯兰国家的宗教法与世俗法的关系，以及宗教纠纷的法律解决等方面。① 但是在这里，笔者并不是要讨论这类问题，而是想说明在甘南的草场/草山边界纠纷处理上，法官为什么，又是如何将民族、宗教的因素考虑进具体的裁判中的。

职是之故，此处所讲的宗教并不是形成法律的一个因素，至多只是在如甘南这样的地方，其会成为法官司法时的一种背景/情景知识。简略地说，我们考虑到宗教的因素，是要让问题不激化，当然也暗含在处理问题时要尊重地方的宗教习惯。而对于民族问题，笔者认为这和美国的种族问题处理多有不同，最关键的是它们各自面对的可以说根本就不是同一个问题。在甘南这样的地方，民族问题、宗教问题更多时候其实涉及的是经济发展、社会治理、民族习惯、宗教传统、意识形态等方面问题，而这些问题在处理上如果不够合理和妥当，则是有可能影响到当地社会的团结稳定的。这对法院的司法裁判也是一样的。

在纠纷的司法解决上除了要考虑到维稳这一社会、政治功能的发挥外，还要看到宗教权威等与司法权威的"竞争"。我们会看到，在不少的草山/草场边界纠纷中，有威望的喇嘛、活佛的调解往往会取得双方都比较满意的结果，也更容易得到当事人的认可。一般地，法学研究上较多是从习惯与法律、传统与现代等视角，或者"国家权威阴影之下的宗教权威"②来考虑这一问题的。但如果因为纠纷天然地混合了其他因素，比如这里所讲的民族、宗教因素，法律及司法便一再退后、甚至是退出，那么这一情形下还是很有必要反思法律及司法本身的。当然，在一定意义上，

---

① 参见〔美〕伯尔曼《法律与宗教》，梁治平译，商务印书馆，2012；〔美〕小 W. 科尔·德拉姆、布雷特·G. 沙夫斯：《法治与宗教：国内、国际和比较法的视角》，隋嘉滨等译，中国民主法制出版社，2012；Franz von Benda‑Beckmann et al., eds., *Religion in Disputes: Pervasiveness of Religious Normativity in Disputing Processes*, New York: Palgrave Macmillan, 2013；等等。
② 参见赵书文《国家权威阴影之下的宗教权威——以甘青藏区纠纷调解为例》，《湖北民族学院学报（哲学社会科学版）》2012 年第 5 期。

我们是接受纠纷的多元化解决的，也认为并不是所有的纠纷都适合于通过法律途径来解决。然而这里的问题是，是否存在法律权威被消解的可能性？尽管社会地看，法律很难是脱嵌于社会而自主存在的，但是法律有其纠纷解决的边界与底线。

对此，可以做两方面的思考，一方面，如果司法在解决此类纠纷上并没有显示出其优势，那么我们是否需要反思我们的法律、司法的规定及设置是否还不够完善，或者说尚有其他的工作没有完成到位，进而使得法律、司法功能的发挥受到了影响。在这一点上，对于我国法院司法结构的改善而言还是有一定意义的。另一方面，我们的确需要考虑具体的纠纷类型，在合理适当的范围内应当承认民间社会力量在解决纠纷上的合理性。以这里所描述的甘南草场/草山边界纠纷解决为例，如果我们相信法律及司法本身并不存在问题，那么答案可能是这类纠纷并不适合法律及司法途径的解决。退一步，还是说明我们的法律及司法还没有发展到能够完全解决这类纠纷。笔者并不认为那种不问情形、笼统地以为国家的法律及司法就应该强力地、无条件地适用的观念是可取的。这样行为的结果其实恰恰是违背法律、司法的根本目的的。尽管如此，有一个问题还有待进一步廓清，即：于这些场景下，国家法律及司法机关存在的意义和价值究竟何在？本章在后面会详细论述。

四 谁之纠纷解决与怎样的纠纷解决

在现代社会，我们接受司法作为纠纷最终解决渠道这一观念，但我们也应注意一些情形下法律及司法并不能解决现实中存在的所有纠纷。究其原因，固然有法律不是万能的这样的习惯性辩护，但当法律及司法根本不能取得认可时则又做何解？申言之，从纠纷解决这一问题出发，我们需要反思以下几个问题。首先，纠纷的诉讼解决其边界何在？其次，纠纷解决的本意如何？最后，怎样的纠纷解决才是社会所能普遍接受的。总括起来，这是要表明，谁才有资格与能力来解决我们的纠纷，又需要依据什么来解决纠纷，以及能够接受、认可的纠纷解决基础是什么，反对的原因又是什么？

具体而言，对于纠纷解决主体，其需要以怎样的一种视角或者态度来处理当前之纠纷,这比较典型的就是所谓我者与他者的问题。进一步,纠纷解决过程(程序)的具体展开,又是怎样的一种情形?这其中非常有意思的一点是,大量的非司法机关在解决纠纷时十分强调法律在其中的作用,而司法机关则又相当重视法律之外的因素之于纠纷成功解决的意义。

(一) 纠纷解决主体的视域矛盾——"心像地图"

如果是从法律特别是诉讼法律的角度来看,我们已经非常习惯将某一纠纷,分门别类地划入民事、刑事范畴等。但是自社会的角度看,这种运用法律语言及技术来重构社会事实的方法还是有一定的问题。① 以甘南地区为例,客观地说,这里的民事案件其实与其他地域也不会有非常明显的差别,当然这有国家法及其诉讼程序对案件本身的整理因素。当然在另一个角度,如果是贯通地看的话,还是能够看到这些案件的一些特质。那是因为自一开始的时候,我们便是以一种外在的眼光,或者以一种我们所接受和熟稔的标准来衡量这些案件。事实上,我们首先意识到的这是在藏区,当然地将这里和其他地区人为地区分开来。这样的区分,为我们解释一些现象和描述不一样的事实提供了某种方便。但这样是否就是合理的?②

前面的这些论述一再出现在人类学者有关研究方法的叙述中,③ 只是这一问题到底该如何去看。地理学者喜欢用"心象地图"(mental map)一词来说明这一问题。心像地图是指一个人心中对世界、国家、区域或其他地区的类似于地图的想象,包括实际位置和空间相互关系的知识,而且带有个人对该地方有关的感知和喜好的色彩。④ 1976 年 3 月 29 日出刊的那

---

① 布隆里最近的一篇论文就在讨论法律的技术性问题。See Nicholas Blomley, "Disentangling Law: The Practice of Bracketing", *Annu. Rev. Law Soc. Sci.* 10 (2014): 133 – 48.
② 参见王铭铭《人类学讲义》,世界图书出版公司,2011,第 258 页。
③ 参见王铭铭《人类学讲义》,世界图书出版公司,2011,第 17 章。
④ 〔美〕阿瑟·格蒂斯、朱迪丝·格蒂斯、杰尔姆·D. 费尔曼:《地理学与生活》(插图第 11 版),黄润华、韩慕康、孙颖译,世界图书出版公司,2013,第 618、326~327 页。这里指出这一问题,还是为了照应本书最后一章有关基层人民法院的问题。客观地说,我们绘制出来的图景很难说是那种鸟瞰图,而极有可能是从自我出发的想象图。正因如此,笔者在最后一章专门给了卡尔维诺的小说《看不见的城市》一定篇幅。同时,我们也在现实中能够看到各种令当地人(local)惊异的"地图",这比如 Jennifer Pan 和 Yiqing Xu 关于中国意识形态光谱的"地图",又如 Yanko Tsvetkov 的世界偏见地图(See Yanko Tsvetkov, *Atlas of Prejudice: The Complete Stereotype Map Collection*, Create Space Independent Publishing Platform, 2015)。

期《纽约客》杂志后来变得非常有名,在这期杂志上斯坦因伯格(Saul Steinberg)绘就了一幅之后被膜拜为经典的封面"从第九大道看到的世界"(View of the World from Ninth Avenue)。如果是从心象地图的角度来看世界,特别是我们未知的世界,那么似乎并不像饱受诟病的"他者"视角那样极端。这种"我者"与"他者"在认识形式上的本来存在,到底要怎样看待?首先,这的确是认识过程的一种表现,无法回避。其次,在具体的实践中,是要克除那种"他者"的眼光吗?这是能够克除的吗?最后,是不是可以换一种思路,这种"他者"的眼光或许并不是洪水猛兽,而恰是这种"他者"的眼光才使得我们得以发现"我者"以外的事物;反之,"我者"也被另一个"我者"以"他者"的眼光而认识。笔者想强调的是不要将这一地区看作一个孤岛,而是要与它的周遭联系起来。

(二) 纠纷解决的范式及限度

1. 从"纠纷金字塔"到"纠纷宝塔"再到"纠纷树"

1980 年,Richard E. Miller 理查德·E. 米勒和 Austin Sarat 奥斯汀·萨拉特在《法律和社会评论》上发表了《怨愤、请求与纠纷:对抗式文化评估》一文。在这篇论文里,他们提出一种称为"纠纷金字塔"(dispute pyramid)的纠纷思考模型。[①] 这一理论遂取得了经典阐释地位。之后麦宜生(Ethan Michelson)结合他在中国 6 个省收集到的数据对这一模型进行了修正,并提出了新的阐释模型——"纠纷宝塔"(dispute pagoda)[②]。2014 年,Catherine R. Albiston 凯瑟琳·R. 阿尔比斯顿,Lauren B. Edelman 劳伦·B. 埃德曼及 Joy Milligan 乔伊·米利根等几位学者在《法律与社会科学年度评论》上撰文对"纠纷金字塔"理论作了批评。他们认为这一理论是有根本缺陷的,进而提出了"纠纷之树与法律的森林"这一全新的理论。[③]

[①] See Richard E. Miller and Austin Sarat, "Grievances, Claims, and Disputes: Assessing the Adversary Culture", *Law & Society Review* 15 (1980 - 1981): 525 - 566.

[②] Ethan Michelson, "Climbing the Dispute Pagoda: Grievances and Appeals to the Official Justice System in Rural China", *American Sociological Review* 72 (2007).

[③] Catherine R. Albiston et al., eds., "The Dispute Tree and the Legal Forest", *Annu. Rev. Law Soc. Sci.* 10 (2014).

针对"纠纷金字塔"和"纠纷宝塔"国内已经有一些介绍，也有一定的回应。① 简略地说，"纠纷金字塔"理论范式包括三个基本假设。第一，按照双方解决还是引入第三方、非正式权威介入还是正式权威介入，纠纷解决机制被分为不同层次，且同时存在。也就是说，多种纠纷机制分层级的同时存在，构成了纠纷解决机制体系最基本的前提。第二，人们在生活中产生的大部分怨愤，都会在较低层次得到解决，只有少数冤情会上升到司法程序层面，即金字塔顶。第三，"纠纷金字塔"的结构取决于各个层次纠纷解决情况，低层次纠纷解决比例的减少，相应地会使高层次纠纷解决比例上升，上升到司法程序层面的纠纷则越多，说明低层次的纠纷解决渠道较少为人们所选择。换句话说，如果让更多的人选择基层的纠纷解决方式，那么就会大大降低正式法律意义上的纠纷。②

麦宜生发现"纠纷金字塔"的范式并不能很准确地概括中国农民的纠纷及其解决情况，因为在不同类型的纠纷和不同的纠纷解决方式之间，并不存在此消彼长的相互关系。"纠纷宝塔"各个层次之间的关系是相对封闭的，各个层次的纠纷及纠纷解决比例的增长或下降，并不一定会导致其他层次，尤其是塔顶结构的变化。申言之：

> 与经典的纠纷金字塔模型相比，我们看到事实更接近佛塔而不是金字塔。宝塔的层与层之间是相互排斥的，因此（越往上）并不必然地明显变小。纠纷宝塔对怨愤发展到其终点的路径不做任何假设，这恰与纠纷金字塔模型形成对比。亦即，纠纷宝塔不假设通向法院的路是固定的、明确有目的的。③

---

① 介绍、评价的文献比如陆益龙《纠纷解决的法社会学研究：问题与范式》，《湖南社会科学》2009年第1期；陆益龙、杨敏《关系网络对乡村纠纷过程的影响——基于CGSS的法社会学研究》，《学海》2010年第3期；储卉娟《怨恨的跃迁——基层暴力与纠纷解决过程的法社会学分析》，《黑龙江社会科学》2012年第4期。回应、批判的研究如刘思达、吴洪淇《法律边疆地区的纠纷解决与职业系统》，《社会学研究》2010年第1期；程金华、吴晓刚《社会阶层与民事纠纷的解决——转型时期中国的社会分化与法治发展》，《社会学研究》2010年第2期；郭星华、曲麒翰《纠纷金字塔的漏斗化——暴力犯罪问题的一个法社会学分析框架》，《广西民族大学学报》2011年第4期。
② 参见郭星华、曲麒翰《纠纷金字塔的漏斗化——暴力犯罪问题的一个法社会学分析框架》，《广西民族大学学报》2011年第4期。
③ Catherine R. Albiston et al., eds., "The Dispute Tree and the Legal Forest", Annu. Rev. Law Soc. Sci. 10 (2014).

就笔者的理解，麦宜生意义上的纠纷宝塔结构是想说明：在中国的语境下，当事人之间发生的纠纷最终进入司法程序这不仅不是必然的；最主要的是，这条通往诉讼的路途可能随时因为种种原因而堵塞或者中断，它充满了不确定性，甚至是随机性。当然也有学者批评麦宜生的观点，理论总是在不断调整与创新中。以下"纠纷之树与法律的森林"的观点正好可以填补麦宜生理论留下的空隙。在笔者看来，麦宜生观点的主要缺憾在于它虽然看到了中国社会纠纷解决的特点，但还缺少一种更为宏观的理论将此整合起来。

图 3-3 纠纷树

资料来源：fineartamerica 网，https://fineartamerica.com/featured/tree-of-life-john-benko.html。

Albiston, Edelman, Milligan 等人后为提出的"纠纷树"（dispute tree）[见图 3-3，借用了 John Benko 的画作"生命之树"（Tree of life）] 是要回答"纠纷金字塔"所不能回答的疑问。Albiston 等指出，首先，"纠纷金字塔"是对广阔社会进程中法院所裁判纠纷的一种不恰当表述；其次，如果认为纠纷的进展是唯一的、单线的，这会遮蔽其他的——同样可以像一次成功的诉讼一样让当事人满意的纠纷解决途径。

"纠纷树"不是逐渐向顶点变小、收窄，而是从中央树干生出很多的树枝。这其中的一些主枝代表的是法律制度下的传统方法，这些主枝上的侧枝表示解决和私序、断枝则是那些有名称的（named）及尚未告诉的（claimed）伤害、无果的树梢指的是尽管尽了力却没有结果不得不放弃的冤情（grievances）。另一些主枝是解决潜在法律争议的准法律性替代性纠纷解决程序，这比如组织机构内部的申诉（grievance）程序、社区调解及纠纷解决机制、正式的 ADR。这些准法律程序的展开也需要像法院裁判之前的正式程序。还有一些主枝代表的是解决正式法律争议的法外方法。比如非正式的法律动员（legal mobilization)①、集体行动、自助，甚至自省和祈祷。

　　用"树"的比喻来替代"金字塔"的形象，一方面是树更能代表选择的多样性；另一方面它也反映了当下的及演变着的纠纷的本质。这些枝丫可能开花、可能结果，或者开花结果，或者枯萎死亡。花朵是正义的象征符号，比如公共陈述的机会、认识到伤害和责任及类似的情形。与之相比，果实代表的是实质性的救济。比如工作得以恢复、伤害得到经济赔偿等。②

在中国的社会背景下，"纠纷树"的理论模型更有说服力。就笔者的理解，首先，纠纷之解决并不等于纠纷的法律解决，尽管在今天法律及司法取得了纠纷解决上的绝对权威。申言之，纠纷解决是一个包容更广的概念。其次，纠纷解决与一定社会环境空间有关，如果过于抽离纠纷生发的具体环境而直接进入抽象的规则世界，其实并不能彻底解决纠纷，这也不全是因为中国社会文化的根本特质。最后，从纠纷的类型上来看，一些经典的纠纷类型，特别是涉及人情、人际关系等方面，也很难用纯粹的规则来处理，自然包括法律规则。当然，这倒不是说反对司法和法治，而是要看到过于固执于纠纷的法律解决这是不现实的，也是与真实的社会情形不相符的。③亦即在一定的空间下，法律的适用会有一定差异；相应地，不同的社会空间所对应的社会规范不尽一致。

2. 西北基层社会纠纷的特点

笔者认为西北地区基层法院，其主要面临的问题相较东南部地区基层

---

① "法律动员"指的是，"那些遭遇不幸的行动者借助于司法手段，以特定的法律为依据，控告伤害其权利与利益的对象。"参见谢岳《从"司法动员"到"街头抗议"——农民工集体行动失败的政治因素及其后果》，《开放时代》2010年第9期。

② Catherine R. Albiston et al., eds., "The Dispute Tree and the Legal Forest", *Annu. Rev. Law Soc. Sci.* 10 (2014).

③ 从这一点出发，我们是否可以对本轮司法改革的一些举措，比如立案登记制进行一定反思。立案登记制的初衷是为了解决立案难，但如果不是从达致立案难的那些根本原因入手，而只是形式上推出这样一种措施，效果又会如何呢？"立案登记制改革开局良好，进展顺利。但随着改革的深入推进，人民法院面临不少新情况新问题。主要包括：人案矛盾进一步加剧；窗口释明难度增大；'送达难'问题逐渐凸显；新类型案件审理执行难度加大；多元化解、诉调对接和繁简分流尚未全面落地；部分当事人对登记立案认识存在偏差；滥用诉权现象更加突出等等。"参见《全国法院立案登记制改革两周年新闻发布会》，最高人民法院网，http://www.court.gov.cn/zixun-xiangqing-45022.html，最后访问日期：2019年10月15日。

法院而言是非常特殊的，如果我们承认在某一地区内就纠纷解决领域而言是存在制度化规则和非制度化规则这一前提的话，那么实际上我们是能够发现这两种规则之间是存在竞争的。竞争的结果有二，其一是一种规则胜出另一种规则式微，或是两种规则互相妥协也就是互相融合从而构建出一种新的规则。出现哪一种结果却是由规则自身之外的一些因素所决定的。如果说在竞争中，随着社会形态的变化（如由熟人社会进入陌生人社会又转入半熟人社会，经济类型由农业经济转为商品经济，随着人口流动的增加和城镇化的发展使得社会结构发生变化等）使得支撑某种规则的社会土壤消解，那么这种规则的衰败是不可避免的。在东南部地区随着社会的发展和转型使得原有的"乡土规则"所存在的社会条件消失，社会进入商品经济时代，那么现代意义上的法治作为普遍的纠纷解决机制是必然的选择（在东南部地区再次形成的非制度化规则实际上是在现代法治的基础上所形成的，就基础而言是与制度化的规则同宗同族的）。

但是西北地区的社会结构特征却使得规则竞争不会出现类似东南部地区的那种胜负分明的样态，因为在西北地区即便是进入商品经济社会（这本身是一个非常困难的过程，无论社会如何发展在商品经济中都会有一些区域由于一些原因成为"被世界遗忘的角落"），人口的流动性再次加强，有些支撑地方性规则的社会条件还是不会消失，甚至还会主动地去改造商品经济和陌生人－半熟人社会的一些规则。由于在西北地区由于支撑两种规则的社会条件都是在较长时期内可以稳定存在的，那么在这一前提之下，这种规则的竞争实质上就变成了规则之间的认同甚至是"妥协"（如果强行竞争的话势必会两败俱伤）。在法院层面上应当表现为上下级法院在基本的普适性司法理念认统一致和不违反宪法、立法法的前提之下的一种相互尊重、彼此认同的关系。具体来讲，就是认可基层法院在具体案件的审判中的变通权力。我们不一定要制定出多少具体的变通规则，重要的是我们应当贡献出如何变通的规则。

（三）从司法功能定位于纠纷解决看其局限

1. 司法裁判与纠纷解决之间的张力

"（尽管）司法裁判天然地与纠纷的解决联系在一起。但是，解决纠纷只是司法裁判的直接功能，而在这一点上，它与其他的纠纷解决机制是一致的……司法裁判的特点并不在于解决纠纷,而在于如何解决纠纷的方式上……正如庞德所指出的,司法裁判与其他纠纷解决机制在运作方式上的重要区别,就在于前者乃是一种'依(据)法裁判'"。① 事实上,在当下越来越多的人不断将各类纠纷诉诸法院,希望法院能够公正裁判。中国的法院确实是将纠纷的解决作为其主要的甚至是唯一的功能。长期的法学教育中,学者们也多是赞同司法的纠纷解决功能。笔者也不反对这一点,在一定意义上,将当下中国基层法院的司法过程解释为纠纷之解决也是比较恰当的。② 在本书的多处论述中,我们都会发现基层法院角色的独特性。申言之,如果只是将其视为那种完全的司法机关,一方面将使得它最终没有办法妥善处理它所遇到的各类来自基层社会形态各异的纠纷;另一方面,在对其工作的评价上,我们也会惊诧于它并不全是在依法裁判。

但在这里,笔者还是要阐明自己的观点。如果不分层次,一概将司法功能笼统定位于纠纷的解决,这是有其局限性的。从长远来看,以纠纷解决作为其主要目的的司法机关,是无法承担起这个社会对其更高的期待的。这一方面使得法院在其发展上永远原地踏步,没有能力的提升,一直处在一个普通社会机构的地位;另一方面,也使得人们对各类社会纠纷永远不会形成分类的意识,也难以促进社会其他纠纷解决方式的发达。在这种情形下,尽管法院自身做了大量工作,但却没有取得理想的效果,也使得法院起不到社会变动稳压器的作用。

无论承认与否,如果将司法的功能主要定位于纠纷的解决,③ 那么一个后果则可能是法院越来越难以"依法裁判"。④ 不管是从法律自身的语言

---

① 参见雷磊《法律方法、法的安定性与法治》,《法学家》2015年第4期。
② Luke T. Lee, "Chinese Communist Law: Its Background and Development", *Mich. L. Rev.* 60 (1961－1962): 439.
③ 就比较法的视角来看,有观点并不承认我国当下的诉讼目的是纠纷解决型的。参见〔日〕中村宗雄、中村英郎《诉讼法学方法论:中村民事诉讼理论精要》,陈刚、段文波译,中国法制出版社,2009。
④ 某种意义上,将法院司法活动命名为"依法裁判"并不是很准确。因为,法院司法裁判的依据并不只是"法"。"依法裁判"有法院乃自动售货机角色之嫌疑。而法院裁判的功能还体现在社会指引、社会风气的形成等方面。真正的法治应指的是一种精神,而非一个解决冲突的规则(权威)本身。另见王亚新《民事诉讼中的依法审判原则和程序保障》,收于氏著《社会变革中的民事诉讼》,北京大学出版社,2014。

系统来看，还是从社会来看法律本身，如果全部依照法律的规范，纠纷解决并不一定能达到理想效果。易言之，要使得纠纷达到圆满解决，有时必定会损伤、牺牲规范的完整性。详言之，将司法目的定位于纠纷解决有可能使得司法偏离正常轨道。这种偏离大致在于这样的一种样态，围绕法律形成一个圆环，离开法律愈远，司法裁判的法律含量愈低。这一关于法律含量比重的司法考量，在于表明实际的司法过程为什么没有"依法裁判"。当然，就中国的文化基础而言，如果不将司法目的首先定位于纠纷解决，似乎又很难有说服力。换言之，这里的问题从表面上看是由于司法政策影响、法治文化不发达；深层次上，这是由于潜在文化的制约。

我们自然可以继续以文化因子作为辩护的意见，但即便是从一种非常功利和实用主义的角度来看，目前法院就算是非常努力地去工作，也很难有效解决纠纷。毫不夸张地说，对于大多数法院和法官来说，已经是在疲于应付各类案件了。在既定的时间里，数量和质量一般是成反比的。现代社会的人们似乎形成了一种错觉，法院总是无所不能；而法院更是像不断被旋紧发条的机器人，半是清醒半是应景，也似乎觉得自身有发掘不完的动力，能够完成一切任务。社会上所有的纠纷，不用分流、不用缓冲，所有的渠道都通向法院。人们将所有的希望都集中在一起，思维里也只剩下法院这一个通道，政治的格调也在不断加速收紧纠纷解决的通道，并觉得这个通道只能是法院。

冷静地去想，资源总是有限的，司法资源也一样。任何紊乱最终都还要重新进行调整，却极难有那么多机遇一直能闯关成功。回到纠纷解决的基础理论上，这既说明我国有效纠纷解决机制的单一，也说明社会自治的不发达。由此，附带的一个问题是压抑社会自治的发展空间而收拢于统一的调控模式下，在日渐复杂多样的社会下是否可行？以下是对我国司法机关混杂功能下司法现象的一些分析。

2. 强政治-弱司法下的法院裁判困境

正是这种我们对待司法机关的模糊态度才使得某些不正确的司法现象越来越成为常态。一如前述，的确是越来越多的纠纷正在涌向法院。这是否说明法院在纠纷的解决上就已经做得非常好了，答案未必如此。坦率地说，某些时候司法效能是比较低的。但是，为什么还有那么多的纠纷不断进入司法程序呢？这一方面表明其他纠纷解决方式没有发挥作用，另一方面还在于法院纠纷裁判方式的独特性。在这后一方面，换言之，能够解决纠纷的方式有很多，但是只有以国家为后盾的司法裁判才能提供那些其他纠纷解决方式都不能提供的资源。而在这个由民族国家几乎垄断一切的社会中，当事人于此间生活的下一步安排却又必须依赖于由国家司法机关提供的裁判。

在后一个方面，下面的理由同样是有说服力的，即千百年来所形成的国人之心理状态。这种心理状态的形成并不全是因为基层法院是专门的司法机关、专门的纠纷解决机构，而在于其是官方的机构。在中国漫长的历史进程中，行政与司法不分。其间的司法并非一种严格的依法而治，也不完全依据既定的规则，而是融合、杂糅了多种成分。这种模式最理想的结局便是当事人双方的服判；但很多时候，这只是一种存在于想象中的追求。往往会因双方过于悬殊的地位、复杂的标的、交错的人情世故，而不能使当事人特别是败诉一方满意。然而正是这种寄生于政治威权下的司法给当事人提供了一种"终极的结果"。

在今天，这一思维并没有从根本上有所改观，问题还在于变迁社会带来了人们信息交往模式的改变，由此人们已经不再满足法院司法的现状，而是希望法院能有更大的作为。亦是受新闻、舆论等影响，一番比较之下，有人认为中国的法院较之欧美法院不免相形见绌。有论者更是视中国的法院为不思进取、丑闻不断、腐败丛生的黑角落。一时间，似乎法院也日益成为危险的机构，对法院司法人员的各种报复不断升级。然则，法院的这种境地即便是其不愿看到的，也是其无法主动进行变革的，至少这种变革是要受到相当限制的。也正因如此，不难理解法院司法面临的特殊困境。司法机关是坚守业已成型的"法统"（包括法治传统在内的各种制度文化），还是选择"法律的道路"？在前者，系统内部通过"补丁"程序而实现自我修复；在后者，如何通过路线的调整，实现期望的转型？这是有风险的制度调整。

在这一部分，笔者所讨论的问题相对比较分散，略作总结。结合有关甘南草场/草山边界纠纷解决法律缺位的困惑，笔者想表明：一方面司法之功能并不全在纠纷解决，将纠纷解决作为其全部功能的司法不一定就是本质的司法；另一方面，纠纷解决本来也不全依赖于法律及司法。这后一层面,将在下文具体展开。

五 空间之下的司法与司法中的空间

经由前文的论述,一个问题是,对于如甘南这样的藏区,我们到底需要一种什么样的司法?或者司法到底要怎样做才能发挥我们所期待的那种作用?"空间之下的司法",意在表明不同的空间之下,法律、司法可能会有不同——空间并不是被动的,而是具有建构能力的;"司法中的空间"则表明"法律如何构建并且控制在社会生活的各种关系中产生的空间"。①

(一)"尼江问题"中的法律、司法"空缺"

在2014年10月23日《人民日报》的报道中,有这样一段话:

> 我们刚和老百姓谈的时候,发现他们虽然有自己的诉求,但对国家的法律法规并不了解,不知道该怎么提。我们依据法律,解答疑惑,让他们明白自己的想法是否符合国家的法律,这也让我们和村民拉近了距离。
>
> 过去不让进村,现在请上炕头,宪法、刑法、土地法、草原法都给群众一一讲解,让群众明白国家法律是如何规定的,哪些要求合理,哪些不合理。
>
> 干部们讲解法律政策,也让尼江两村的村民明白,天下没有"法外之地",也不存在"法外之人"。
>
> 法律是处理问题的准绳,也是底线。2012年7月29日,两村因草场纠纷发生一起暴力事件,致1人死亡。卓尼县依法及时处理刑事案件,对犯罪嫌疑人开展说服教育和心理疏导。目前,两名主要犯罪嫌疑人已主动投案,两村村民的情绪极大纾解。这起案件的处理,树立了法治权威,实现了法律效果与社会效果的双赢,将进一步化解矛盾引上法治轨道。

关于"尼江问题"解决中的法律及司法问题,这至少可以从两个方面

---

① 参见於兴中《法理学前沿》,中国民主法制出版社,2014,第151页。

来看，一个是技术层面，另一个是理念层面。具体而言，在前一个层面，近几年我们越来越重视在甘南这样的藏区培训双语（汉藏）法官，也越来越重视对这些地区法院硬件建设的投入。① 而在后一个层面，又可以细分成以下几个方面。其一，我们得承认现代国家的司法理念至少在目前还没有完全"深入"这一空间。其二，在具体的司法方法上，还是可以有一定的弹性的。重述笔者的观点，笔者认为不加区别地一概将基层法院同其上级法院等量齐观还是需要再探讨的；同时，如果不注意司法的差异性，教条地突出司法的统一性，事实上并不一定就能达到法律、司法所期望的效果。其三，在法院对案件的主管范围上，有必要调整之前的一些做法。比如，就甘南草场/草山边界纠纷的根源，其中之一便是草场分界问题。但按照我国当下的具体制度，这类纠纷的解决却不在法院。其四，在这些地方，具体的司法裁判到底要以怎样的方式进行？是否但凡是民族宗教地区的裁判就要特殊处理？尽管笔者没有找到尼江草场不同权案的裁判文书，但还是可以参照一些当地的类似裁判。

通过新闻媒体，我们不时还是能够看到一些报道，只是要注意报道的内容和细节。这些报道大致可以分为以下几类：（1）该地区法院司法整体

---

① 在 2016 年 8 月 24 日于甘肃舟曲举行的"民族法制文化与司法实践"研讨会上，最高院提出："要充分考虑少数民族地区的司法需求，积极推广远程视频庭审、巡回审判等方式，方便偏远地区和草原深处的群众参加诉讼……结合少数民族群众居住的实际，采取网上预约立案、电子签章等系统，促进案件快立、快审、快结、快执……在软件研发、信息公开、信息查询中采取建立双语查询系统、设立双语公开屏、双语法律文书上网等方式，促进法院信息化建设与民族语言的有机结合。"参见罗沙《最高法：建设民族地区"智慧法院"强化双语法官队伍》，中国法院网，http：//www.chinacourt.org/article/detail/2016/08/id/2063377.shtml，最后访问日期：2019 年 10 月 10 日。另见潘静、曾哲扬《甘肃：实用型双语法律人才的养成机制》，《人民法院报》2014 年 1 月 13 日，第 5 版；潘静、虎文心、王强利《甘肃：让少数民族群众感受法治温暖》，《人民法院报》2015 年 3 月 9 日，第 10 版；许聪《加强双语法律教育培训工作 积极促进民族地区法治建设》，《人民法院报》2015 年 3 月 16 日，第 1、4 版；潘静《甘肃政法系统联合培养高素质的双语政法人才》，每日甘肃网，http：//gansu.gansudaily.com.cn/system/2015/01/15/015360642.shtml，最后访问日期：2019 年 10 月 10 日；孙少石《这里没有普通话：藏区的双语司法实践》，载苏力主编《法律和社会科学》第 13 卷第 2 辑，法律出版社，2014；等等。

情况的报道;① （2）上级领导的关怀;② （3）法院干警的描写。③ 概括地说，总体上体现的是这些地方办案条件的整体改善、法院干警的无私奉献、成功化解了积怨多年的矛盾等。总之，较少能够看到这里的司法裁判对于中国法律及司法的精深化有什么突出的贡献。即是说，这里的司法太过于常规化甚至是边缘化，以至于其只要按部就班大体完成"任务"就行。由此，它的角色到底是怎样的？

（二） 强调"差异"、突出"区别"的意义

很明确的是，上面所讨论的甘南藏地社会的问题或案件仅是特殊场域下的特殊类型。换言之，这并不是说藏地社会的所有案件都具有前述的特殊因素。要看到，在现代社会，特别是在经济加速发展的情形下，任何地方社会所固有的那些个性与特征都在快速消散。换言之，大到国与国之间，小到一国的区域之间，它们正越来越同质化。或者说，你看到的这个社会不再是一个"丰富"的社会，而是越来越成为一个模仿的复制品社会。在这一背景下，人们的交往规范也必然要求简单化、模式化。这即是说，至少在商业经济领域，不管是藏地社会还是汉地社会都无法选择，都要被动地适用一种商业社会的游戏规则。这一点在笔者所收集到的部分藏区裁判文书中显得比较突出。当然，对于藏地社会来说，还有一个问题是如何用藏语来表达这一切。这并不十分困难，假以时日，经过一定的培

---

① 如王志娴、王丽《公正执法铸铁案 司法为民谱新篇——州法院 2004 年民商事审判工作纪实》，《甘南日报》2005 年 1 月 20 日；《香巴拉的守护神——甘南藏族自治州中级人民法院纪实报道》，《甘肃法制报》2005 年 8 月 17 日；陈珊：《立足民族地区实际 打造司法公正之剑——甘南藏族自治州中级人民法院工作点滴》，《甘肃日报》2006 年 9 月 19 日；等等。

② 如《最高人民法院副院长江必新来甘南州调研》，《甘南日报》2011 年 8 月 23 日；《苏泽林在甘肃陕西调研时强调：全力做好法庭等基础设施恢复重建 着力援助藏区法院实现跨越式发展》，《人民法院报》2011 年 5 月 20 日，第 1 版；《王胜俊会见甘南州汇报演出人员》，《人民法院报》2012 年 1 月 7 日；徐隽：《最高人民法院院长周强：依法严惩破坏民族团结的犯罪》，《人民日报》2014 年 8 月 25 日，第 4 版；罗书臻：《周强通过视频与甘肃甘南法院干警连线并慰问干警》，《人民法院报》2015 年 2 月 14 日，第 1 版。

③ 如李战吉《心中始终装着牧民群众：记甘肃甘南藏族自治州中级人民法院副院长贾靖平》，《人民日报》2008 年 4 月 11 日；王芳：《做司法公正的践行者——访甘南藏族自治州中级人民法院长卫甚祖》，《甘肃法制报》2009 年 4 月 15 日；潘静、曾哲扬：《在草原上架起桥梁——全国优秀法官、甘肃省夏河县人民法院助理审判员才让旺杰》，《人民法院报》2014 年 1 月 13 日；徐隽：《甘肃夏河县人民法院审判员才让旺杰"愿做通往公正桥梁的青砖"》，《人民日报》2014 年 10 月 24 日。

训,司法人员完全可以运用双语来进行裁判。实际上,很早的时候就有学者非常敏锐地指出:"……加强法律队伍和法律机构的专业化建设……就总体说来,我们对这一问题的认识还比较肤浅。我们一般还停留在对法律队伍文化水平的提高和法律专业知识的了解,却对他们从事法律事务的行为方式和心理素质的培养关注不够。"[1]

但是,这是不是说,只要经济一直保持发展,藏地社会的那些司法上的特殊问题就不存在了?笔者并不这样认为。首先,一如本书第一章所阐述的,现代化是不对称的,不是所有的地方都能得到同等的发展。资本的触角只会伸展到能够盈利的区域。其次,不得不肯认,在现代化过程中存在不平等。笔者将这一点暂时限定为一种破坏性的发展。这就是说,这种发展寻求的不是一种可持续性,而是短期内效益的最大化,而其代价与后果则完全与现时的发展相背离。是故,笔者认为藏地社会存在的一些特殊问题还会继续存在,而且随着现代化过程中社会经济不平衡的加剧,问题还会更为棘手。

以上是对本章关于藏区司法差异宏观背景,以及可能解决思路的一种分析。申言之,笔者认为藏区司法的区别还是必要的,不能以设想的经济一体化效益来消解最根本的问题。但这并不是说要在藏地社会搞特殊化,这是危险的,也是没有必要的。讨论"差异""区别",无疑是为了超越"差异"与"区别"。我很赞同苏珊·斯坦福·弗里德曼(Susan Stanford Friedman)的观点:[2]

> 不停地只关注一点,可能会导致无限循环和对不确定性的崇拜。持久的自省……可能会导致危险的不作为,或者更确切地说来,虽然有所作为,但是其方向是不断地向内回归,从而阻止了精力向外导向,不能产生社会变革。

即是说,我们要避免陷入"差异僵局",不能从一个极端掉入另一个极端。吴稼祥提出"多中心治理与双主体法权"的观点,尽管笔者不太赞

---

[1] 参见苏力《法治及其本土资源》,北京大学出版社,2015,第161~162页。
[2] 参见〔美〕苏珊·斯坦福·弗里德曼《图绘:女性主义与文化交往地理学》,陈丽译,译林出版社,2014,第299页。

同多中心这样的表达,但无疑他的观点是非常有启发性的。① "中心"很难是多的,既然是中心,就明确了它的唯一性(毋宁说从潜意识里我们倾向于发展一种非中心的观念)。但是这并不妨碍我们在思考上的一元论观点,而这恰是中国社会所一直在发展的思想。亦是说,那种"车同轨、书同文、行同伦"的观念需要做出一定的调整。②

"车同轨、书同文、行同伦"出自《礼记·中庸》第二十八章"今天下车同轨,书同文,行同伦"一句。对该句的理解存有争议。现在一般都将《礼记·中庸》的成书归之于子思,是故如果还认为该句是说秦始皇的文治武功恐怕就不再妥当。③ 由此,将该句仅理解为"天下一统"而不再引申方才较为适当,也要注意古人在表达上的修辞技术。也就是说,这只是表明了一种状态,但是"一统"前提下具体的制度如何建构则是没有明确的。

对于现有国家法及其司法如何应对藏地社会的独特问题,以及国家法及其司法如何调整,抑或中国现代社会需要建立怎样的法治及司法,就本书而言,最终肯定还是要回到对"中国""中华民族""民族关系"等概念的梳理上来。尽管这涉及领域广泛,尚需要更多、更深入的论述,不过此处可以先给出一个最低的共识。即:

> 在中国,并非从帝国到民族国家,而是在无边"帝国"的意识中有有限"国家"的观念,在有限的"国家"认知中保存了无边"帝国"的想象,近代民族国家恰恰从传统中央帝国中蜕变出来,近代民族国家依然残存着传统中央帝国意识,从而这是一个纠缠共生的(国家)历史……中国这个特殊的"民族国家",需要从"历史"中去理解,而不要简单地从(西方概念的)民族国家中(把中国)拯救出来……④

---

① 参见吴稼祥《公天下:多中心治理与双主体法权》,广西师范大学出版社,2013。
② 关于这种中央集权国家"一统"思想的实际意涵可参见〔美〕小威廉·H.休厄尔《历史的逻辑:社会理论与社会转型》,朱联璧、费滢译,上海人民出版社,2012,第163页。
③ 参见(宋)朱熹章句《大学·中庸》,金良年导读、胡真集评,上海古籍出版社,2007,第62页。
④ 参见葛兆光《宅兹中国:重建有关"中国"的历史论述》,中华书局,2011。

……从巩固多民族统一国家的立场出发，我们必须严厉拒绝国内各民族在族裔民族主义的名义下提出的"国家诉求"。另一方面，从同一立场出发，在合理追求超越于国内诸民族各自利益之上的统一国家的核心利益的同时，也必须警惕在国家民族主义名义下对少数民族及其他边远人群基本权利的肆意侵犯……历史反复提醒我们，掩盖在国家民族主义外衣之下的，经常就是一国之内主体人群的族裔民族主义。①

如果说上述葛兆光的研究给出了一个关于"中国"的意涵及其演变的指示的话，那么姚大力的研究更是结合历史来阐述了"中国"语境下多民族统一的事实。接着姚大力的研究，还是要回到笔者在本书所要阐明的问题。既然我们承认差异这一事实，也认识到对这种差异进行包容、多元处理的价值，那么，这种设想是否只是一厢情愿，不过是一种理想的假设而已？笔者并不这样认为。换言之，笔者认为对于藏地社会进行区别治理有其足够理由，也有其成熟的条件。

这涉及如何理解这里的"区别"。非常肯定的是，"区别"绝不是要分疆裂土、裂解中国，而是要从广义上结合现代国家治理的智慧来看待"区别"，即主要是从"包括分治、自治、分权和各种形式的分化"角度来理解。② 区别是为了避免因为中央与地方权力划分不当，而导致的地方与中央关系的阻滞，以及地方弹性及活力的不足，进而导致过多的法外之权。而这具体到本书关于甘南藏区司法，一方面国家法及其司法无处着力；另一方面司法留下的空白只能等待行政力量的填充，但是行政处理所带来的个案处理、特事特办，无法形成处理类案的规则。同时，这也使得这一地区的司法实践不能有效利用与积淀该地日渐形成的司法经验与智慧。换言之，每一个案件都要从头重新打造它的车轮。③

申言之，司法制度的设置与完善，应该寻求它自身的规律以及充分考

---

① 参见黄晓峰、姚大力《姚大力谈历史上的民族关系和"中国认同"》，载葛剑雄等《谁来决定我们是谁》，译林出版社，2013。
② 参见葛剑雄《统一与分裂：中国历史的启示》，商务印书馆，2013，第280页以次。
③ 参见〔美〕苏珊·斯坦福·弗里德曼《图绘：女性主义与文化交往地理学》，陈丽译，译林出版社，2014，第304页。

虑司法自身的终极目的,而非一时一地的利益权衡。这其中的理由笔者在本书第一章已有所阐述,这里只是再做强调与补充。具体到实际的基层法院司法秩序,这也是为了司法更为正义的过程。① 解铃还须系铃人,我们需要返回到对"法""法源"的理解上去。当我们对法的理解不再只是唯一的、源自西方的实证法的路数,那么就会发现法源的范围宽广很多,而其也会被圆洽地解释进法官的裁判过程之中。在这里,确立法之法/制定法与司法之法(此处的"法"一语双关,既指裁判的依据,亦指法官裁判的方法)出现了不一致。换言之,法官所依据的法并不限于国家制定的法,还涉及其他,只有将这些都融通地解释进裁判的过程中,方才是完整的、正义的法的适用过程。

在当下中国司法普遍受实证法影响的情形下,那种综合融贯的正常的法适用过程不正常了、被遮蔽了,进而出现藏区司法中的困局。是故,强调"区别"其意不在独立与个别对待,而是要回归本常。②

六 地方司法的可能思路

"尼江问题"解决中法律/司法的空位可以从两个角度来分析。首先,包括"尼江问题"在内的藏区草场/草山边界纠纷解决有其特殊模式,法律并不是首选,也并非最好的方法;其次,法律/司法在这里的运行失败了。③ 对于问题的第一个层面,已有相当多的研究,本章不再赘述。④ 在问

---

① 当然这些内容将会以极快的速度遭受更大的批评与质疑,也有可能是为解决旧的问题而带来更多的新问题。苏珊·斯坦福·弗里德曼在她的研究中指出:"真正的'多元性'已被认为极难实现,因为从'单数'到'多数'的转向,往往太容易掩盖那个在暗中比较所有'分歧的他者'(divergent others)的统一'连续体'(continuation)——一种隐秘的范式、完美的典型、衡量的标尺,或是比较的参照点"。参见〔美〕苏珊·弗里德曼《定义之旅:"现代"/"现代性"/"现代主义"的涵义》,张慧文译,载刘东主编《实践与记忆:〈中国学术〉十年精选》,商务印书馆,2014,第171页。
② 此处的论述受金敏对香港高等法院"邓光裕堂案"(Tang kwong Yu Tong)分析的启发。参见金敏《明天是"好否"还是"有无"?香港高等法院"邓光裕堂案"述评》,《中外法学》2013年第3期。笔者感谢郭春镇老师提供的金敏老师这篇论文的信息。
③ 参见〔荷〕Benjamin van Rooij《法律的维度——从空间上解读法律失败》,姚艳译,《思想战线》2004年第4期。
④ 兰州大学(刘艺工)、青海民族大学(如淡乐蓉、华热·多杰)、甘南合作师范学院(后宏伟)等院校的学者在这方面做了很好的研究。

题的第二个层面,是否可以从地方司法分权的角度来加以讨论?这可分为两个方面,首先,司法权是否也能为地方所分权?具体而言,司法权的性质究竟是什么?特别是如何理解"司法权乃中央事权"的观点?同时地方司法分权又与本次司法改革所极力破除的司法权地方化有何区别?其次,如果不做前述分权是否还有其他途径能够弥补基层法院在解决纠纷上的能力不足。在这方面,目前相当有"市场"的一个思路是发展多元化纠纷解决机制,以下分述之。

1. 对"司法权乃中央事权"的理解

这是一个复杂的问题,首先是如何理解单一制国家中央与地方的关系。这不仅涉及宪法等法律的规定、国家的政治架构,还要考虑到我国的实际,特别是传统中国的地方治理经验和逻辑。其次,何以理解"事权"?进而明确中央与地方事权划分的原则及其根由,以及由此可能遭致的问题。① 最后,司法权的性质到底是什么?至少在法学界,并不是所有的观点都认为"司法权乃中央事权"。②

"司法权从根本上说是中央事权。各地法院不是地方的法院,而是国家设在地方代表国家行使审判权的法院。"这段话应该是"司法权从根本上说是中央事权"判断的基础。① 这要看我们如何来理解这段话,对于习总书记在 2014 年 1 月中央政法工作会议上的讲话精神,其是针对本轮司法改革所指向的一个重要方面,即司法的去地方化的。在这个意义上,我们

---

① 参见熊文钊主编《大国地方:中央与地方关系法治化研究》,中国政法大学出版社,2012;郑毅《中央与地方事权划分基础三题——内涵、理论与原则》,《云南大学学报》(法学版) 2011 年第 4 期。

② 如王尔德、危昱萍《司法权仍是工作分工 而非法律制度层面的中央事权》,《21 世纪经济报道》2014 年 8 月 15 日,第 6 版;杨清望《司法权中央事权化:法理内涵与政法语境的混同》,《法制与社会发展》2015 年第 1 期;陈瑞华《司法体制改革导论》,法律出版社,2018,第 62 页。王建学的一项研究非常有意义,他认为:"作为宪法设定的'国家的审判机关',地方各级人民法院是非地方、非中央的法律性机关,它与最高人民法院一起构成了行使审判权的整体,而不像各级国家权力机关和各级国家行政机关那样在纵向上划分各自的事权。宪法第 3 条第 4 款规定的中央和地方国家机构职权划分的原则,即'在中央的统一领导下,充分发挥地方的主动性、积极性',主要是针对国家权力机关和行政机关的要求,并不适用于人民法院。"参见王建学《地方各级人民法院宪法地位的规范分析》,《法学研究》2015 年第 4 期。

① 参见本报评论员《加快深化司法体制改革——五论学习贯彻习近平同志在中央政法工作会议重要讲话》,《人民日报》2014 年 1 月 22 日,第 2 版;景汉朝《司法权是中央事权》,《中国新闻周刊》2014 年 6 月 30 日。

似乎更应注意的是这段讲话精神的后半段。我们也要注意到时任财政部部长楼继伟于 2014 年在《人民日报》发表的《推进各级政府事权规范化法律化》一文。① 尽管这篇文章并没有直接界定何为"中央事权",更多涉及的是事权划分的规范化、法律化,但我们还是可以通过其阐述意识到事权及事权划分的限定语"政府"。由此我们才能够理解《国务院关于推进中央与地方财政事权和支出责任划分改革的指导意见》(国发〔2016〕49号)的内涵与意义,也才能理解事权划分的必要。②

退一步讲,即便司法权可以纳入"事权"的范畴,也存在中央与地方事权的划分问题,否则将会出现有学者所指出的如下问题:"此观点之于改革中下放地方立法权、现行宪法之地方制度及司法权的本质皆扞格难通""去司法的地方化可以,因为司法毕竟不能彻头彻尾、彻里彻外地地方化;但去司法的地方性不可,特别是一个大国的司法,尊重地方性就是尊重不同地方人们生活方式和交往方式的自治性。"③

2. 地方司法分权与司法权地方化的区别

笔者认为这两个概念之间有较大区别,地方司法分权不同于司法权地方化。关于司法权地方化,周永坤先生的研究如下。④

> 司法地方化是指司法权为地方所控,为地方利益所用的一种"脱法现象"。所谓司法地方化,主要表现在三个方面:一是在组织结构上,本来应当作为全国司法层级一部分、只是设在各地的法院,成为"地方衙门",财政权和人事权受制于地方权力,各级法院要对同级人大及其常委会负责并报告工作,人大的合法干涉不在排除之列;二是在利益关联上,各地法院成为当地"利益共同体"的一员;三是在审判追求的目标上,以地方利益为重。

---

① 参见楼继伟《推进各级政府事权规范化法律化》,《人民日报》2014 年 12 月 1 日,第 7 版。
② 参见《财政部就推进中央与地方财政事权和支出责任划分改革答问》,载中华人民共和国中央人民政府网,http://www.gov.cn/xinwen/2016 - 08/26/content_5102484.htm,最后访问日期:2019 年 10 月 26 日。
③ 参见谢晖《司法独立:司法现代化的基本精神》,新浪博客,http://blog.sina.com.cn/s/blog_65f82df70102v72p.html,最后访问日期:2019 年 10 月 3 日。
④ 周永坤:《司法的地方化、行政化、规范化——论司法改革的整体规范化理路》,《苏州大学学报(哲学社会科学版)》2014 年第 6 期。

究其根由，笔者认为这主要是因为法治不畅、人治思想根深蒂固、权力本位泛滥而导致的一种司法权在现实中的变异、扭曲。①

而地方司法分权主要是为了回应司法现实中的差异性而提出的，它的目的是让司法更为科学、合理，更为公平、正义。至少作为一种理念或者一种理想有其探讨的空间。我们要防止对现代法治语境下司法统一的误解、误读，毕竟司法统一与权力集中实施还是有所区别。②尽管地方司法分权的具体展开方式尚需进一步研究，但不可否认的是在地方司法的实践中的确有着这方面的需求。③"辅助原则在此方面可以扮演十分重要的角色。简言之，在一个社会中直接影响人民生活的决定，原则上应由最接近个人的小单位来做，只有在他们做得不够好时，才由大单位加以协助；辅助原则是一种'自下而上'的组织原则……也就是说，愈是在国家结构的下层，离事实、问题越近，愈具有处理的优先权，政府层级越高，越具有辅助性。"④

3. 地方司法与纠纷的多元化解决

经由前文之论述，如果是自纠纷解决的角度来看，纠纷的多元化解决对基层地方司法具有很强的吸引力。⑤对这一问题，前文已有一定论述，这里再做一补充。多元化纠纷解决机制作为一种学术话语进入我国自是受

---

① 参见龙小宁、王俊《中国司法地方保护主义：基于知识产权案例的研究》，《中国经济问题》2014年第6期。
② 参见张卫平《民事诉讼法学的贫困化分析》，收于氏著《法学研究与教育方法论》，法律出版社，2017，第54~56页。
③ 参见郭丽萍《民族自治地方自治法规司法适用的实证考察——以106份裁判文书为分析样本》，《民族研究》2016年第5期。学者江国华便指出，审判权有国家性，但审判事务却有地方性，即案件的地方性、法院的地方性与后果的地方性。参见江国华《常识与理性：走向实践主义的司法哲学》，生活·读书·新知三联书店，2017。另见郭星华、刘蔚《现代法治的困境：均等化处置抑或差异化处置》，《人文杂志》2016年第1期。
④ 参见於兴中《法理学检读》，海洋出版社，2010，第32页。
⑤ 这在《最高人民法院关于进一步推进案件繁简分流优化司法资源配置的若干意见》（法发〔2016〕21号）中就有所体现，如"20.完善多元化纠纷解决机制。推动综治组织、行政机关、人民调解组织、商事调解组织、行业调解组织、仲裁机构、公证机构等各类治理主体发挥预防与化解矛盾纠纷的作用，完善诉调对接工作平台建设，加强诉讼与非诉纠纷解决方式的有机衔接，促进纠纷的诉前分流。完善刑事诉讼中的和解、调解。促进行政调解、行政和解，积极支持行政机关依法裁决同行政管理活动密切相关的民事纠纷。"

20世纪末期以来渐次引入我国的源自英美等国的 ADR 理论的影响。① 在今天，当我们在我国的语境下使用"多元化纠纷解决机制"这一术语时，其内涵和外延都已发生了一定变化。首先，当我们仅仅是从多元化纠纷解决机制中诸纠纷解决方法来观察时，大致会发现这其中被津津乐道的调解、和解等方法不仅在我国早已存在，② 而且我们的传统文化理念，比如"和为贵"等似乎更加偏好非司法的纠纷解决方法。不过，通过大量的研究，我们知道中外在对这些诉讼外纠纷解决方式的强调和运用上，其背后的思想并不一致。③ 最典型的一点，即在于英美等国对多元化纠纷解决机制的强调有其社会自由主义的背景；而在我国，则可能主要是一种儒家社会理想及某种道德价值的强调。其次，多元化纠纷解决机制在我国社会背景下有其独特的一面。尽管我们认为多元化纠纷解决机制主要指的是诸诉讼外纠纷解决方式，但一方面在转型中国的背景下，诸传统价值——包括支撑我国传统社会调解之权威的认同文化，均遭到了不同程度的损坏，这就使得各非讼纠纷解决机制作用的充分发挥尚需要诉讼权威的保障；另一方面，在我国诉讼文化本不太发达的背景下，诸诉讼外纠纷解决方式很容易演变为单一的行政处理手段或者成为行政处理方法的变形，但早已有学者指出需要慎用行政方法处理具体纠纷。④ 基于前述两方面的原因，我国多元化纠纷解决机制的建构尚存在一些障碍。申言之，尽管多元化纠纷解决机制在理论上对于基层社会纠纷的解决及地方司法能动性的发挥有重要意义，但具体来看，还存在一些需要解决的问题。

首先，如果我们不能解决司法公信力不高、司法救济不足的问题，进

---

① 参见〔美〕斯蒂芬·B. 戈尔德堡、弗兰克·E. A. 桑德、南茜·H. 罗杰斯、塞拉·伦道夫·科尔《纠纷解决——谈判、调解和其他机制》，蔡彦敏、曾宇、刘晶晶译，中国政法大学出版社，2004，第3~5页；范愉《非诉讼纠纷解决机制研究》，中国人民大学出版社，2000；齐树洁主编《外国 ADR 制度新发展》，厦门大学出版社，2016。另见关仕新整理《多元化纠纷解决机制：协调性理念的融入》，《检察日报》2011年5月24日，第3版。
② 参见张榕《我国非讼纠纷解决机制的合理建构——以民事诉讼法的修改为视角》，《厦门大学学报（哲学社会科学版）》2006年第2期。
③ 参见范愉《当代世界多元化纠纷解决机制的发展与启示》，《中国应用法学》2017年第3期；〔英〕西蒙·罗伯茨、彭文浩《纠纷解决过程：ADR 与形成决定的主要形式》（第2版），刘哲玮、李佳佳、于春露译，北京大学出版社，2011。
④ 参见马怀德《预防化解社会矛盾的治本之策：规范公权力》，《中国法学》2012年第2期。

而希望通过主要是诉讼外的多元化纠纷解决机制建构来解决中国社会的大量矛盾、纠纷，其作用肯定是有限的，甚至会造成更大的社会资源浪费和大量的重复性工作，原因如下。第一，就中国目前的社会现实，一些纠纷已经不再适合用诉讼外的纠纷解决方式来解决，即已用尽各种诉讼外纠纷解决方式。实际上，但凡还有其他途径，当事人不会轻易启动诉讼程序；第二，基于社会现实，种种诉讼外纠纷解决机制无法保证当事人所期待的那种信任及公平、正义、诚信等解决纠纷所需要的基本品质；第三，实证的数据也告诉我们，种种诉讼外纠纷解决机制其实效比较有限。①

其次，多元化纠纷解决机制的作用机理到底是怎样的？根据媒体报道，2015年10月13日中央全面深化改革领导小组第十七次会议审议通过了《关于完善矛盾纠纷多元化解机制的意见》，相关内容如下。

> 坚持党委领导、政府主导、综治协调，充分发挥各部门职能作用，引导社会各方面力量积极参与矛盾纠纷化解；坚持源头治理、预防为主，将预防矛盾纠纷贯穿重大决策、行政执法、司法诉讼等全过程；坚持人民调解、行政调解、司法调解联动，鼓励通过先行调解等方式解决问题；坚持依法治理，运用法治思维和法治方式化解各类矛盾纠纷。要着力完善制度、健全机制、搭建平台、强化保障，推动各种矛盾纠纷化解方式的衔接配合，建立健全有机衔接、协调联动、高效便捷的矛盾纠纷多元化解机制。

从中我们可以看出，我国多元化纠纷解决机制之发力主要不是在社会本身的自觉形成，而是一种自上而下的建构过程。亦即，"在当前中国，纠纷解决的实效性与协同性不足、路径依赖比较严重，重要的是要解决实效性和民众自觉选择的问题，纠纷解决要大家共同出力。"②

---

① 参见韩宝《民事诉讼、纠纷解决、诉讼外纠纷解决机制》，《政法学刊》2016年第1期。
② 参见郝珊珊、周林《多元纠纷化解的理论与实践反思——"软法之治与多元纠纷化解"2017年学术研讨会综述》，《现代法治研究》2017年第2期。另见黄鸣鹤《公证在多元化纠纷解决机制中的功能定位——〈关于进一步深化多元化纠纷解决机制改革的意见〉解读》，《中国公证》2016年第12期。在这篇文章中，黄鸣鹤法官非常详细地描述了多元化纠纷解决机制在我国产生、发展、成长的主要过程。

最后，就目前来看，在多元化纠纷解决机制的建构过程中，最高院着力最多，这有"老三步"（"法院做好诉调对接，中央出台相关政策，改革成果转化为立法"）以及 2015 年提出的"新三步"（国家制定发展战略、司法发挥保障作用、推动国家立法进程）两种思路。① 2016 年最高人民法院发布的《关于人民法院进一步深化多元化纠纷解决机制改革的意见》（法发〔2016〕14 号）即是根据"新三步"的思路制定的。尽管最高院出台这一意见将有助于推动诉讼程序与非诉程序之衔接，但是，对于其他非诉解决方式在社会中的展开，则是"爱莫能助"的。亦即，当多元化纠纷解决机制并不能形成真正的制度合力而发挥期望中的效用时，法院的负担还是不会减轻。② 是故，期待由多元化纠纷解决机制来弥补或替代法院在纠纷解决上的能力不足，就变得有些一厢情愿。在甘南"尼江问题"的处理上，如果一定要认为这是多元化纠纷解决机制发挥了作用，那么这是否太过于泛化了多元化纠纷解决机制的内涵？如果多元化纠纷解决机制的发展在目前还是解决不了司法能力不足的问题，那么就还得从法院司法本身出发来改造其自身。略需补充的是，尚有另一个或许可值得我们深思的视角，即所谓复杂诉讼管理与 ADR。③ 另外，在更深层次上，如果只是从法律的角度出发，我们究竟视这里的"法"与我们常规意义上的"法"是差异不大还是差异较大的？④

余　论

在前文，笔者主要通过《人民日报》等多家官方主流媒体报道的一个有关甘南藏区的个案，从法律与地理的进路，描述了地方司法"个殊性"

---

① 参见龙飞《我国多元化纠纷解决机制改革新战略》，《中国审判》2015 年第 8 期。
② 参见范愉《中国多元化纠纷解决机制的现状及未来》，《人民法院报》2015 年 4 月 14 日，第 2 版。
③ See Francis E. McGovern, "Toward a Functional Approach for Managing Complex Litigation", *U. Chic. L. Rev.* 53 (1986).
④ 参见王伟臣《法律人类学的困境：格卢克曼与博安南之争》，商务印书馆，2013，第 2 页。

与国家统一法之间存在空隙的现象,以表明中国社会背景下司法所呈现出的差异性问题。无疑,笔者选取甘南藏区的"尼江问题"是有一定预设的。亦即,下意识中笔者会觉得藏区基层法院的司法与那种通常的、"标准"的民商事审判是不同的。或者说,我们认为藏区的审判应该与国家民商事审判标准模式不同。因着这些预设,还会有更多的问题,比如这两者为什么会出现差异、藏区的审判到底是怎样的以及为什么会这样、如何解决这种差异等,不一而足。问题的提出,最终是为了寻求一种可能的答案,而不仅仅是展示问题本身。

在很大意义上,前文揭橥之"尼江问题",尽管报章中记载的主要不是有关司法及其运作过程的内容,但在字里行间以及其他的相关报道中,我们还是能够看到其间的法律问题。那么,面对"尼江问题"等,法律能有何作为?又能如何行动?无疑,这是所谓"疑难案件"(Hard Cases)。但笔者所要指出的是,这至少不是德沃金意义上的"疑难案件"。[1] 因此,德沃金关于"疑难案件"求解的分析可能不一定适合于此。笔者也认为以我国现有司法运行条件及环境并不一定能完全解决"尼江问题"。值得我们深思的是,"尼江问题"并不只是一个孤立的个案,可能还有不少类似的案件。那么从司法角度看去,问题的出路何在?是否可以通过对当下基层法院的部分改造而达致问题的解决?

德沃金至少在他的《认真对待权利》《原则问题》《法律帝国》[2] 等著作中都讨论过"疑难案件"的问题。如果说德沃金所说的"疑难案件"主要关心的是法律漏洞的填补及法官造法的有关争议,那么"尼江问题"则并非如此。首先,在这里,法律是清晰的,事实也是清晰的,但据此生成的裁判却是"另类"的。或者,它的裁判是另有"含义"的。原因是,这种裁判某种意义上并不是一种"依法裁判",而是为了考虑社会的某种现实需求(社会稳定)——维护民族团结、宗教信仰自由等而做出的。换言之,这一裁判结果是法律/司法同社会现实相互妥协的结果,但这种妥协

---

[1] 参见季涛《论疑难案件的界定标准》,《浙江社会科学》2004年第5期;韩新华《试析德沃金的疑难案件理论》,《东方论坛》(青岛大学学报)2003年第1期。

[2] See Ronald M. Dworkin, *Taking Rights Seriously*, Cambridge, Mass.: Harvard University Press, 1977; *A Matter of Principle*, Cambridge, Mass.: Harvard University Press, 1985; *Law's Empire*, Cambridge, Mass.: Harvard University Press, 1986.

不是发生在立法阶段,而是发生在司法、执法领域。从另一个角度来看,这也是国家法律无法完全回应社会现实的表现——制定法并不能在当地社会发生完全的效果;或者,即便是强制性的实施,也并不能实现根本的目的。在这个意义上,笔者同意"法律是文化的组成部分,具有文化生命"这一观点。①

问题的关键是,我们可以接着以某种研究方法,比如人类学的方法,来描述藏区基层法院的民商事审判过程,并较为细致地指出其相对于标准民商事审判的差异性。但是,当我们发现这里的民商事审判偏离或者误解了本来的国家法时,是怀疑制定法的准确性、涵盖性,或者法律的局限性,还是考虑这些地方的特殊性?更进一步,如果我们选择的是后者,即在地的特殊性,那么我们又该如何去做?换言之,我们该如何来安放这种特殊性?② 司法的统一到底是在哪一个层面来讲的?换言之,我们能够描述出个体,也能够发觉个体之间的差异,但是如何在一个整体的层面上处理问题,却不时陷于困困中。正所谓:"法律表达了特定社会群体的观念,但却认为权威是一个作为整体的社会法律——一些法律,被赋予和正当化为'所有人的法律'。"③

如何"区别"。一种思路是在国家法的基础上再制定一些尊重在地社会的法,比如我国法律所规定的少数民族地区对国家法的变通适用。但问题是,如果在地社会对法律这样一种社会调控、纠纷解决方式根本就不认可呢?另一种思路是巡回审判,进行衡平。如果这种正面的硬性区分变得十分机械和为难,那么是否可以从一个更长远的角度,比如法律的作用去思考?易言之,如果我们接受正义之追求作为法律/司法的最高追求,我们是否就可以将正义之实现作为司法统一/统一司法变通的脚注?当然,这都是在法律与司法的框架内来分析问题。这又回到了本书一开始就提出的问题,"尼江问题"的解决中,法律及司法的"缺位"是因为法律及司法本身的原因吗?申言之,我们有没有必要通过法律地理学或者法律与空间的研究思路,来调整我们的司法,特别是占据我国司法裁判主要部分的

---

① 参见於兴中《法理学前沿》,中国民主法制出版社,2015,第12页。
② 这还不包括那些"无须法律的秩序"。
③ 〔英〕罗杰·科特瑞尔:《法理学的政治分析:法律哲学批判导论》,张笑宇译,北京大学出版社,2013,第222页。

基层法院司法？或者，纠纷的解决并不一定全部要垄断在法律及司法的框架内，而是可以根据不同的形势采取灵活的方法。对于后者，是否就是对法治理想的折损呢？

第四章

观念:"个体"意义上的基层法院

从造就人的那种曲木，无法造出完全直的东西。

——〔德〕康德*

引 论

在现代政治国家的框架下，法律在整个社会中占据着非常核心的位置，是故司法的地位也非常重要。在这一背景下，人们在对法律的信仰和司法的崇拜之余，无不对司法权力的运作表现出极大的关切——谨防权力的滥用以及由此所造成的对正义的损害。亦很少需要将法院作为一个拟人化的个体专门主张其权利，而是较多突出其义务与责任。在这里，笔者希望暂时搁置这一问题。在第二章、第三章笔者已经通过个案对纵向法院结构中的基层法院以及深嵌于现实社会平面中的基层法院司法能力不足的状况予以描述。这些问题连同有关司法腐败等一同构成了基层法院司法的一个侧面，然而正如笔者在其他地方所指出的，基层法院也有很多自身的苦衷。

同时，基于之前笔者对基层人民法院的某种思考——这主要是指笔者将基层法院视为整个法院金字塔体系的塔底以及对基层法院并不纯粹的日常生活的考量，笔者倾向于对基层法院做一种"个体"意义上的思考。至少从表面上看去，当前的基层法院个性或者独立意志的体现还比较弱。这不仅对司法正义的实现而且就整个法院体制的理顺都产生了一定影响。

长期以来，甚至可以说自新中国成立以来，我们都缺乏一个很明确的关于司法的定位。尽管从外表上看去，我们对司法的定位是非常清晰的，而且"法院"一词都加了特别的前缀"人民"。但现实是，近年来的一些贪腐案件严重地损害了司法的公信力，以至于从内到外——当事人的上

---

* 〔德〕康德：《康德历史哲学论文集》，李明辉译，联经出版事业公司，2002，第13页。

访、法院的腐败都成了司法自身的问题,同时由于作为司法结构桅杆顶尖的最高院在司法政策上频繁调整,中国的司法机关既难于充分体现其作为专门裁判机关的职业和专业特性,又在国家的整体政治架构中缺乏存在感。

"在近年来的司法改革和能动司法实践中,各地法院的司法创新层出不穷,但这些司法创新基本上属于政治性和法外工作方法上的能动司法。就其结果而言,无论在改善法院的政治地位方面,或在提升司法公信力方面,均收效甚微。事实上,一个不能彰显专业性和职业自律品格的司法权不但不能得到政治权威的尊重,亦无法获取普通民众的肯认。"①

本章的目的并不是要继续探讨包括基层法院在内的司法机关的定位困境,而是想"反思法院一直以来对司法困局的破解路径,并探寻当今中国司法价值的本质依托之所在"。② 笔者认为如果是从司法机关自身的角度看去,成为这样一个被动的角色非其所愿,它们也很想实现自己作为裁判机关的社会尊荣。只是由于种种原因及社会条件使得法院无法或不能全身心投入自己位置与形象的正常确立和塑造上,而呈现出现在这种"四不像"的状态。

笔者的观点是,我们需要首先将这些法院视作一个"个体"。坦率地说,突出"个体"的意义,在当下的中国特别容易引起争议。即便在西方,以"个体"作为逻辑起点的哲学也不是能包打天下的,同样充满种种争论。③ 笔者之所以还是要把它单列出来,套在基层法院的运行基础上,并不是说笔者有多么迷恋这一哲学原理及其制度结果,只是想突出基层法院自己的主体地位,进而拉动整个司法体制及机制的调整。至少,如果我们能够意识或认识到"个体"的意义,那么就会看到个体的存在价值,进

---

① 参见张榕《对地方法院司法创新之初步反思——以"能动司法"为叙事背景》,《法学评论》2014 年第 4 期。
② 参见张榕《对地方法院司法创新之初步反思——以"能动司法"为叙事背景》,《法学评论》2014 年第 4 期。
③ 相关研究参见〔法〕路易·迪蒙《论个体主义:人类学视野中的现代意识形态》,桂裕芳译,译林出版社,2014;孙帅《神圣社会下的现代人——论涂尔干思想中个体与社会的关系》,《社会学研究》2008 年第 4 期;等等。

而会尊重它的呼声和选择。① "对个人的尊重是个人主义的根本意涵，单个的人具有至高无上的内在价值或尊严，这是个人主义的根本信念。"② 尽管当前这样思路的展开还是有很大障碍，但我们看到新的政治环境给了这样的发展空间。一如有学者所言："本轮司法改革由最高决策层以顶层设计方式启动，意味着权能、资源和责任将在法官、检察官等微观的主体层面重新分配……决策者推进司法改革应当是出于某种政治决断，改革的内容指向'审判独立'，其归结可能是促使'司法独立'的进一步实现。"③

惯常意义上，"个体"主要指的是人（person），而较少指一个机构（institution）。④ 但在本书，笔者认为还是很有必要将基层法院自身作为一个"个体"来研究。⑤ 这既是对其存在现状的一种考察，也是对我国法院体制从

---

① 总体上，"个体"在本书中的实质意义除正文所阐述的诸理由外，主要还是偏向思想史层面（有关思想史的最近讨论可参见黄进兴、李孝悌、葛兆光《黄进兴、李孝悌、葛兆光谈思想史研究的趋向》，《东方早报》2015年11月1日，第B02版）。对这一问题的思考可以是多方面，比如历史的视角、社会的视角、制度的视角等。在历史方面，这比如对中国古代、近现代、当代的研究，相当多的研究都对这一问题有非常深入的探讨，这比如钱穆、黄仁宇、许纪霖、萧公权、李泽厚、葛兆光等的研究；在社会方面，则主要突出的是个体于社会中的实际地位和情状，本书有关基层法院的研究所偏向的即是这一角度；而在制度层面，这主要涉及的是中西的比较。在今天，这一问题的重要，不仅在于清末以来中国社会的巨大变化，特别是马克思主义传播以来，中国共产党领导的新民主主义革命胜利，并建立社会主义新中国后所带来的我国社会的变化，另者则是在今天的世界大潮中，来自自由主义和马克思主义在意识形态上的分歧。另见郑杭生、江立华《论中国古代个人与社会关系的思想》，《中南民族大学学报（人文社会科学版）》2004年第4期；李浩《儒家思想流变对中国古代个体意识变迁的影响》，《池州学院学报》2014年第4期；夏伟东、李颖、杨宗元《个人主义思潮》，高等教育出版社，2006；顾红亮、刘晓虹《想象个人：中国个人观的现代转型》，上海古籍出版社，2006；王人博《法的中国性》，广西师范大学出版社，2014；等等。
② 周枫《个人主义：现代政治思想冲突的一个焦点》，载王焱主编《社会理论的两种传统》，生活·读书·新知三联书店，2012，第279页。
③ 参见王亚新、李谦《解读司法改革——走向权能、资源与责任之新的均衡》，《清华法学》2014年第5期。
④ 这一研究思路亦是受德沃金有关"社群人格化"（community personified）研究的启发。参见〔美〕R. 德沃金《法律帝国》，李冠宜译，时英出版社，2002，第176页以次。
⑤ 邓正来在研究哈耶克的个人主义理论后指出，"从总体上讲，哈耶克在这个方面做出的最大贡献乃是这样一个洞见，即个人主义所提供的乃是一种社会理论，而不是一套有关孤立个人的权利主张或者任何一套有关个人性质为一理性体的假设"。参见邓正来《规则·秩序·无知：关于哈耶克自由主义的研究》，生活·读书·新知三联书店，2004，第19~20页。See also F. A. Hayek, *The Constitution of Liberty: The Definitive Edition*, Chicago: University of Chicago Press, 2011, especially chapter 1. 其他的文献尚有王启梁、高思超《个体崛起的社会与法律后果：解放、断裂与多元的挑战》，《思想战线》2013年（接下页注）

某种方法论意义上的一种反思。概而言之，这里的"个体"，首先是指某一具体的基层法院；其次，在偏向哲学的意义上，基于对基层法院存在现状的某种考量——很缺乏独立"个体"的必要自由意志，并没有真正体现出其作为一级司法机关的应有品格，而有强调个体意志的重要性。① 本书的重心也在第二个层面，目的在于对目前我国整个法院科层体制的反思。在这一科层化的行政式的机制中，基层法院的作为层层遮掩在种种"条条块块"中，其意志不得舒展。特别是考虑到当下基层法院多处于各种"集体"的包裹中，由此是否可以从各种或具体或抽象的集体实在与意识形态中跳脱出来？但本书并不想从此入手，而是想通过其他途径。比如，一种政治哲学的思路，探求一种理想的基层法院司法运行模式②或者尽量通过一些途径修正、弥补现有体系所可能造成的弊端。③ 而无论是对一种良好模式的期待还是种种修正措施都是出于一种达致司法正义的愿望。

（接上页⑤）第 5 期；〔美〕詹姆斯·S. 科尔曼：《社会理论的基础》（上），邓方译，社会科学文献出版社，2008。

① 麦克法兰认为个人主义（individualism）有两层意思："英格兰作为一个整体，它与欧洲其余地区不同，甚至与苏格兰也不同，所以它的行为是'个别的'和独特的……第二层意思着眼于单一的个人层面……与团体和国家相比较，个人享有更大的权利和特权"。尽管麦克法兰的界定是针对英格兰的，但它对本书仍有启发意义，即它可以对应于本书的主题。具体而言，在第一个层面，笔者已经在本书第一章中的"西北基层法院的司法问题"及"基层法院司法的西北问题"部分做过阐述；在第二个层面，笔者是想在基层法院的条条块块限定中找出它独立的一面来，以使它的声音能在司法的世界里得到更大的呈现。参见〔英〕艾伦·麦克法兰《英国个人主义的起源》，管可秾译，商务印书馆，2008。另外，笔者认为"个体"与"作为个体"这两个概念是有区别的。这主要是看在原初状态上就是分立出来的个体，还是之后在群体中因某种需要，比如研究论述的方便而假设的理论框架。本书论及"个体"，这不仅是要讨论他与"群体"之间的关系，还要讨论个体之于社会制度完善的价值。另见〔德〕乌尔里希·贝克《风险社会：新的现代性之路》（张文杰、何博闻译，译林出版社，2018）特别是第五章。

② 此处受罗尔斯有关"良序社会"（well - ordered society）构想的启发（See John Rawls, *A Theory of Justice*, Revised edition, Belknap Press, 1999）。不过或许永远都不存在这样的理想模型。笔者以为，如果不是在非常绝对的意义上来讨论问题，那么是可以有一个这样的"理想模型"的。只不过在社会的不断发展变化中，相应的司法结构也随之调整变化，甚至是改变了之前的司法模型。但这并不应成为以长时段历史过程来否定瞬时历史制度安排的理由。笔者注意到，在《中共中央关于全面推进依法治国若干重大问题的决定》（2014 年 10 月 23 日）中，于第四部分"保证公正司法，提高司法公信力"，下面分列"完善确保依法独立公正行使审判权和检察权的制度""优化司法职权配置""推进严格执法""保障人民群众参与司法""加强人权司法保障""加强对司法活动的监督"等六个子部分。

③ 这受到阿马蒂亚·森（Amartya Sen）的启发，具体内容将在本书第五章展开。See Amartya Sen, *The Idea of Justice*, Cambridge: Belknap Press of Harvard University Press, 2009.

一 对"个体"的解释

"不同的泥土会塑造出不同的意识形式,即使是相同的观念,也必须透过不同的表达方式始能进行沟通。而法律碰巧是一种观念性的存在。"① 本书对个体意义上基层法院的理解主要分以下三个层面。首先,笔者将我国四级法院体制中的基层法院整体看作一个全体,亦即一个最大的"个体"。进而结合本书的整体论述方向,笔者将西北地区的基层法院看作一个较大的"个体"。最后,则是指非常具体的每一个作为个体的基层法院,比如本书多有讨论的 S 省 H 县人民法院。

如前所述,"个体"基本都是指向单一的"人"本身。这在康德那里尤为核心,"人,一般说来,每个有理性的东西,都自在地作为目的而实存着,他不单纯是这个或那个意志所随意使用的工具"。② 突出"人"作为"个体"的存在,这又与个体的权利密切相关。一定意义上,个体权利的充足与否又与个体所得享的自由呈某种正比例关系。换言之,个体的自觉及其个性的伸展与自由及权利相一致。③

以上论证思路也多见诸西方国家的政治及哲学思想。④ 对韦伯而言,

---

① 颜厥安:《法与实践理性》,中国政法大学出版社,2003,代序。
② 〔德〕伊曼努尔·康德:《道德形而上学原理》,苗力田译,上海人民出版社,2012,第36页。
③ 〔英〕约翰·穆勒:《论自由》,孟凡礼译,广西师范大学出版社,2011,第74~75页。〔美〕迈克尔·沃尔泽:《正义诸领域:为多元主义与平等一辩》,褚松燕译,译林出版社,2002,序言(第7页)。"通过增加权利来做出的对正义的全面解释或对平等的辩护的努力,不久就会使所增加的权利变得毫无意义。说人们有权拥有我们认为他们有权拥有的任何东西,等于什么也没说。男人们、女人们确实除了生命和自由还有别的权利,但这些权利并不源自我们共同的人性,而是来自共享的社会物品观念,它们在特性上是局部的、特殊的。"
④ 在哲学上,很值得注意的是黑格尔的思想。参见〔德〕弗里德里希·黑格尔《精神现象学》,先刚译,人民出版社,2013。此外,将有关"个体"之边界由"人"扩展至"机构"也主要是从"精神"层面来讲的。就本书而言,为突出个体之价值与意义,尽管笔者并没有专门去讨论一个颇为有力的关键词"市民社会",但其确实值得思考。而这对于黑格尔所讲之"市民社会"的反思就显得很重要,这不仅是因为黑格尔提出了这一概念,并给予了系统阐述;还在于如何去解释"市民社会"这一术语背后代表的基本理念同后世对黑格尔巨大争议(误解)间的张力。参见〔德〕黑格尔《法哲学原理:或自然法和国家学纲要》,范扬、张企泰译,商务印书馆,1961,第197页以次(《法哲学原理》,邓安庆译,人民出版社,2017,第328页以次);另见薛华《薛华论黑格尔〈法哲学〉》,豆瓣网,https://www.douban.com/group/topic/3751168/,最后访问日期:2019年10月26日。

至少在其社会思想中,也只有个体才具有真正的意义。因为在他的方法论下,韦伯对"社会学"有其专门定义,即"社会学……是一门科学,其意图在于对社会行动进行诠释性的理解,并从而对社会行动的过程及结果予以因果性的解释"。而"行动,从行为主观可理解的方向来看,只存在于当它是一个或更多个个人行为时"。① 尽管韦伯也为这种个人给出了一些补充性的说明,比如"为了其他的认知目的——例如,法律的——或实际的目的,则从另一方面来说,可能是方便甚至是不可避免地会将社会的构成体,像政府、会社、股份公司、基金会等,视同如个人般地来对待,譬如作为权利义务的主体或与法律有关行动的当事人(如'法人')",但"这些集体构造必须被视为只不过是特殊行动的组织模式和结果,因为这些个人是主观可理解性行动唯一的承载者"。②

在这一前提下,如果我们还继续将专门指涉"人"的"个体"这一概念移用至基层人民法院这一整体的话,似乎出现了理论上的一定紧张。但笔者以为,还是很有必要拓展关于"个体"的指涉对象,即由"人"扩展至"机构"。其原因首先在于中西所面临的理论语境并不一致。长期以来,我国是很缺少这样的"个体主义"的。③ 我们的潜意识或者习惯是向内的吸纳、向中心的集中——向心力;而不是将个体扩散出去、分散开来。这后一种情形总是被批评为"一盘散沙"。上纲上线的话,总以为这牵涉"人心向背"问题。而且也将这视为一种亚文化,或者边缘性的、游离于体制外的存在。其次,当包括基层法院在内的司法公信力越来越成为一个亟待解决的核心问题时,④ 就有必要在不断从司法的微观运作及宏观指导之外,再寻求制度上的某些反思。而这种反思,笔者以为与基层法院自身的独立个性长期被遮蔽而得不到伸展有关。

作为官方对基层法院的一种宣传与肯定,我们已经很熟悉以下思路:

---

① 〔德〕马克斯·韦伯:《社会学的基本概念》,顾忠华译,广西师范大学出版社,2011,第20、34~42页。
② 〔德〕马克斯·韦伯:《社会学的基本概念》,顾忠华译,广西师范大学出版社,2011,第34~42页。
③ 杨贞德:《转向自我:近代中国政治思想上的个人》,生活·读书·新知三联书店,2012。更为系统与全面的研究参见许纪霖、宋宏编《现代中国思想的核心观念》,上海人民出版社,2011。
④ 习近平关于《中共中央关于全面深化改革若干重大问题的决定》的说明。

作为一种感人道德典范的基层法院。这些被宣传与报道的基层法院及其法官们的事迹无疑是非常感人的，但基本都是条件如何艰苦、当事者自身又面临何种困难，但是凭借一种信仰与品格，他们在平凡中做出了不平凡的事迹。笔者从来不去质疑这种报道的正面意义，但是在一个日益复杂的社会中，我们似乎更应考虑的是一种在体制上对事件的负责，我们所面对的更多是批量的事务，而很难再树立这样极个别的典型。换言之，我们需要反思的是基层法院及其法官的工作场景、环境如何才能改善；同时，我们为什么会让生活那样艰难的一个法官在勉力承担他所难以承受的繁重事务的，等等。借此笔者以为有必要将我们对基层法院及其法官的影响及理解从某种思维定式中解放出来，而是以一种更为开放、更能适应现代社会的方式去定位。

　　从"作为个体的基层法院"这一思路切入，意在表明当下司法受到了过多的司法外因素的牵制、影响，以致司法权的正常行使都变得困难。① 将个体作为一种方法，这主要是为了突出个体的精神、地位和作用，要给予个体充分的尊重，个体不是附属的，也不是从属的。在这一思路下，法院及其法官不仅仅只有一个整体的群像，我们还能进一步看到如西北的基层法院及其法官、Y市中院及其法官、H县法院及其法官等这样更为具体的法院及其法官的个体形象。同时，这也是为了构建一种更为开放而不是封闭的基层法院结构。申言之，这种思路上的调整首先是对社会现实的一种回应。可以很明确的是，伴随我国越来越深入的改革开放，市场经济的本质效应（其自身所具有的特点）愈加放大化。中国将不只是中国自己的中国，而是世界的中国。于此，中国制度建设的思路亦将更为国际化。由此我们也看到，一些曾经被视为最坚固的制度与做法，正渐次发生变化。向更为世界的或者更为文明的方式发展。这不仅是目前所讲的"倒逼"，也是对路径依赖的某种克除。同时这也是对那些将司法中某些普遍性的常识与某种意识形态僵硬联系起来的做法的回应。其次，这主要是考虑到社会的纷繁与基层法院弹性的不足。

---

① 这主要是指所谓司法的地方化与行政化以及由此而导致的基层法院司法对司法规律的偏离。当然有观点并不赞同司法地方化的问题，认为目前我国司法中的最大问题是司法行政化。

欧阳静说，"乡镇的独特性在于其位于官僚体制序列的末梢，既要应对一个自上而下的官僚体制和压力型体制，又要面临一个具有乡土性的乡村社会"①。尽管这是对基层乡镇政权运作逻辑的一种解释，但无疑这对基层法院的运行也有一定的解释力。

这是能够调整和改变的吗？"个人主义"的论证模式似乎在这里遭遇到了很大的张力，用这一理论来解释中国的问题，总有一种文不对题的困惑。其关注点并不是我们所面对的，我们所面对的还是问题的外围，尚未进入其内部。是故，难道必须将我们的思路引入该问题吗？或者说，我们的制度发展必然要经过这一途径吗？悖论是，问题的求解可能要依此路径而行，但我们却又陷入新的矛盾之中。

二　我们需要什么样的司法权？

（一）中国语境下的"司法－政治"问题

司法与政治的关系问题无论对于研究司法理论的学者还是研究政治学的学者永远都是经典命题。② 在我国当下的语境中讨论这一问题，很大程度上还有这样一层困惑，即我国的司法权尚未形成自己的独立风格。某种意义上，司法不仅受到国家政治结构的多方面掣肘，而且其运行也不时体现出很强的如行政机关一样的特点。③ 然则，这不仅不能得到改革派的认

---

① 欧阳静：《策略主义：桔镇运作的逻辑》，中国政法大学出版社，2011，第8页。
② 笼统地看，司法－政治关系的考察可以从两个层面来展开，即实践的层面与理论的层面。而在理论层面的一条路径就是考察国家整体政治框架中法律、司法的具体位置及地位。这方面的著作在域外可参考"剑桥政治思想史"（The Cambridge History of Political Thought）系列（部分已有中译，如〔美〕J. H. 伯因斯《剑桥中世纪政治思想史》，程志敏等译，生活·读书·新知三联书店，2009；〔英〕克里斯托弗·罗、尔科姆·斯科菲尔德《剑桥希腊罗马政治思想史》，晏绍祥译，商务印书馆，2016；〔美〕特伦斯·鲍尔、〔英〕理查德·贝拉米《剑桥二十世纪政治思想史》，任军锋、徐卫翔译，商务印书馆，2016；等等）；中文类则可参见萧权、李剑农等的作品（如萧公权《中国政治思想史》，商务印书馆，2011；李剑农《中国近百年政治史》，商务印书馆，2011）。另见阎小骏《当代政治学十讲》，香港中文大学出版社，2016，第120页以次。
③ 参见张卫平《民事诉讼法学的贫困化分析》，收于张卫平《法学研究与教育方法论》，法律出版社，2017，第54～56页。或许一种更有想象力的描述是，司法－政治之间是一种"相互纠缠盘绕"的关系，这一思路受所谓"莫比乌斯带理论"（Möbius strip）的影响。参见〔美〕林·亨特《法国大革命中的政治、文化和阶级》，汪珍珠译，华东师范大学出版社，2011，第3页。

可，最关键是在实践中也不断遭遇低公信力的负面评价。20世纪30年代贺麟先生曾在报纸撰文指出："法律之于政治，犹如文法之于语文，理则之于思想。不合理则或不合逻辑的思想，只是主观的意见感觉，不成其为系统条理的思想。没有文法的语文，决不能正确传达思想，宣泄情谊，即不成其为传久行远的语言文字。没有法律的政治，就是乱政，无治，即无有组织、不能团结、未上轨道的政治。"① 即便如此，直到今天，对这一问题的思考仍在继续。

1. 国内司法-政治关系研究的主要观点

对任一践行法治的国家而言，都会面临如何协调司法与政治的关系问题。有观点认为当前我国司法的种种弊病以及由此而致的司法公信力不足主要源于司法之外的因素影响，似乎中国的司法真的无法从法外因素的遮蔽中伸展开来。有些困惑的是，尽管已有的研究几乎穷尽了所有的修辞、逻辑以论证司法与政治等法外因素的区别与不同，但那些被论及的问题似乎并非根本解决之道。足见，司法与政治等的关系在我国仍需要进一步思考和研究。②

就我们目力所及，目前国内外有关"司法-政治"关系的研究呈现出非常有意思的一种对比关系，即在中国费力地解决司法的去政治化（De-politicising the Judiciary）的同时，③ 大多数法治发达国家又在激烈地辩论司

---

① 参见贺麟《文化与人生》，商务印书馆，2015，第47~53页。
② 日本法哲学教授田中成明的观点颇值得注意，田中指出："法律家总是不折不扣地接受严格区分法与政治之类的司法非政治、具有中立性的法治思想体系，两者选择其一地比较审判的纠纷解决和政策形成功能，以前者为审判的正统功能、后者为非正统功能的二分法模式去把握，往往会对政策形成功能抱有不适感和抗拒感。但是，在现代政治社会的动态中，纠纷解决过程和政策形成过程相互存在着较大幅度的重合；审判的政策形成功能也有很多可以作为纠纷解决功能变形或者扩大来理解的侧面。应当说，这两种功能的区别终究是相对的、流动的。""在就审判政策形成功能进行政治社会学分析时，不要采用将审判过程理解为非政治性、中立性的法过程的法治主义思想，应当把这一思想本身的政治功能也作为批判考察的对象，将法院定位于与议会和政府相并列的担当国家政治一翼的政治机构，按其存在状况去分析法院在政策形成过程中整体发挥的政治性作用……"参见〔日〕田中成明《现代社会与审判：民事诉讼的地位与作用》，郝振江译，北京大学出版社，2016，第239、262~263页。另外值得注意的是卢曼关于"政治"与"法律"边界划分上"宪法"所起的作用。参见〔德〕卢曼《社会的法律》，郑伊倩译，人民出版社，2009，第247页以次。
③ 钟瑞庆：《司法与政治——"转型期法治"全国研讨会综述》，《法制与社会发展》2010年第3期。

法政治（Judicial Politics）的问题。如前所述，有关中国司法的研究，即便不是全部可归结到政治层面，也可部分或主要地回归到关于政治的讨论。大略梳理这些研究，如果用一把标有清晰博弈刻度的尺子来比喻的话，其中的研究主要还是在论证司法在国家政治体制中的准确定位；相应地，有关政治等因素又应止于何处。概而言之，有以下几点。

（1）对中国当前司法的定性。这往往与对中国的整体法治状况的评价联系在一起，有学者认为中国司法乃是一种"法律实力主义"；① 还有观点认为是"国家法制主义"。② 更多的表述认为这是一种有中国特色的社会主义司法制度。③

（2）司法的政治属性与独立行使司法权的关系。这不仅是诸多研究倾力最多的内容，也是国家正式报告反复提及的问题。可以想见，司法与政治的分界（sphere）这一问题必将而且还将继续是一个核心的问题。④

（3）司法与政党（党的领导）的关系。这一问题在中国的语境下尤为特殊。这些研究主要集中于讨论"当代中国政治，特别是中国共产党的政策，对司法的影响"。⑤ 2019年1月，中共中央印发了《中国共产党政法工作条例》。

（4）基于个案司法过程的"政治力学"研究。这些研究旨在揭示中国的司法改革要走向深入，就不能仅仅停留在一些关于基本原则的初级争议阶段，而是要认识到问题的复杂性。⑥

（5）一种整体思想史或者观念史的研究。比如有关政法传统、人民司法（群众路线）等的研究，以此来解读中国司法与政治关系的特殊历史

---

① 林来梵：《论法律实力主义》，载高鸿钧主编《清华法治论衡》第18辑，清华大学出版社，2013。
② 於兴中：《走向并超越法治》，《财经》2013年第32期。
③ 顾培东：《当代中国法治话语体系的构建》，《法学研究》2012年第3期。
④ 程竹汝：《司法改革与政治发展》，中国社会科学出版社，2001；房宁等主编《中国政治发展报告（2013）》，社会科学文献出版社，2013。
⑤ 苏力：《中国司法中的政党》，载苏力主编《法律和社会科学》第1卷，法律出版社，2006。
⑥ 孙笑侠：《司法的政治力学——民众、媒体、为政者、当事人与司法官的关系分析》，《中国法学》2011年第2期；王启梁：《法律世界观紊乱时代的司法、民意和政治》，《法学家》2012年第3期。

面相。①

2. "司法-政治"关系在我国的主要矛盾

在当下中国讨论司法与政治的关系究竟有哪些必要？又究竟该如何平衡二者的关系？在一定意义上，至少在目前，司法与政治关系的探讨被视为一个敏感问题。这倒不是说这一问题不能谈，也不是说在中国司法同政治的关系就是不言自明的。而是说，在不同的立场之下，各人所认为的关于司法与政治关系的内容不尽相同，甚至是有相当的差异。一种担心是，在中国讨论司法同政治的关系，特别是其中的"司法独立"，便容易被误认为是要实行西方的三权分立、要否认或削弱党对司法的领导。②但现实地来说，抛开意识形态及根本政治制度立场上的不同，只要中国实行法治，就需要检讨这一问题。笔者也认为如果我们还是胶着于旧有的某些思维逻辑，比如将司法与政治的关系置于一种狭义的对抗状态，那么这将很难对问题的解决产生实效。

可以肯定的是，司法与政治的关系并不是既定的、不变的，而完全能够有多种不同的样态。只是其中问题的核心在于是否必然要将司法与某一种特定的政治立场绑定起来。③笔者的观点是，这还是要看正在运行的关于司法与政治关系的架构是否能够实现司法正义。如果答案是否定的，那么就需要进一步优化。因为司法与政治关系的良性互动是法治国家的重要基础。概言之，司法与政治关系的判断标准是司法是否真正促进了公正的实现，而非其他。而我们的司法在实现公正、正义上的作用如何呢？习近平在《关于〈中共中央关于全面深化改革若干重大问题的决定〉的说明》

---

① 林端等：《司法、政治与社会：中国大陆的经验研究》，翰芦图书出版有限公司，2012年。
② 有学者将这一担心及其背后的理路归结为"中国的法治-稳定悖论"。See Benjamin L. Liebman, "Legal Reform: China's Law—Stability Paradox", *Daedalus: Journal of the American Academy of Arts & Sciences*, Vol. 143: 2 (2014): 96-109. 另见范明志《中国国情为何不允许照搬西方司法独立》、李晓梅《百年探索才找到中国特色法治道路》、午言《保持头脑清醒，决不落入错误思潮陷阱》，均载《人民法院报》2017年1月17日，第2版。亦见卢震《鼓吹错误思潮危及国家政治安全》、冉小毅《对错误思潮亮剑是我们的历史使命》，均载《人民法院报》2017年1月18日，第2版。
③ 申言之，完全将一国的司法同政治架构脱钩与将司法的运行全部解释进政治的框架，这都不可取，它们是两个极端。一如后一观点对前一观点的批评一样，后一观点在说服力上也还是欠缺力度，这从近年一些学者发表的关于宪政及法治的观点所引起的质疑中就可以看出。

中指出,"司法体制是政治体制的重要组成部分。这些年来,群众对司法不公的意见比较集中,司法公信力不足很大程度上与司法体制和工作机制不合理有关"。在习近平《关于〈中共中央关于全面推进依法治国若干重大问题的决定〉的说明》中,更是指出"当前,司法领域存在的主要问题是,司法不公、司法公信力不高问题十分突出"。

在问题的解决上,以前述十八届三中全会、四中全会的《决定》为中心,包括最高人民法院在内的国家司法机关正在展开一系列的改革举措。但是,有别于这些措施,从学理上还是能够对这一问题再做一些反思。一言以蔽之,尽管司法与政治不可能绝对两立,但却畛域分明。虽然司法有其政治性,但这并不等于司法完全附庸于政治,也不等于司法要"越俎代庖"地行使政治权力,特别是政府的部分职能。司法政治职能的有效发挥,必须是通过相对超然于政治的司法运作机制来实现的;而政治特别是执政党的执政理念及纲领也将更多地通过立法来实现。

由此可见,我国的"司法-政治"关系问题是多重语境和交错关系混合的产物——司法-政治关系具有多维的力道秩序,比如司法权形成与运行中的党的领导、政治体系中行政权对司法权的挤压等方面。对于司法-政治之间的复杂关系,达玛什卡在其名作《司法和国家权力的多种面孔:比较视野中的法律程序》中另辟蹊径,做了深入的阐述。[1] 当然,问题的解决也不可能一蹴而就。这既需要我们前瞻性的创新思维,也需要我们不断返回过去,了解并理解我们制度发展的历程。笔者以为还是很有必要回归到另一个更根本的问题,即中国司法中的"政法传统"。

(二) 中国司法的政法传统

1. 域外学者眼中的中国司法

一如有学者所言,"'政法传统'常被作为我们现实生活中诸多法律现象背后的体制背景与运作逻辑。"[2] 围绕中国司法的"政法传统"已经形成了相当数量和质量的中文文献——或肯定或质疑,这些文献从历史演进、

---

[1] 〔美〕米尔伊安·R. 达玛什卡:《司法和国家权力的多种面孔:比较视野中的法律程序》,郑戈译,中国政法大学出版社,2015。

[2] 参见刘全娥《陕甘宁边区司法改革与"政法传统"的形成》,博士学位论文,吉林大学,2012;亦见刘全娥《陕甘宁边区司法改革与"政法传统"的形成》,人民出版社,2016。

制度发展、现实进展等多方面对这一问题进行了透视。① 尽管如此,"政法传统"的内容究竟是什么,还是很难界定的。刘全娥在她的研究中,归纳了"政法传统"的四个层面。②

其一,党与国家权力的关系上,党居于领导地位。其二,国家权力结构的形成与运作原则,侧重于不同权力之间的分工合作。其三,党与法律的关系上,立法与司法均须服务或服从于党为国家社会规划的目的(为党和国家的中心工作服务)……其四,体现人民利益的法律须服务于民。

本章打算从其他角度出发,以对这一问题再做一补充性论述。一般情况下,我们都接受中国司法制度同欧美等西方国家有一定差异。③ 由此,很自然的一个问题就是域外学者如何看待中国的司法制度。就笔者的阅读范围以及本章的篇幅,本书将这一问题化约为他们对中国法律、司法的理解和认识④。如果我们不是以一种过分的想象甚至是假想来看待这些作品的话,是能够从中看到一些洞见与新思路的。⑤ 某种意义上,他们对我们的法律与司法的理解程度并不一定弱于我们;反过来,这也超过了我们对

---

① 参见刘全娥《陕甘宁边区司法改革与"政法传统"的形成》,博士学位论文,吉林大学,2012;徐亚文、邓达奇《"政法":中国现代法律传统的隐性维度》,《河北大学学报(哲学社会科学版)》2011年第5期;左卫民、何永军《政法传统与司法理性——以最高法院信访制度为中心的研究》,《四川大学学报(哲学社会科学版)》2005年第1期;李冠儒《政法传统与新中国"政法场域"的解读》,《社会科学战线》2014年第6期。另外,周永坤、童之伟、何永军、刘忠、侯猛、陈洪杰、刘练军等学者都有对"政法传统"不同侧面的细致研究。参见何永军《断裂与延续——人民法院建设(1978—2005)》,中国社会科学出版社,2008;刘练军《司法要论》,中国政法大学出版社,2013;刘忠《"党管政法"思想的组织史生成(1949—1958)》,《法学家》2013年第2期;侯猛《"党与政法"关系的展开——以政法委员会为研究中心》,《法学家》2013年第2期;侯猛《当代中国政法体制的形成及意义》,《法学研究》2016年第6期;陈洪杰《人民如何司法:人民司法的政治哲学反思》,《华东政法大学学报》2015年第1期;等等。
② 参见刘全娥《陕甘宁边区司法改革与"政法传统"的形成》,博士学位论文,吉林大学,2012,第25~26页。
③ 域外(美国)学者等基于这种差异对中国法律/司法方面进行判断的一部著作可参考〔美〕络德睦《法律东方主义:中国、美国与现代法》,魏磊杰译,中国政法大学出版社,2016。
④ 这也包括对中国传统法律的研究,这方面已经有相当多的文献(特别是在法制史领域)翻译引进了中国。比如中国政法大学法律史学研究学术系列之"海外中国研究译丛"。
⑤ 参见徐爱国主编《无害的偏见:西方学者论中国法律传统》,北京大学出版社,2011。

他们法律和司法的研究深度。① 大体而言，国外主要是美国学者对中国法的研究大致是从 20 世纪 60 年代开始，后来至中国对外开放就逐渐多起来，再后来到今天随着中国经济的发展、国家的开放和对外交流的加深，自然还有有关法律实务的需要，中国法的研究已呈现出十分繁盛的气象。

要对这些尽管不能称得上浩如烟海，但数量也相当可观的研究成果进行梳理，事实上已经较为困难。② 不过应当区分的是，这些学者对古代中国法即法律史的研究与 1949 年以来我国司法研究的旨趣差异。苏亦工于 1996 年在《中外法学》发表的《当代美国的中国法研究》一文似乎是国内较早介绍这一领域研究状况的作品。③ 就笔者的阅读范围，英语世界对中国法/司法的研究还是在一个比较小的范围内，围绕一些主要法学家，比如孔杰荣（Jerome Alan Cohen）④、爱德华（R. Randle Edwards）⑤、陆思

---

① 经过多年的发展，国外学者对中国法的研究已经相当成熟。这些成果不仅涉及法律及司法研究的具体内容，还有一些是专门针对研究方法的。See Donald C. Clarke, "Methodologies for Research in Chinese Law", U. Brit. Colum. L. Rev. 30 (1996).

② 近期的一个研究可参见黄宗智《我们的问题意识：对美国的中国研究的反思》，《开放时代》2016 年第 1 期。作者指出，"我们需要破除过去对中国研究影响深远的非此即彼西方 Vs. 中国二元对立框架。我们应该返回我们研究的主题——中国——而由它的实际来塑造我们的问题意识。"2015 年 1 月 15 日，外交学院在其召开的"美国知华派与未来的中美关系学术研讨会"上发表了外交学院美国知华派专家评估项目组初步报告。

③ 参见苏亦工《当代美国的中国法研究》，《中外法学》1996 年第 5 期；苏亦工《另一重视角——近代以来英美对中国法律文化传统的研究》，《环球法律评论》2003 年春季号（均收入氏著《西瞻东顾：固有法律及其嬗变》，法律出版社，2015）；罗伟《北美的中国法律研究概况》，载张海惠主编《北美中国学——研究概述与文献资源》，中华书局，2010；吴天昊《西方学者视野中的中国法治进程》，《政治与法律》2011 年第 12 期；李秀清《中法西绎：〈中国丛报〉与十九世纪西方人的中国法律观》，上海三联书店，2015；《中国法律评论》2017 年第 5 期专栏"西方学者论中国法律传统"等。最近的关于域外中国法研究的一个文献梳理可参见 Ni He, Chinese Criminal Trials: A Comprehensive Empirical Inquiry, New York: Springer, 2014.

④ 孔杰荣被誉为"中国法研究教父"，他发表了一系列关于中国法研究的作品，比如 Jerome Alan Cohen, The Criminal Process in the People's Republic of China, 1949 - 1963: An Introduction, Cambridge, Mass.: Harvard University Press, 1968. 国内对孔杰荣的一些介绍可参见许传玺《杰·柯恩教授访谈录：中国法研究、法律改革及其他》，《环球法律评论》2002 年夏季号，第 184~189 页；《柯恩教授与中国法研究》，《人民法院报》2002 年 7 月 1 日；张冠梓访谈《中国创造了奇迹 中国带来了希望——访美国著名中国法研究专家孔杰荣教授》，载高翔主编《中国话语——中国社会科学报对话（2009—2010）》，人民出版社，2010。See also C. Stephen Hsu, Understanding China's Legal System: Essays in Honor of Professor Jerome A. Cohen, New York and London: New York University Press, 2003.

⑤ 参见刘仁文《爱德华教授访谈录》，《环球法律评论》2004 年春季号，第 55~59 页；於兴中《又见艾德华》，收于氏著《法理学检读》，海洋出版社，2010。

礼（Stanley Lubman）、安守廉（William P. Alford）、裴文睿（Randall Peerenboom）、李本（Benjamin L. Liebman）、葛维宝（Paul Gewirtz）[①]、明克胜（Carl Minzner）[②]、郭丹青（Donald C. Clarke）[③]、麦宜生（Ethan Michelson）[④] 等展开的研究。也有一些较多涉及中国法研究的刊物，如 *The Columbia Journal of Asian Law*（CJAL）[⑤]，*US-China Law Review*，*The American Journal of Comparative Law*，*The China Quarterly* 等。[⑥]

如果对这些域外中国法研究做一个最简单的小结，可以看到其与整体的海外中国学研究[⑦]，特别是当代中国研究进路大致相似。在改革开放以前，域外中国法研究者们主要是通过对中国发行的报纸、法学期刊的阅读[⑧]以及人物访谈来实现其研究目的；改革开放后，他们得以直接进入中国开展较直接的研究。而在这些年，中国与美国、欧盟等国家和地区的研究机构、政府机关已经有了越来越多的关于法律、司法方面的交流、研究计划与项目。

就这些研究的整体内容来看，很明显的是与中国的改革开放和经济发展有很大关系。伴随中国经济的高速发展、中国海外贸易的增长以及来华投资的增多，有关中国的国际法、民商事法律（知识产权、保险、金融、公司、担保等）、经济法（反垄断等）以及纠纷解决（仲裁）等方面都有了相当多的研究。而这在早期关于中国法律的研究中，最初主要是由海外

[①] See https：//law.yale.edu/paul-gewirtz，last visited on Oct. 29，2019.
[②] See https：//www.fordham.edu/info/23165/carl_minzner，last visited on Oct. 29，2019.
[③] See https：//www.law.gwu.edu/donald-c-clarke，last visited on Oct. 29，2019.
[④] https：//ethanmichelson.com/，last visited on Oct. 29，2019.
[⑤] 1987 年创刊发行时名为《中国法研究学刊》（*Columbia Journal of Chinese Law*），See http：//cjal.columbia.edu/，last visited on Oct. 26，2019。
[⑥] 除了正文中笔者所列举的这些研究中国法的重要作者外，更早期的像庞德（Roscoe Pound）、伯尔曼（Harold J. Berman）等亦有关于中国法的著作。1946~1948 年，庞德还曾担任中华民国政府的司法行政部顾问。（参见王健编《西法东渐：外国人与中国法的近代变革》，译林出版社，2020）不过比较遗憾的是，对中国法律较为透彻、深刻地进行研究的英语作品其作者群体主要还是域外学者，国内学人的著作所占比重还比较小，这一点我们相较于日本学者而言，还是有一定的距离。
[⑦] 刘东主编，江苏人民出版社出版之"海外中国研究丛书"是国内最有影响力的一套丛书，如今已出版 250 余册（豆瓣数据，http：//book.douban.com/series/22？order=time，最后访问日期：2019 年 10 月 26 日）。亦见桑兵对美国汉学、国际汉学的研究。
[⑧] 参见赵雪松《建国以来法学期刊的回顾与展望》，《武汉大学学报（哲学社会科学版）》1998 年第 2 期。

学者，之后由海外作者与国内作者，撰写了一些关于中国刑法、行政法及刑诉法、行政法方面的文章，当然还有宪法。很明显的是，这些作者各自在关于司法的性质（司法独立）、人权概念、法治内涵等的界定上都有相当的差异。近来也有一些作者试图对中国的法律、司法尝试做另一种解读——有中国特色的法治（……with chinese characteristic），当然这种解读是伴随着西方学者对西方法理学自身的批判的。客观地说，中国的法治事业一如一位作者所言，还在长征的路上。①

2. 域外学者中国司法研究反思

无疑，中国正极力建设的"中国特色社会主义法治体系"还在不断的完善过程之中。就笔者的阅读范围，包括但不限于已经提到的上述作者，他们或多或少、或专门或附带都有过对中国司法制度政治维度的分析。

苏力在他的一篇文章中，对类似方法的研究给予了批评，他说："……这些错误暴露了一种深厚的意识形态偏见，这种偏见是西方的法律自治和法治理念的'道德权威性'的核心"，"一旦中国的党政司法关系不符合这种本质上是西方社会经验之概括时，就自然而然地成了所谓的学术批评的对象，就成了改革的对象。这种情况在许多研究中国的西方学者中是相当普遍的。这并不是他们有意用意识形态作为评判标准，他们中有许多人确实在努力理解中国，但是西方社会的经验无形中会阻碍了他们设身处地地理解中国为什么会是这样；阻碍了他们价值中立的同情理解中国为什么会是这种状况；也阻碍了他们的想象力。""影响西方学者并进而影响中国学者的还有一系列有关苏联东欧国家党政司法关系研究的文献"。② 这一问题似乎还可以再做一些分析，从一个极端走向另一个极端似乎并不一定可取。

苏力的分析在回应西方学者研究中国法的偏见的同时，实际上也回答了比较法视角的可能局限。这倒不是要对西方学者研究中国法的政治先见进行合理化描写。只是想表明，为什么西方学者研究中国法——特别是中国

---

① See Randall Peerenboom, *China Modernizes: Threat to the West or Model for the Rest?*, Oxford: Oxford University Press, 2008; Randall Peerenboom, *China's Long March toward Rule of Law*, New York: Cambridge University Press, 2002.

② 参见苏力《中国司法中的政党》，载苏力主编《法律和社会科学》第 1 卷，法律出版社，2006。

司法制度时倾向于、专注于从中国政治结构及体制的层面入手？以下分述之。

首先，一如前述，比较法在其自身的研究中不免有其局限。任何研究都有一个出发原点，也就是所谓的参照系。这也是一个讨论不休的问题。完全的价值中立实际上是不可能的，不过这一点似乎不应成为一个主要的问题。事实上，一项严肃的学术研究，只要不是刻意地以非学术的取向作为其基点，正常情形下的先见是没有问题的。而且，严肃的比较法研究者也会尽力保持学术上的中立。①

其次，在今天，对于西方学者对中国法研究的考量，已经很难笼统进行模糊批评，而是要看他们具体的研究内容。从时间上看，这些研究大致可分为1949年前传统中国法律的研究；1949~1978年中国法律的研究；以及1978年以来中国法律的研究。另一种划分方法是将中国的法律及司法状况同各个时期的国家领导人联系在一起，后一种方法往往同时结合该时期中国共产党历届全会的主题变化。② 客观地说，在今天，英美澳等西方学者对中国法/司法的研究也已经是精细化作业，这其中，关于传统中国法律的研究与1949年以来新中国法律的研究还是有一定不同。③

---

① See Michael W. Dowdle et al., "Chinese Law in the Common Law Mind", *Colum. J. Asian L.* 19 (2005-2006): 72; Randall Peerenboom, "What Have We Learned about Law and Development? Describing, Predicting and Assessing Legal Reforms in China", *Mich. J. Int'l L.* 27 (2005-2006): 823; 另见华世平《西方学术界的理论与意识形态》，《中国社会科学报》2011年2月18日。

② 这在大多数关于中国法研究的著作中都可以看到，比较近的如 Bradley L. Milkwick, "Feeling for Rocks While Crossing the River: The Gradual Evolution of Chinese Law", *J. Transnat'l L. & Pol'y* 14 (2004-2005): 289; Jianfu Chen, "The Transformation of Chinese Law: From Formal to Substantial", *Hong Kong L. J.* 37 (2007): 689; Stanley B. Lubman, *The Evolution of Law Reform in China: An Uncertain Path*, Northampton: Edward Elgar Publishing, Limited, 2012.

③ 参见晋藩《中国法制史的教学和研究在美国》，《中国政法大学学报》1983年第3期；尤陈俊《"新法律史"如何可能——美国的中国法律史研究新动向及其启示》，《开放时代》2008年第6期；邓建鹏《促动与提醒：美国的中国法律史研究》，《中国社会科学报》2010年5月25日。See also Jerome Alan Cohen, *Contemporary Chinese Law: Research Problems and Perspectives*, Cambridge, Mass.: Harvard University Press, 1970; Stanley B. Lubman, "Western Scholarship on Chinese Law: Past Accomplishments and Present Challenges", *Colum. J. Transnat'l L.* 22 (1983-1984): 83; Stanley Lubman, "The Study of Chinese Law in the United States: Reflections on the Past and Concerns about the Future", *Wash. U. Global Stud. L. Rev.* 2 (2003): 1; Roderick O'Brien, "The Survival of Traditional Chinese Law in the People's Republic of China", *Hong Kong L. J.* 40 (2010): 165.

毋庸讳言，很难说西方学者对中国法/司法的研究一定是出于纯粹的个人学术兴趣，而不带有其他目的。① 当然，也很难说出于对中国的了解、对华投资，② 甚至评估社会主义的发展等目的，这些就不能视为学术研究。因为学术研究本身就有很多的目的。也不容否认的是，至少从社会政治结构的角度来看，因中国同西方国家分属社会主义与资本主义国家，那么很容易就会从不同的社会制度出发来考察各自的法律及司法制度，而且苏联的影响无论如何都是不能轻视的。③ 也要看到，随着中国开放程度的增大、信息的更透明化，相应的研究也更多偏向中国法律及司法实践表现的社会－法律研究，比如麦宜生关于中国律师职业的实证研究，李本关于中国医患纠纷的研究等。这些实证研究显示了其强烈的方法论示范意义。事实上，改革开放以来的40余年间，我们不仅移植了大量英美国家的法律，而且我们的法学研究范式也受到英美法系的深刻影响。是故，很重要的一方面是如何反思这种研究状况。④

我们应该对西方学者对中国法律及司法的批评保持警惕、防备，但是我们更要看到问题的另一面——今天中国问题的考量应放在世界的范围内，揆诸历史，自16世纪大洋航路开通，世界已渐次成为一个整体。换言之，中国在那个时候起便已是世界的一部分，中国的发展不仅仅是自己内

---

① 参见孔杰荣《改革开放初期中外法律交流亲历记》，爱思想网，http：//www.aisixiang.com/data/102763.html，最后访问日期：2019年10月26日。
② 在今天，当西方学者开始反思其自身的法治范式所面临的危机时，中国法同样是他们思考法治及司法未来走向的一个个案，这是值得我们注意的。在这个意义上，我们也正好可以反思自己已经走过的关于法治及司法的历程。也因此，摒弃那种意识形态为主的研究模式是有意义的，也是必要的。See Randall Peerenboom, "Economic and Social Rights：The Role of Courts in China", *San Diego Int'l L. J.* 12 (2010－2011)：303.
③ 参见唐永春《苏联法学对中国法学消极影响的深层原因——从马克思东方社会理论出发所作的分析》，《法学研究》2002年第2期；何勤华《关于新中国移植苏联司法制度的反思》，《中外法学》2002年第3期；唐仕春《1950年代苏联司法制度对中国的影响》，载耿化敏主编《青年党史学者论坛》第3辑，社会科学文献出版社，2015；等等。
④ See Shiping Hua, "The U. S. Impact on China's Legal System during the Reform Era", *International Journal of China Studies* 5 (2014)：681－703；Taisu zhang, "The Development of comparative Law in Modern China", In Mathias Reimann and Reinhard Zimmermann ed., The Oxford Hand book of Comparative Law, 2nd edn, Oxford University press, 2019. 黄宗智《我们的问题意识：对美国的中国研究反思》，《开放时代》2016年第1期；王文杰《变迁之中国大陆法制》，（台湾）交通大学出版社，2008；等等。

部的竞争与协调问题，更伴随着世界大势。① 如果直到今天我们还是以一种封闭的姿态，从内向、防御的角度出发，我们势必会自动屏蔽世界切实正在发生的一些变化。具体到本书，固然西方学者对中国法律及司法的批评有其片面的地方，但是如果我们看到的只是其片面性，那这很难对中国司法的进步产生正面效应。

（三） 中国司法的革命传统

1. "革命"话语的理解

在当下中国讨论"革命"的话语，似乎不仅是敏感的，而且还是很尴尬的。特别是一提到革命，便会联想到"文革"的影响。是故，呼吁"告别革命"就很正常了。反倒是一些域外的研究者在反思中国，特别是毛泽东去世后中国的社会、政治发展时，他们发觉原来的那些解释中国的理论范式似乎有严重的缺陷，需要以新的观念来看待中国的问题。这其中比如裴宜理的研究，她提出要"重拾中国革命"，亦即从中国革命的传统中寻找、发掘社会发展的根本资源及理论源头。

而在告别革命惯性的论述中，很明显的是这些作者看到了中国革命在其发展中所存在的问题，特别是其中的一些极端行为之于中国社会造成的负面影响，以及延续至今的某些不断造成社会发展障碍的因素。是故，告别革命的呼声也就再正常不过。表面上看，这样的观点似乎和裴宜理的观点是相矛盾的，但并非如此。要看到裴宜理的着力点和她关心的问题核心是什么，为什么她所阐述的"重拾革命""挖掘革命传统"是从"安源"开始的？同时，告别革命的观点，要告别的是什么——倒洗澡水不能也将小孩一起倒掉。亦即，中国革命在其发动之初，它的初衷和承诺中有非常积极和先进的层面。在这个意义上，笔者以为裴宜理所强调的重拾革命与当下的告别革命的观点在最终的追求——社会向善、解决社会问题的层面上是相通的。是故，将这样的思维用在关于中国基层司法的阐述上，即是说今天的司法衍生的过程带有中国革命的胎记，只是这种生长习性，不仅有它积极的一面，还有一些更与当前"法治中国"不相适应的地方。由此，一种彻底的告别革命的姿态，表面上看是要让中国的法治驶入正轨，

---

① 参见许倬云《历史大脉络》，广西师范大学出版社，2009。

但它是激进的。没有历史记忆的发展，注定是一种无根的发展，也注定是一种无法长远和有韧性的发展。

具体而言，将这一思路对照当下中国的司法，我们不得不面对这样一个现实：不管我们是一再强调中国司法的中国特色，还是实际上的借鉴，我们发现，中国司法的发展已处在一种相当的被动地位。换言之，事实上已经有一个潜在的完美模型限定了中国司法的未来发展。但这就陷入了两难之中，如果完全按照那个远方的模型，那么势必会遭遇丢失自我的迷失；反之，若强调自己的特色，却似乎又会被批评没有按照司法本应的思路去发展。一如前述，从某种意义上，司法就是政治的一部分。是故，我们都得去回答下面的问题，即在中国，司法到底发挥什么作用？它又是如何运行的？

理念无法自动实现，需要付诸实践，如何能够保持未来的实践"一以贯之"，这便是"传统"。问题是为什么要限定为"革命传统"？裴宜理提出的观点是："当代中国的治理术之根，植根于毛时代的土壤中。中国的政治制度和很多机制具备了过去游击战的超乎想象的灵活性和随机应变的能力。"她主编过《毛泽东的无形之手：中国适应性治理的政治基础》一书。①

> 革命的影响在今天中国社会的许多方面仍然显而易见，研究中国革命，才能懂得中国近现代的历史，中国历史的每一步发展，都受到前一次革命运动的影响。对最近这一轮的经济改革，也必须在前面所发生的那些革命的基础上来理解。

裴宜理所强调的这些内容或许是她看来最纯粹的带领中国革命成功的因素，并将之称为"革命的传统"，这也是她为什么强调要"重拾革命""告别革命需慎言"。亦即，作者相信：中国的未来将取决于如何发掘、认识和掌握中国共产主义革命的传统。裴宜理在安源革命传统的溯源和发掘上开创了一个学习典范。

---

① See Sebastian Heilmann and Elizabeth J. Perry, ed., *Mao's Invisible Hand: The Political Foundations of Adaptive Governance in China*, Cambridge: Harvard University Asia Center, 2011. 其中的导言中译参见韩博天、裴宜理等《中国如何处理不确定性：游击式政策与适应性治理》，载吴敬琏主编《比较》2012 年第 6 期。

然而，在此处，笔者将在一个较为中性的意义上来使用革命传统一词，即在重拾革命与告别革命之间寻找一个中间值。其目的是在一个面向现实的维度下，关照今天中国司法的行动及走向。因为它的今天来自过去，过去限制了它的今天。无论怎样，今天的风筝之线还是握在过去的历史手中。这也是对中国司法的考察不能忘记中国现实这个语境的一个原因。

2．"革命传统"的当下解读

讨论中国司法中的"革命传统"，笔者是要表明尽管中华人民共和国成立70年来，特别是改革开放后40余年我国发生了翻天覆地的变化，这与新中国成立初期有很大不同，但中国社会、政治、经济等方面的发展始终贯穿着一个或隐或现、变化不大的整体思路——笔者将这视为某种传统，进一步抽象为"革命传统"。在这里，"革命传统"的含义并不是要指向一种实际的革命行动，毋宁说是发现在革命年代所形成的那些对待政治、经济、社会的思维方式，或者说是中国共产党组织我们这个社会的做法。我们现在要做的就是尽力去发现这些内容。

放眼当下中国的司法及其正在开展的新一轮司法改革，会愈加错觉于中国司法越来越多的域外经验因素。但只要仔细梳理其中的脉络，还是能看到中国司法或清晰或浅淡的"革命传统"。中国语境下的"革命传统"何解，并不是很明了。近年来，随着越来越多的中共党史及中华人民共和国建国历程的文献、研究成果的出现，有关中国司法革命传统的底色越来越清晰。在这一背景下，检视今天的人民司法形成路径，会接续、解释某些看似断裂的中国司法习惯乃至制度模型。而革命传统则需要放在革命年代的大背景之下去理解。之所以这样，是因为在笔者看来，革命年代这一历史和社会背景，形塑了行动于其中的人的具体行为，进而规制了制度，以及社会思想、观念的根本基因。而之后的发展，正常情形下都是一种自然的顺时发展过程，极少是那种哪吒式"割肉还母，剔骨还父"的决裂。尽管从某种意义上，中国革命是与过去的决裂，即"告别皇帝的中国"[①]。

[①] 参见马国川访谈《告别皇帝的中国》，世界图书出版公司，2011。另见资中筠《知识分子对道统的承载与失落——建设新文化任重而道远》，收于氏著《启蒙与中国社会转型》，社会科学文献出版社，2011。

但就中华人民共和国的成立来说,这其中的历史是一贯的、是连续的。①

中国司法——人民司法的革命传统,在惯常的意义上是从延安革命根据地开始,以"马锡五"审判方式为其核心。② 不过当我们在继承这一司法传统的积极意义时,即便是革命的叙事方式也不能不去关照革命年代具体的激进表现方式,以及为达致此一司法效果而设置的具体制度和对其中的"司法官"的要求。同时,这些"司法官"也不是孤立存在的,而是深嵌在彼时的社会之中。我们需要更多关于革命底色下个体实际遭遇及行动逻辑的研究,特别是革命逻辑及情势对个体情感乃至人性的彻底改造。③ 由此而致的制度惯性,导致直到今天我们还在重建社会的人性基础,"以人为本"的实现这不只是一个政治口号,而恰表明这是我们制度回归理性的目的。

当下中国法院司法中的不少做法还带有革命年代的烙印,如在本书第三章讨论的甘南个案中,犯罪嫌疑人是在党的领导干部的说服下自首的。显然,这样的自首并非我国《刑法》界定的自首。笔者将这看作中国法院司法,乃至社会政治治理的一种符号性象征。这样的符号化叙事,不仅在革命年代、新中国成立初期很流行,在今天依然存在。比如,在中国第一个宪法日的当天,一部反映延安时期案件的电影——《黄克功案件》上映了,"影片《黄克功案件》真实再现了这一案件的审理过程,再现了延安

---

① 参见中共中央党史研究室《正确看待改革开放前后两个历史时期——学习习近平总书记关于"两个不能否定"的重要论述》,《人民日报》2013 年 11 月 8 日,第 6 版。
② 参见杨元忠、杜维泽、张秀娟《"马锡五审判方式"新解读》,《甘肃日报》2015 年 2 月 13 日,第 11 版;李娟《革命传统与西方现代司法理念的交锋及其深远影响——陕甘宁边区 1943 年的司法大检讨》,《法制与社会发展》2009 年第 4 期;侯欣一《从司法为民到人民司法——陕甘宁边区大众化司法制度研究》,中国政法大学出版社,2007;汪世荣等《新中国司法制度的基石:陕甘宁边区高等法院(1937—1949)》,商务印书馆,2011;陈柏峰《革命传统与法治国家的建设——政法工作中的群众路线》,《文化纵横》2010 年第 6 期;陈洪杰《人民司法的历史面相——陕甘宁边区司法传统及其意义符号生产之"祛魅"》,《清华法学》2014 年第 1 期;郑智航《人民司法群众路线生成史研究(1937—1949)——以思想权力运作为核心的考察》,《法学评论》2017 年第 1 期;马治选《革命年代的司法逻辑——马锡五审判方式的生成》,《山东科技大学学报》(社会科学版)2017 年第 2 期;等等。反见刘忠《"从华北走向全国"——当代司法制度传承的重新书写》,载《北大法律评论》第 11 卷·第 1 辑,北京大学出版社,2010。
③ See Elizabeth J. Perry, *Anyuan: Mining China's Revolutionary Tradition*, Berkeley: University of California Press, 2012. 另见高华《革命年代》,广东人民出版社,2010。

时期边区法院的审判工作，展示了我党早期法治建设和司法工作的重要成果。"① 2006年的电影《真水无香》亦是如此。早期的时候，我们也不时看到国家领导人通过戏曲，比如《十五贯》、包公戏、海瑞戏等来对一个时期的法律及司法工作做出指示。②

在反映各地镇压反革命运动及其成就时，"全国各地还组织召开群众会、干部会、座谈会、控诉大会、公审大会，同时还利用广播、电影、幻灯、戏曲、报纸、小册子、传单等形式进行广泛的宣传，发动群众，使党的政策家喻户晓、人人皆知。"③

出现这样的情形并不奇怪。无论是将它看成中国法律发展的一种方式，还是国家政治治理的一种宣传模式都是能够成立的。关键是，这代表了中国的政治与司法之间的互动关系，特别是通过国家重要领导人或者国家最高宣传机构的力量来传达某种特定的、必要的价值意识以达到国家对于司法的某种期望。这种期望是一种理想，最终的实现程度不一定是第一位的，但这却表明了国家的整体政治架构对待司法的总体态度。

罗志田在他的论文中阐述了清末司法改革中国家象征的转变。④ 实际上，无论近代以来的中国共产党还是民国的国民党，抑或辛亥革命之前的清王朝，在面对传统中国向现代国家的转型以及随之而来的司法制度的建

---

① 田水泉：《影片〈黄克功案件〉首映式举行：全国院线将于首个宪法日公映》，《人民法院报》2014年12月2日，第1版。在这部《黄克功案件》影片上映前，关于黄克功的讨论文献并不是很多，其中的一些如汪世荣、刘全娥《黄克功杀人案与陕甘宁边区的司法公正》，《政法论坛》2007年第3期；陈文胜《详说"黄克功事件"》，《百年潮》2009年第1期；散木《追寻六十余年前的"黄克功案"》，《文史精华》2003年第1期；等等。
② 参见彭真《论新中国的政法工作》，中央文献出版社，1992，第133页；江华《江华司法文集》，人民法院出版社，1989，第316页；等等。又如2015年1月4日《北京青年报》的报道《七常委与群众同看什么反腐戏：2015年新年戏曲晚会近日在国家大剧院举行》：党和国家领导人习近平、李克强、张德江、俞正声、刘云山、王岐山、张高丽等，与首都近千名群众一起观看演出，喜迎新年。在整台晚会的15个节目中，借古讽今的"劝世之作"《廉吏于成龙》无疑最引人联想。在中国戏曲学院副院长周龙看来，"这出戏背后大剧种帮衬地方戏、大团帮小团的无私做法也正暗合了习近平在文艺工作座谈会上的讲话精神，文艺既不能当市场的奴隶，不要沾满铜臭气，更要通过有筋骨、有道德、有温度的作品为历史存正气，为世人弘美德。"
③ 参见韩延龙主编《中华人民共和国法制通史》，中共中央党校出版社，1998，第95页。
④ 参见罗志田《国进民退：清季兴起的一个持续倾向》，《四川大学学报（哲学社会科学版）》2012年第5期。另见杨天宏《革故鼎新：民国前期的法律与政治》，生活·读书·新知三联书店，2018；等等。

构时，都会面临如下问题：接受、回应多少外部冲击，相应地保留、抛弃多少传统。[①] 但无论怎样，这个渐次形成中的制度，都有一些西方的影子，也都少不了传统的思想。所以，我们并不会觉得前面所列举的那些戏剧、电影，以及甘南个案的处理背后的法律逻辑有着根本性的差异。换言之，它们都呈现了中国司法进程的真实、具体细节。

（四）1949~1978 年的中国司法

在本部分的前面三个小标题中，笔者分别论述了中国语境下的"司法－政治"问题、中国司法的政法传统以及更为宏观的中国司法的革命传统。现在需要将这些内容连接起来。

在今天，大多数人都认可 1978 年对于新中国是一个重大的转折。这对于新中国的司法制度来说也是适用的，只是笔者要特别强调的是，看待今天的司法，不仅要看到 1978 年以来的那些发展、变化，还要不断回到新中国成立后到 1978 年之间这段历史时期。否则，今天中国司法的一些现象及其逻辑是无法理解的。同时，忽视这一段历史，也使得新中国的司法制度变迁过程不能连贯起来。简略进行概括的话，1978 年以前的法律及司法可以借用孔杰荣 2008 年发表在《远东经济评论》上的一篇评论文章《中国改革时代的法律奥德赛》，[②] 略微了解一些希腊神话的读者，都会理解这其中所具有的含义。

客观地说，当我们批评我国的司法－政治关系时，实则是希望司法能够更多地依司法规律来运行，亦希望能够更好地处理司法与广义政治下党的领导、政府行政之间的关系。更现实地说，如何能借这一问题来提高司法公信力，也不必然需要靠近或模仿如美国等国家的司法架构，因为中国有自己特殊的社会语境。然则更具体的问题是，虽然我们要在法治中国的语境下转变国家治理能力，但却无法形成较为清晰的司法与政治关系的分界线。表面上看，司法与政治泾渭分明，但现实是法律问题需要经常越过政治的"汉界"或主动或被动地寻求支援；政治的脚步一不小心便蹬过了司法的"楚河"。图 4-1 比较好地说明了司法与政治之间关系的平衡－

---

① 参见杨国强《衰世与西法：晚清中国的旧邦新命和社会脱榫》，中华书局，2014。
② See Jerome A. Cohen, "China's Reform Era Legal Odyssey", *Far Eastern Economic Review* 12 (2008): 34-38. 这篇评论后收入 Stanley B. Lubman, *The Evolution of Law Reform in China: An Uncertain Path*, Northampton: Edward Elgar Publishing, Limited, 2012。

失衡。

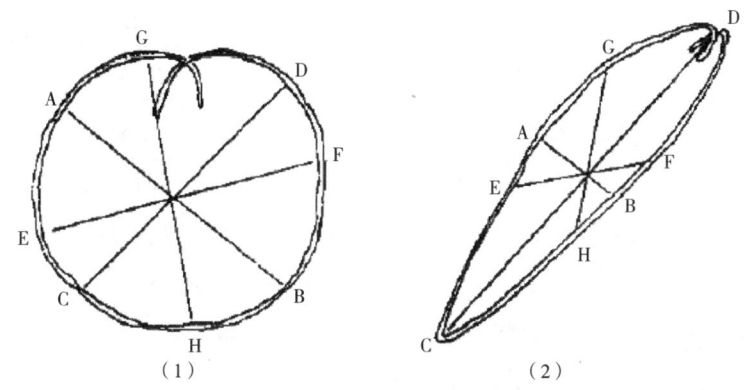

图 4-1　司法与政治关系图

资料来源：参见〔美〕房龙《宽容》，刘成勇译，中华书局，2012，第 89~98 页。

图 4-1 用绳子围成的"圆"，原为房龙（Hendrik Willem Van Loon，1882~1944）用来分析政治、商业、艺术、军事等诸要素之间的平衡关系。① 现在我们假设 AB 代表法律，CD 代表政治。那么，在图 4-1（1）中，法律、政治与其他社会诸要素 EF、GH 等之间是平衡关系；而图 4-1（2）图，由于过于突出了 CD（政治）的力量，AB（法律）这一段明显变短，原来的"圆"变成"椭圆"了，随之原来的平衡关系也被改变了。②

三　政治结构中的基层法院及其位置

（一）基层司法中的政治影响

在前文的论述中，笔者较多地谈到基层法院同政治的关系。详细地说，这主要体现在以下几个方面。首先，广义上的政治对于基层法院及其司法的规制和影响。包括西北基层法院在内的我国基层法院及其司法发展，受到新中国成立以来国家主要政治制度的规制。换言之，今天的基层

---

① 参见〔美〕房龙《宽容》，刘成勇译，中华书局，2012，第 89~98 页。
② 关于国家治理中诸要素作用的发挥以及为什么要特别确立"法治"的重要作用，相关研究可参见姚建宗、金星《"法治"与"德治"在当代中国的定位与归位》，《法治现代化研究》2017 年第 3 期，第 88~89 页。

法院是在新中国成立后，经历历次政治制度调整、变化慢慢形塑而成的。①这主要包括基层法院及其司法的主要特点、风格等方面，这些都是建制性问题。这其中还包含最高人民法院对于基层法院的建设等方面的内容。其次，狭义上的政治对于基层法院及其司法的影响。这主要是针对基层法院的日常司法来说的。在今天，特别是本轮司法改革，一个重要的议题就是要改变法院司法的地方化和行政化。换言之，要克除一些干扰法院司法的外部因素。我们从不怀疑包括政法委在内的党的机关以及政府诸多部门对于基层司法的正面"帮助"，使司法工作取得了很好的效果。与此同时，也应看到受人治思想以及法治意识淡薄的影响，某些领导干部假借党与政府的名义而干涉司法；②还应看到一些部门根本就不把法院的裁判当回事，视法院为政府的一个部门。③最后，基层法院司法的政治性。新中国成立后一段时期内，特别强调政治性，即"政治挂帅"，而忽视了专业性。这就使得人民法院的司法淡化了其"裁判者"的身份。在这一层面，主要考虑的是如何界定司法权性质的问题。

就我国现时的政治生态实践而言，很难在短期内改变整体司法在制度上的根本风格，只能是努力让司法更为科学或者使制度更为适应司法自身的本性。也要注意的是，在我国的社会实践中，由于处在社会转型、变迁的时代，所以往往出现实践先试先行、制度之后追认的情形。这对于法院司法也一样。换言之，笔者是想强调，尽管在较为宏观的层面，国家政治框架、最高人民法院对基层法院的发展及其司法设置了很多规范，也有国家的法律进行调整，但是对于基层法院自身所存在的一些深层次问题，还

---

① 参见龙小宁、王俊《法治与改革——基于中国法院系统的历史与实证研究》，《经济社会体制比较》2016 年第 1 期。在这篇论文中，两位研究者指出："经济领域的改革不仅推动了计划经济时期政府拥有的裁决职能向法院转移，同时提高了社会的法治需求；第二，法院自身也通过不断的改革来回应更高的法律服务需求。"
② 这也就不难理解会出台《领导干部干预司法活动、插手具体案件处理的记录、通报和责任追究规定》。
③ 如 "2010 年，陕西省曾出现一起引起广泛关注的行政诉讼'执行难'案件。这起以陕西省国土资源厅为被告的行政诉讼，经榆林市中级人民法院判决、省高级人民法院裁定后，长期得不到执行。更令人匪夷所思的是，面对生效的判决，省国土资源厅竟召集有关部门人员及法律专家召开协调会，以会议的方式否定生效的司法判决。"参见徐隽、杨子强《避免政府成"老赖"防范裁判变"白条" 破解行政诉讼"执行难"》，《人民日报》2014 年 4 月 9 日，第 18 版。

是有待基层法院自身去反思。很显然的是，在我国这样庞大和复杂的国家内，来自最顶层的制度设计很难考虑到基层日常运转的方方面面。退一步讲，即便是考虑到基层的日常生活细节，也很难对此加以详细规定。

就基层法院的现实来看，一个客观事实是，它承担了我国80%以上案件的审理。在最近这些年越来越大的审案负担下，制度设计者除了强调上任务、压担子，发扬奉献精神外，尚没有时间去思考怎样一种裁判模式才是更适合基层法院的。① 申言之，笔者认为尽管基层法院的司法同较高级别法院的审判有很多相似的地方，但由于我国两审终审的审级制度以及基层法院受理了几乎全部一审案件的现实使得它们的审判逻辑及审判技术有了一定的区别。我们需要认识到这种差异，并对此做出回应。详言之，就基层法院的司法而言，它首先面对的是一个具体的人文地理环境下的具体社会现实，进而它需要将这些现实因素的影响纳入考量范畴，并做出合理的裁判。但某种意义上，当前的司法结构和关于基层法院的整体制度设计使得基层法院无法从容应对这些充满差异的事实，而只能一案一处理。这种处理有时候依赖的是个人的经验摸索，有时候尽管已经形成了一定的制度惯习，但并没有获得正式的认可。现在我们需要想办法、找思路以让这些非规范性行为成为可定型化操作的规范性制度。

（二）被遮蔽的基层人民法院

在前文，笔者扼要论述了"个体"的观念不仅在个人的意义上是成立的，还能扩展到"机构"的层面。由此的问题是，我们如何从一个个体深嵌在集体之中的社会传统下，小心分解出个体的独立意义。以上下级法院关系中基层法院的位置及地位为例，制度设计之初肯定没有想到这一现实状况。按照基层法院和其上级法院、上上级法院的职能与分工，特别是它们各自实际裁判的案件——基层法院几乎承担了99%一审案件的裁判，那么即便是出于初审同上诉审的不同也要改变和调整当前的司法实践中无论

---

① 较好的是十八届三中、四中全会以来，最高院及地方各级法院积极探索多元化纠纷解决机制的案件分流制度，不过这主要偏向的还是法院作为一个整体如何应对案件压力的方法。换言之，这还没有触及基层法院改革的一些结构性问题。本轮司法改革所重视的"以审判为中心"的诉讼制度改革也还是在解决怎样让司法更"名副其实"的"历史遗留问题"，亦即在过去我国的司法在"以审判为中心"这一本来不是问题的问题上做得并不好。

是裁判技术还是方法区别并不明显的现状。

  关于人民法院上下级关系的研究可谓汗牛充栋。本书不主要分析其中的上级法院对下级法院的干涉以及下级法院向上级的请示汇报，以及这些运作所带来的种种弊端，而是想从另一角度，就目前的体制对基层法院的影响做一初步梳理。这里所指的体制影响，主要是承接上一个问题，即"司法－政治"的关系，以指出在我国这一机制下，一种制度惯性是如何将基层法院作为个体的一面日渐隐去，进而更多地表现为对他种主体的依赖。电影《肖申克的救赎》（The Shawshank Redemption）中有一句台词，"刚开始的时候，你痛恨周围的高墙；慢慢地，你习惯了生活在其中；最终你会发现自己不得不依靠它而生存。这就是体制化。"

  论述官僚制很难避开韦伯"理想型"方法下的关于官僚体制的纯粹研究。只是，令人沮丧的是，韦伯的这一模型在解释中国的问题上表现出某种吊诡。这种吊诡除却韦伯所忧虑的"钢铁般的牢笼"[1]外，尚出现了其他更多难以解释的现象。孙越生在其研究中对此进行了深入的分析。[2] 痛苦的研究者们，在韦伯理论的字词翻译上不断下功夫，除了将官僚体制翻译成"科层制"这一更加中性的词外，还尝试去修正韦伯模型的包容性，以期增加理论的解释力。例如，欧阳静在研究桔镇的中心工作及其实践的时候，给出了一种"官僚制的非官僚制设置"的解释。[3] 笔者依然认为韦伯的论证和区分是相当富有洞见的，只是我们不能仅仅看到韦伯关于官僚制的典型分析，而是要回到作者的支配社会学本身。一如作者所言"见之于真实历史中的支配形态，乃是这些'纯粹'类型的结合、混合、同化或变形"；官僚制只不过是"一个支配结构之理性化、组织化的共同体行为"的典型。同时，韦伯成书年月的西方社会其本质还是大异于中国。是故，韦伯论述的理论提供给我们的更多是一种分析框架和反思的角度。[4]

---

[1] 〔德〕马克斯·韦伯：《新教伦理与资本主义精神》，康乐、简惠美译，广西师范大学出版社，2010 版，第 182 页。
[2] 孙越生：《官僚主义的起源和元模式》，福建教育出版社，2012。
[3] 欧阳静：《策略主义：桔镇运作的逻辑》，中国政法大学出版社，2011，第二章。
[4] 〔德〕马克斯·韦伯：《支配社会学》，康乐、简惠美译，广西师范大学出版社，2010，第 19～20 页。

这有两个层面。一方面，科层制固然有其优点，但它却无法克服自身所固有的机械性。科层制的官僚体系，在运行中会逐渐显示出一些消极后果。比如，下级职员及机构能动性的降低，不断依赖来自上一层级的各种安排和指示。相对而言，自上而下的安排与指示不免有其抽象、针对性不强的一面。为了这种安排与指示的统一性，不免会忽视某些特殊的现实状况。同时，如果这种科层式的官僚结构整体分化比较低的话，客观上就需要一个不断增大的上层概括地、总体地、一端化地管理所有的下级部门。[①]这也就不难理解中国语境下的司法、行政关系，以及四级法院体系中基层法院的存在状况——包括来自最高院、上级法院对基层法院的各种要求。这就要求最高院要摆正其位置。与此相关，特别值得引起注意的是，处在这种科层制之下的基层人民法院，在长期的发展过程中，慢慢失去了其自身所应有的一些独立特性，好似一种逆向淘汰的式样。

另一个方面，这既可以说是我国文化方面的，也可以说是政治预设方面的。客观地说，韦伯意义上的科层式官僚制只是在描述一种近似机械的体制运作模式。然而在中国的语境下，官僚制往往同上层对下层的权力恣意与滥用联系在一起。而这种权力制约的失效与任性的危害是巨大的，它往往导致整个机体中上下级伦理关系的变异，形成一种上级对下级的完全支配，以及下级对上级的无条件服从关系。总之，在这一机制下，不论是科层链条的最顶端还是最底层，其中已经没有了个体的存在，因为所有的个体已经完全嵌入体制之中。

穆勒在他的著作中提到了以下一种情势：[②]

> 如果公路、铁路、银行、保险……所有这些都成了政府的分支；又如果城市自治会和地方议事会，连同目前所有交付他们管理的事务，都成了中央行政系统的附属；如果所有这些不同事业的雇员都要由政府任命和支付薪酬，乃至终其一生每一升迁都需依赖政府；那么，纵有再多的出版自由和民主的立法机关，都不足以使英国和其他国家变得真正自由，除了徒具自由之名而已……

---

① 但是过度的分化也不是没有问题，这正是涂尔干所指出的问题。参见〔法〕埃米尔·涂尔干《社会分工论》，渠东译，生活·读书·新知三联书店，2013。
② 〔英〕约翰·穆勒《论自由》，孟凡礼译，广西师范大学出版社，2011，第132~133页。

就目前中国的基层法院司法来说,并不是国家、执政党不重视司法,相反是十分重视。可见问题的根源并不在于我们是否重视,而在于我们是希望以怎样的一种方式来"展开"司法。在前一个问题中,我们讨论过司法与政治的种种关系,这也是中国的一个大问题。无论是我们选择卢梭式的思考进路,还是洛克式的方式,都无法避免的是司法是广义政治的一个部分,司法依赖政治对其位置的安排。一国究竟采取怎样的政治框架和治理模式,这涉及诸多因素。但在一个国家和社会关系越来越紧密,又越来越不信任的现代社会,势必出现二者的拉锯,这也是本书将基层法院作为一个抽象个体所面临的困难。在中国,与此相关的下述问题似乎是已然解决了的。因为我们的司法是人民司法,特别突出了"人民"的位置,但制度的实际运行总会与其设计初衷发生一定的偏离。用一句夸张的话说,包括基层人民法院在内的各级法院的司法公信力如今却受到了挑战,这也是本轮司法改革要改变的。

对于基层法院司法的进一步改革,我们已经惯性地从法院及其法官自身去寻求问题的全部解决方案,而忽视外部的因素,但的确问题的某些根源却恰巧在外部。只要我们考察一番基层法院所处的具体社会情境及其所办理的具体案件类型就很明确了。相应的内容已在本书第二章第五部分"司法能力的不足与终审法院积案处理上的有限作为"讨论过,在纷繁的社会与弹性不足的基层法院之间还是存在相当程度的紧张。

四 "边缘革命"的启示

"边缘革命"是科斯、王宁《变革中国:市场经济的中国之路》一书论及的一个观点,[①] 其意指"在国家主导的改革陷入停滞之时,真正有突破性的改变却在社会主义经济的边缘暗潮涌动。中国社会主义经济最为重要的发展并不发生在其中心,而是在它的边缘,在受国家控制最弱的地方。真正的改革先锋……是那些落后的,被边缘化的群体……正是这些处

---

① 〔英〕罗纳德·哈里·科斯、王宁:《变革中国:市场经济的中国之路》,徐尧、李哲民译,中信出版社,2013。

在中国社会主义边缘的经济力量成就了一系列的改革……"① 而以其中的农业改革为例,"即农业去集体化及家庭联产承包责任制,是自下而上展开的"②。尽管这一论断是针对经济改革而言的,但其是否同样可以适用于司法体制改革呢?

在中国的整个司法体制建构中,基层法院是这个金字塔机制的塔底。某种意义上,我们可以把基层法院看作中国法院体制整体的边缘。由此产生的问题是,基层法院在司法体制的发展进程中有它自身的作用力吗?换言之,它只能被动地接受,还是同样能够有所作为?申言之,基层法院在其整个发展变化过程中,是否也扮演了足以用"边缘革命"来评价的角色?在此处,笔者先简要对这一问题做一个初步的论述,主要是尝试回应对这种思路持质疑、否定态度的一种观点。

顾培东在他的研究中指出:③

> 尽管司法改革需要各级司法机构的积极性,也尽管司法改革的着眼点也在司法机构本身,但司法改革的基本路径或时序应当是"由上而下",亦即从总体上设计和制定改革现行司法体制和司法制度的基本方案,并逐步推进与实施。

无疑,这一观点阐述了传统的、主流的关于司法体制改革的思路,突出顶层设计的作用、强调"自上而下"路径的合理性。但是如果换一个角度来思考这一问题,情形可能会有所不同,答案也并不一定如此肯定。笔者借以支撑自己观点的是有关"日常生活"的理论。具体而言,无论怎样的"自上而下",也无论怎样的顶层设计,当制度落实到具体的实践中时,最终还是要回到一定空间里各主体的"日常生活"中来。

有关"日常生活批判理论"的问题笔者在第二章已经有过一定论述,此处再做一些补充。就笔者的阅读视野,在中文的理论研究中,学术化地分析"日常生活"这一概念主要是在两大研究领域。一个是历史研究,这

---

① 〔英〕罗纳德·哈里·科斯、王宁:《变革中国:市场经济的中国之路》,徐尧、李哲民译,中信出版社,2013,第70页。
② 在这方面更为细致的研究可参见倪志伟、欧索菲《自下而上的变革:中国的市场化转型》,阎海峰、尤树洋译,北京大学出版社,2016。
③ 顾培东:《我的法治观》,法律出版社,2013,第150~151页。

类作品反对那种以帝王为中心的研究范式，强调通过对芸芸众生"日常生活"的叙事，以来描述实际的历史面相。这在社会史的研究中体现比较明显。总之，它希冀从"微观世界"入手理解"宏观世界"。① 这类研究很难说是建构的、批判的，它重在描述对一个时段历史的再现。法国年鉴学派对此影响深远。另一个是文学批评、哲学层面的"日常生活批判理论"研究。② 这一研究在我国大致开始于20世纪90年代早期。其受西方马克思、法兰克福学派的影响较深。这个意义上的"日常生活"研究，较之于前述社会史研究中的"日常生活"走得更远。做一个不太恰当的比喻，前述社会史的研究只不过是将某一时段中的"日常生活"整合进一个连贯的叙述文本之中，以使读者通过阅读看到历史上某个社会大多数人的生活面相。当然这一"日常生活"的呈现在某种程度上也可以反思、补充传统帝王史学的明显不足。而在后一种文学批评、哲学的层面上，它并不满足于将人从社会生活中剥离、悬置起来进行抽象的研究。尽管这一研究同样是围绕"日常生活"，但它不仅建构，更主要的是批判。它批判的是人在这个社会中的遭遇，何以被异化等诸多方面。他们对日常生活的研究俨然已经成为体系，也有了系统的理论。相比之下，第一种意义上的"日常生活"研究还是很朴素的。但这并不代表第一种研究没有意义，准确说这是他们价值取向上的不同。

在本书，笔者想将这两者结合起来。亦即，基层法院司法过程的具体展开——"日常生活"，既呈现"自上而下"的制度，又依循自我一定时空范围下特有的逻辑。事实上，已经有一些法学研究在不自然中运用这一视角。只不过，在常见的著作中，这种偏向于司法机关日常生活视角的研究多是夹在"司法实践""司法经验"等相对还是比较抽象的论述中。

在这个意义上，司法实践的具体走向及未来发展，固然会依靠各种顶层设计，但如果因此就忽略司法过程中的各种"日常生活"面相，势必并不能理解真实的司法实践。③ 换言之，前述科斯、王宁关于中国经济发展

---

① 参见王笛《茶馆：成都的公共生活和微观世界（1900—1950）》，社会科学文献出版社，2010。
② 吴宁：《列斐伏尔日常生活批判理论探析》，《哲学研究》2007年第2期。
③ 一个偏重于基层法院的研究可参见张学文《乡村司法策略的日常运作和现实考量》，《政法论坛》2012年第6期。

"边缘革命"的观点在解释中国司法实践的发展上同样具有阐释力。亦即来自基层法院日常生活实践的经验是构成中国司法建设的重要素材。同时，中国法院司法的复杂面相也呈现在这些略显琐细、混杂的日常生活之中。由此，由基层来提供给中国司法改革的局部尝试与经验就变得不仅需要而且可能。亦即，"适当地鼓励地方政府或法院进行一定程度上的经济改革创新或司法改革创新也是无法避免的"，问题只是"如何把握这种创新的着力点及尺度"。①

这种可能性，不仅在于基层法院在面临纷繁的社会事实时不得不从规整的"上面规定"中寻求解释的空隙，而且还在于基层事实上也一直进行着各种自己小天地里的试验，这在高王凌关于中国农村集体化下农民反行为的研究中体现得尤为明显。

与高王凌的研究相类似的还有斯科特（James C. Scott）的"弱者的武器"这一理论。② 高王凌论及他与斯科特的理论具有相似性，但也有区别。

> 对于政府的制度规定，"反行为"虽带有一种"反"的意味；但"反"不一定是"造反"，也不是暴力反抗，相对而言，它毋宁说是一种"软行为"（也可以说是"阴柔"的行为），就此而言，"反行为"主要表示的是一种"反过来"的行为，是日常生活中秘密的、静悄悄的、带有很大的欺骗性的、不易为人觉察的行为。③

科斯、王宁的"边缘革命"与高王凌的"反行为"同样都是边缘、个体的行为对于整个制度、秩序的反映，但他们导向的是不同的方向。在前一种情形下，它型构了最终的制度；在后一种情形下，它对制度进行了否定性评价。

---

① 张榕：《中国法院能动司法机制研究》，中国政法大学出版社，2015。
② 参见〔美〕詹姆斯·C. 斯科特《弱者的武器：农民反抗的日常形式》，郑广怀、张敏、何江穗译，译林出版社，2011。
③ 参见高王凌《弱者的武器和农民"反行为"》，《南方周末》2008年5月9日。

余 论

笔者之所以不厌其烦地将"个体"这一具有哲学形而上意义的概念用在本书的研究对象（西北）基层人民法院上，与其说是分析工具上的，不如说是一种价值及思维观念的思索——经由个体性到主体性。① 但问题恰恰在这里，如果不是只考虑事实的某种白描，而是带有一定倾向性的价值导向就会产生一些额外的顾虑与一定的担忧。易言之，在最通常的意义上，谈论"个体"这一现象与事实完全是可能的，也是很正常的；然而若要将其同对某种文化性质的批判与反思关联起来，则总有一些隔阂（阻隔）。

我们的日常生活中，也是讲"个体"的，只不过是将其置于集体的框架之下——这几乎是自然的，更确切地说是将其作为对某种形式的集合或集体的一种反对/反抗的对立面，在这一情形下，"个体"往往构成了对某种既定和谐秩序的冲击与破坏。亦即，"个体"的存在总是为了映衬集体与统一的需要，所以它也是不断被建构，同时又快速消解的。当然，某种意义上，纯粹的个体是没有意义的，个体也只有在与"集体"这一概念的包含－对比中才有意义。另外，正如卢梭所言"人是生而自由的，但却无往不在枷锁之中。自以为是其他一切的主人的主人，反而比其他一切更是奴隶。"②

如果是真切地看去，也没有过分误解"自由主义"的原义，能够看到一种强调"个体"的思维同自由主义这一意识形态之间的天然关系。事实上，也只有在这一论域内，个体的本义才能得到较好的发展。某种意义

---

① 〔美〕劳伦斯·E. 卡洪：《现代性的困境——哲学、文化和反文化》，王志宏译，商务印书馆，2008。
② 〔法〕卢梭：《社会契约论》，何兆武译，商务印书馆，2003，第 4 页。有关现代社会形成的个体与社会之间的深刻关联可参考 Ulrich Beck and Elisabeth Beck - Gernsheim, *Individualization: Institutionalized Individualism and Its Social and Political Consequences*, London: SAGE Publications, 2002.

上，自由所反对的就是极权。① 是故，并不需要过分担心这一思路同某种容易引起混乱和煽动的"民主"联系起来。这里强调的"个体"是与自律、自治相配合的，换言之，它强调的是一种自我性的存在，而不只是某种衍生性的客观物。随着社会的开放性发展，任何极权的理论都会不断遭遇来自"个体"的挑战。

不过上面的论述的确是一种纯然的逻辑推演，在现代社会，随着民族-国家发展的不断加深，国家越来越倾向于对各种权力的直接掌控，甚至形成一种嗜权的"贪婪"胃口。② 由此，个体作为对这种倾向的一种抵抗或者否思（unthinking），总是存在于对抗空间中。问题的根本不在于是否要有这种对抗，而在于在二者之间是否能够形成合理的、有效的、平等的对抗。但即便是这一温和的思路也会在国家的权力触角下不断被挤压。由此，即使是最为单纯的制度指向，也会与某种政治思维联系在一起，进而固化为某一意识形态的标准配置，造成政治共识与宽容的难产。然而历史、社会的进展并不总是铁板一块，因着各种因素，甚或是非常偶然的一个条件，曾经最为保守的制度或是在边缘，或是在中心会产生一些非常急速与剧烈的变化，当然更多时候是缓慢的。这便是最通常意义上的改革。因着这样的思路，本书所要描述的基层法院到底是一种怎样的个体，又要走向何处？这个答案还很模糊。

杨庆堃在研究中国的宗教时，提出了一些明显的特征。③ 但可以肯定的是，基层法院作为一种重要的政治工具，绝对没有办法成为宗教那样一种完全了却红尘的独立存在。基层法院注定是要深嵌在社会之中。但问题是，即便如此，它又如何能够不将自身消隐在茫茫的体制之中？笔者认为，问题不全在基层法院自身内，还需要从外部给予一定的配合。这不仅

---

① F. A. Hayek, *The Constitution of Liberty*: *The Definitive Edition*, Chicago: University of Chicago Press, 2011.
② 对此的一个分析可参见王希《原则与妥协：美国宪法的精神与实践（增订版）》，北京大学出版社，2014，2014 年版前言。
③ Ching Kun Yang, *Religion in Chinese Society*: *A Study of Contemporary Social Functions of Religion and Some of Their Historical Factors*, Long Grove: Waveland Pr Inc., 1991（中译本参见杨庆堃《中国社会中的宗教》，范丽珠译，四川人民出版社，2016）。另见杨庆堃《儒家思想与中国宗教的相互作用关系》，载费正清主编《中国的思想与制度》，世界出版社，2008，第 307～319 页。

是为了给基层法院更多的权力,还是为了社会更为和谐,司法更为可欲、公正。这须得由其他社会(国家)机构自觉限权而给司法机关以它所担当之必需资本。换言之,这种个体所具有的意义不是彻底的而只能是部分的,这一思考还是为了强调基层法院作为司法活动的主体在其正当行为时应受到应有的尊重。①

---

① 对个体意义和价值的揭示,在德勒兹、瓜塔里那里走得更远。他们的着力点并不全是如本书所主要强调的中国文化底色中的集权思想及其集体意识,而毋宁是他们对现代社会症状的深刻体认及其批判,这在他们共同的著作《反俄狄浦斯》《资本主义与精神分裂(卷2):千高原》中有较明确的体现。参见〔美〕道格拉斯·凯尔纳、斯蒂文·贝斯特《后现代理论——批判性的质疑》,张志斌译,中央编译出版社,2011,第三章。

第五章

反思：可欲司法之追寻

引 论

大体上，本书第二章所阐述之Y中院与其所辖基层院之上下级关系，以及第三章讨论之甘南"尼江问题"之处理，都是变迁社会中西北基层人民法院司法的个案形象。① 挑选这两个个案，主要还是要表明目前的制度安排在一定程度上影响了司法功能的更好发挥。其中的部分理由，本书第四章做了初步分析。具体而言，法院制度功能上的跑偏甚或异化，影响的不仅是法院整体司法生态，更重要的还是当事人诉讼利益的实现。法院由于自身能力之局限而使得可以通过司法方法解决的纠纷流浪在法律救济的大门之外，这同样降低了法院司法救济的功能，也使得当事人利用司法解决争议、矛盾、冲突的成本增大。易言之，这种制度上的安排使得部分当事人成为司法制度利用上的"最不利者"。即是说，当当事人很难接近法院司法，或者即便是能够接近司法但实际上还是很难通过司法实现对自身权益的维护，那么此时的司法公平正义之实现便受到了阻碍。司法不仅要是可欲的（avaicable），还要是可及的（accessible）。

本书前面的章节主要还是体现在对制度框架的检讨上，本章则主要是结合当前制度，进一步自当事人的视角再做一些反思。对当事人而言，不仅制度本身要合理，而且还要能够较为方便和顺利地利用制度。显然，再为理想的制度设计，如果不能为实践所实际利用，至少在效用主义的角度上其价值是大打折扣的。实际上，相当多的研究也都一再表明我国司法所存在的一个问题即在于当事人利用司法资源上的困难，特别是司法资源实际分配上的不公平性。一定层面上，本书认为这涉及司法的可欲性（available）问题。易言之，我们要让司法正义能够更容易地实现；而不仅仅只是一种期待——水中月、镜中花一样可望而不可即。

---

① 在惯常对个案研究的批评上，都是怀疑个案的代表性以及它实际所能揭示的问题的广度。实际上，这其实是对个案研究的一种误解。See Mario Luis Small, "How Many Cases Do I Need? On Science and the Logic of Case Selection in Field-Based Research", *Ethnography* 10 (2009): 5-38.

尽管将司法与正义笼统地连在一起并不会有什么不正确，也不会有太大的争议（之所以这样认为，是因为至少在德沃金看来这是存疑的）；① 不过它在给研究者带来理论对接上的方便的同时，也使得研究本身陷入困局。这首先是因为关于"正义"本身就是一个相当宽泛而且古老的论题。其次，由正义转入司法正义，进而实现司法之可欲性，它们之间的过渡有着很大的张力——正义本身是一个外部的内容；司法正义又受司法自身规律的限制而表现出一定的内在性；而司法之可欲性，一定程度上也是社会、政治乃至政策的一个主题。

无论如何，司法之设置其最主要也是最直接的目的都是指向当事人的案件裁判的。用更通常的话语来说，即所谓定分止争。是故，如果我们能够稍微放宽对于法律、司法的视野——社会地、情景地去理解法律，② 我们都会意识到司法之于当事人是要可欲的。这种可欲性不仅是指对诉讼有困难的群体的救助、援助等方面，还包括制度本身是正义的，即要让当事人更便利和有效地利用包括法院在内的司法裁判制度。③ 在这后一方面，

---

① 参见〔美〕Ronald Dworkin《法律帝国》，李冠宜译，时英出版社，2002，第36、106~107页。另外，在关于正义和法的探索上，德国法学家施塔姆勒（Rudolph Stammler, 1856~1938）的探索给了我们很多的启示。参见〔德〕施塔姆勒《正义法的理论》，夏彦才译，商务印书馆，2016。

② 社会地、情景地去理解法律，这并不是说要消解法律自身的特质及其对社会的积极作用。在最广泛的意义上，就法律与社会的关系来看，法律乃社会中的法律，法律之存在有其相对稳固的环境。一方面，就长时段来看，司法过程必然带有深深的社会印迹，这从大量的社会史作品中就可以看出来（在这方面，恰如观察者在事后所指出的某事之发生恰吻合于彼时之时代/社会背景。典型如二战之于欧洲的影响、"五月风暴"之于法国的影响）。客观地说，无论我国法律及司法如何发展，也不会出现美国那种宪政文化。因为，无论是就我国的历史来看，还是具体到每一个时代的社会文化、政治架构等，法律在我国的地位及作用与美国等国是有差异的。或者，换句话说，在我国社会安排秩序乃至解决纠纷等诸方面法律并不是其最终权威，司法权威的至高无上性并不能得到根本的全部认同。在这一视野下，我们也比较容易看清楚国家法律及司法的实际发展状况；同时，也比较能够区分我国法与域外法在比较上的差异点及相同处。是故，在这一国情下，有必要在一个更为宽阔的视野下来看待我们的法治道路及社会治理的方向。其实，在这方面早已有学者进行了颇具洞见的探索（如於兴中《法治与文明秩序》，中国政法大学出版社，2006。本书最后一章会继续探讨这一问题）。在这一意义上，本书前文有关日常生活阐述的部分也与此有关。另一方面，是否也可以社会来连缀包括政治、经济等影响司法的因素？

③ 亚当·斯密（Adam Smith）曾有过一个"适度的司法"（a tolerable administration of justice）的比喻，并将其与和平以及便利的税收并置在一起，列为国富的三要素。麦克法兰对此的一个解释是，"如果说现代性的关键在于政治、宗教、经济、社会——作（接下页注）

为法学者所熟稔的卡夫卡（Franz Kafka, 1883~1924）的小说《诉讼》中寓言"法的门前"再好不过地说明了这一点。① 然则问题是，一如罗森贝克所指出的，"……虽然没有比公正性更高的指路明灯，但这仅仅对于立法者而言是如此，对于法官而言并非如此。立法者在制定一个生活关系的规定时，只要他不是受制于对历史联系或其他行为习惯的考虑的约束，他不可能追求比公正性和公平性的要求更好的目标，也不可以有其他目标……不同的是，如果法官将具体的诉讼之船根据公正性来操纵，他将会陷入大海的风暴和不安中，并被撞得粉身碎骨。诉讼的本质将会从根本上受到破坏……唯有经过数百年的努力由立法者塑造的公正，唯

（接上页③）为各有不同需求的四大领域——之间既分立，又平衡，那么，能够维持它们的平衡，并为它们提供共同基础的就是法律体系"，"英格兰的法律在各路互相抵牾的势力之间裁夺，由此保持了建设性的平衡和张力……英格兰的法律将愤怒送进程序之中：提取它，捣碎它，疏导它，犹如一场复杂的游戏。而且，法律也是自信和可持续发展的基本保障"。参见〔英〕艾伦·麦克法兰《现代世界的诞生》，管可秾译，上海人民出版社，2013，第206~227页。其他学科的一些研究也给了我们一些有益的启发，比如维罗里在关于爱国主义的论述中，就指出"……对政治哲学家来说也是最好的道路，是勾画出一种可接受的、可达致（acceptable and within our reach）的爱国主义概念……"参见〔美〕毛里齐奥·维罗里《关于爱国：论爱国主义与民族主义》，潘亚玲译，上海人民出版社，2016，第173页。

① 参见〔奥〕卡夫卡《卡夫卡小说选》，孙坤荣译，人民文学出版社，1994，第486~488页。有关我国司法实践在这方面所面临的困境，可参见顾培东《中国法治进程中的法律资源分享问题》，《中国法学》2008年第3期。更一般意义上的论述可参见吴忠民《社会公正论》，山东人民出版社，2012。特别具有参考意义的是英国1999年公布的《民事程序规则》(The Civil Procedure Rules)，其中第1.1条就规定，本规则的基本目标是确保法院"能够以与案件需要成正比例的成本公正地处理案件"（deal with cases justly and at proportionate cost）。详细规定如下：(1) These Rules are a new procedural code with the overriding objective of enabling the court to deal with cases justly and at proportionate cost. (2) Dealing with a case justly and at proportionate cost includes, so far as is practicable – (a) ensuring that the parties are on an equal footing; (b) saving expense; (c) dealing with the case in ways which are proportionate – (i) to the amount of money involved; (ii) to the importance of the case; (iii) to the complexity of the issues; and (iv) to the financial position of each party; (d) ensuring that it is dealt with expeditiously and fairly; (e) allotting to it an appropriate share of the court's resources, while taking into account the need to allot resources to other cases; and (f) enforcing compliance with rules, practice directions and orders. 无独有偶，类似的规定在《英国最高法院规则》(SUPREME COURT OF THE UNITED KINGDOM Supreme Court Rules 2009) 中也有体现。具体如下：Scope and objective 2. …… (2) The overriding objective of these Rules is to secure that the Court is accessible, fair and efficient. (3) The Court must interpret and apply these Rules with a view to securing that the Court is accessible, fair and efficient and that unnecessary disputes over procedural matters are discouraged。

有法律本身才是法官的裁判的准绳和指南。"① 我们又该如何来思考这一问题?②

在总体思路上,本章首先是将对具体问题的审视(包括但不限于本书第二、三两章的两个个案)回溯社会,并以此作为定位本书关于正义问题论述的坐标。就正义问题的一般理论,笔者主要选取的是罗尔斯的正义理论及阿马蒂亚·森关于正义理念的论述。这是为了从外部——中国社会发展的现实——来为西北地区基层法院问题的改观提供一个理论思路,其间的论证主要是经由罗尔斯"社会最不利者"观点的引入而完成的。这也部分代表了笔者所持的关于正义的立场,同时也设定了关于何种司法秩序方为正义之司法模型的框架。首先,我们认为基层法院需要同其上级法院有所区隔、不宜交织交错,也反对上级法院通过层级间的变异司法秩序控制基层法院的裁判;其次,就藏区司法而言,至少在社会(文化)的范围内不能一刀切,也反对那种同化、进化论的观念。

基于此,本部分关于法与司法的理解更加倾向于德沃金"作为整体的法"(Law as Integrity)的观点。③ 德沃金之观点的价值在于尽管他对实证法多有批评,解决疑难案件的思路也很独特,但他的落脚点还是在"法律帝国"之内。而现在,我们是否可以尝试将"作为整体的法"中的"法"之内容拓宽一下?这也是本书以社会-法律研究方法作为论证进路的一个选择,同时这也是为了回答本章最后一个问题即"司法的空间性及具体的正义"。

一 可欲之司法与正义的贫困

(一) 探讨可欲司法的出发点

在上面的论述中,笔者只是粗略地用"部分与整体关系"的逻辑来回

---

① 参见〔德〕莱奥·罗森贝克《证明责任论》,庄敬华译,中国法制出版社,2018,第114页。反见薛张敏敏《棕树下的正义:丹宁勋爵衡平司法解读(1947—1957年)》,北京大学出版社,2017,第6页。
② 参见顾培东《当代中国司法公正问题研究》,《中国法律评论》2015年第2期。另见章武生、马贵翔、王志强、吴英姿《司法公正的路径选择:从体制到程序》,中国法制出版社,2010。
③ 关于"Law as Integrity",於兴中认为应译为"法的品格"。参见於兴中《德沃金的法律观与法的品格》,《中国政法大学学报》2018年第6期。

答本书所阐述的两个个案之于西北基层法院司法情状的涵盖性。不过，就个案研究而言，最具意义的是自个案背后或从其间抽象出来的问题，而非个案本身。这两个个案所呈现出的现象及其所带来的后果，从其根源上讲是由制度的规定造成的，或者说与我们对法及司法的理解有关。换言之，这两个问题的解决，并不会因为法官的勤勉、尽责，乃至某一个法院的努力而出现根本改变，笔者将这称为结构性问题。从司法的可欲性切入，是因为以个案所呈现的问题所依存的机构本身阻滞了司法正义的更好实现。或者换句话说，它使得我们的司法可欲性变差了。①

详言之，就基层法院的司法，或者西北地区基层法院的司法而言，笔者认为一些背景条件和他种因素阻碍了司法正义的更好实现——本来还可以更为接近正义自身。当然理想和现实之间总会有差距，但借用阿马蒂亚·森的话说："说实在的，让我们难以接受的，并不是意识到这世上缺乏'绝对的公正'——几乎没有人会这样指望，而是意识到在我们的周围存在着一些明显可以纠正的不公正。我们希望去消除它们，却难以如愿。"② 具体理由如下。

首先，笔者需要再次重复前面章节关于基层法院司法"分层区别治理"的一些关键内容。对于各不相同的基层法院来说，它们是在一个完全

---

① 当然不排除笔者选取这两个点进行论述的随意性，因为司法正义的实现关涉了太多的方面，这两个因素只是部分中的部分。就其中的不利因素而言，如果一一列举将会有很多。事实上，笔者在下文的论述中，也没有完全局限于这两个方面的论述，还涉及了一些其他的层面。也并不是所有的观点都会认为在当下的中国，不正义之类型主要不是制度的结构性不正义，而是制度本身不能得到有效执行，以及不正义行为得不到惩罚而带来的负面效应。典型的如慈继伟的研究，他说："从理论上说，正义危机有两个截然不同的类型……在第二个类型中，规范本身大体上是公正的，或者被认为大体上是公正的，但这些规范得不到有效落实，甚至形同虚设……（这）在当今中国尤为严重，称之为危机毫不为过……这一危机所揭示的最突出的正义心理特征莫过于正义愿望的有条件性……（亦即）正义愿望的相互性……（而）我们的社会正处于（一种）恶意循环中：一部分人违反大体上公正的规范但得不到及时有效的制止或惩罚，于是更多的人争相效仿，造成规模越来越大的恶性循环而不得休止……对中国当下的社会公正、甚至对中国长远的道德前景来说，可能没有什么比打破这种相互性崩塌和道德心理扭曲之双重恶性循环更为急迫的议事日程了。"参见慈继伟《正义的两面》，生活·读书·新知三联书店，2013，修订版前言。

② 参见〔印〕阿马蒂亚·森《正义的理念》，王磊、李航译，中国人民大学出版社，2012，序。

整齐的框架下进行作业,这就使得它们很难应对具体世界中切实存在的差异,因而有可能导致司法结果最终不正义的情形。① 不管我们以怎样的形式来加工和裁剪事实,以使这些事实符合实证法的规定,都无法彻底解决前面的问题。相反,当司法程序设置了审级制度,以调整和弥补进入基层法院的案件因"统一裁判"而导致的不足时,实践中的审级制度却未能发挥这样的作用,而是在基层法院和它的上诉审法院之间形成了一种变形的职业伦理。上诉的案件离开了案件本身,而成为机构自身官僚运作的附属材料。那么,这一背景下,就需要反思这一既有的制度建构。

其次,通过对现实中司法正义实现过程所招致的困难和障碍的观察,可发现司法正义的实现同样是有阻碍的。我们宣称也承认建立了大量的甚至是繁复的司法及其他纠纷解决机构及体系,但这并没有带来社会纠纷、冲突、矛盾的高效、正义解决,甚至是大量的纠纷愈加不容易解决。这其中的原因有矛盾、冲突、纠纷在数量上的增加以及解决难度上的升级,但不容忽视的是纠纷解决机构也出现了一些问题。以基层人民法院为例,在司法机关叫苦案子难办的时候,当事人也是"怯于诉讼"。

最后,我们得承认法律及司法自身的有限性,不迷信司法的万能。但这不是要将纠纷、矛盾推回社会,而是要探索如何让法律自然地生长在社会中。亦即法律和社会之间能够有效沟通。此即,如何将司法放在社会的背景之中来考察。这是为了反思我们对于法律概念的理解,特别是那种实证主义法的概念,也是为了表明司法机制作为社会机制之一种的现实,就是司法的实现有其社会情景的制约。同时,这是将关于正义的一般理论同司法正义通约起来的一个通道。换言之,司法正义并不是孤立的,它要考虑到社会的根基。在此,笔者需要给出本书对于正义本身的一个判断——贫困的正义。

(二)"正义的贫困"

"正义的贫困"是从两个层面来说的,这一方面表明"正义"本身的

---

① 对此的疑问是,只是说明了必要性或者问题,但何以可能?另一个问题是,既然这样是不正义的,那么怎样才是正义的?换言之,以哪种形式组织的基层法院才是正义的?

难以实现，正义是一种稀缺资源；另一方面则表明一个事实，即制度的缺憾和不合理，可能会使本来能够达到的"正义"没有达到。① 正义之于中国是如此重要和迫切，又是如此令人焦灼不安，以致我们都在耗费心力地探寻其根本及实现的路径。②

笔者曾论及如下一种策略，即将基层法院放在（基层）社会中来考察。笔者认为司法之于社会是一种交织、缠绕关系，由此司法不正义有着多方面的原因。概而言之，从宏观层面来讲，一方面是司法自身的原因，另一方面是司法之外的。详言之，在司法之外，这些社会的原因有些是与司法自身完全无关的。我们可以从日常的社会生活中找到大量的实例。比如，当事人的司法观念；信息严重不对称的卖方市场交易；诚信观念缺失等。换言之，笔者想强调的是，固然司法自身的建设是十分重要的，但对于意欲通过司法手段来实现其权利的当事人来说，这些必要的司法设置只是其回复受损权益的一个环节，而还有更多的环节尚在法律之外或者法律周边。可以说，正义的实现一直"在路上"。

职是之故，很有必要去思考，如何才能让司法正义得到最大限度的实现，抑或何以"努力让人民群众在每一个司法案件中都感受到公平正义"。当我们评判某一个案件公正/不公正、法院的结构合理/不合理，这背后肯定是隐藏了一个至少是从论者角度出发的关于公正/不公正、合理/不合理的标准。不过这样一个标准到底存在吗？如果存在，又会是哪些内容？就司法层面，我们既强调实体正义，也强调程序正义，并通过各

---

① 借用阿马蒂亚·森的表达就是"由可行能力被剥夺引起的贫困"（poverty as capability deprivation）。参见〔印〕阿马蒂亚·森《正义的理念》，王磊、李航译，中国人民大学出版社，2012，第238~241页。这里很有必要再借用所谓"伊壁鸠鲁悖论"（Epicurean Paradox），即"祂（上帝）愿意阻止罪恶，却无能为力，那么祂是无能的；祂能阻止罪恶，却不愿意，那么祂是邪恶的；如果祂既想阻止又能阻止罪恶，那为什么我们的世界还充满了罪恶呢？如果祂既不想阻止也阻止不了罪恶，那我们为什么还称祂为'上帝'？"在某种意义上，我们同样可以这样的提问来质疑处于贫困中的司法正义。对此，社会学、政治学、伦理学等领域的探索可能要较之法学领域为多。典型的如法国社会学家布尔迪厄的《世界的苦难》（张祖建译，中国人民大学出版社，2017）。自法学角度的反思作品比如我们已经非常熟悉的哈珀·李的《杀死一只知更鸟》（Harper Lee, To Kill a Mockingbird New York: Harper Collins, 1994.）以及布莱恩·史蒂文森的《正义的慈悲》（Brgan Stevenson, Just Mercy: A Story of Justice and Redemption New York: Spiegel & Grau, 2014.）。

② 一个很有分量的研究可参见汪丁丁《新政治经济学讲义：在中国思索正义、效率与公共选择》，上海人民出版社，2013。

种方式方法让当事人能够接近正义（Access to Justice）。如果我们并不是很狭隘地就法律而谈法律，稍将法律的视野放诸社会之中，关于司法正义的讨论就会更有场景性。申言之，我们相信有着一种"美好"的事物存在，它最终会指向司法正义。从最宽泛的角度来看，这包括主观和客观两个方面。

二 正义的思考范式选择

如果说在当下这样一个多歧、不平衡的社会，还有哪一种事物能够为社会的大多数人所肯认，同时也接受是值得为之追求的，笔者认为应该是正义。一如罗尔斯所言："正义之作为我们社会制度的首善，一如真理之于思想……不管各种法律和制度怎样有效，也不管它们设置多么精巧，只要是不正义的，就必须修改或者废除。"（Justice is the first virtue of social institutions, as truth is of systems of thought…laws and institutions no matter how efficient and well-arranged must be reformed or abolished if they are unjust.）[①] 或许这也是为何罗尔斯孜孜以求的"'完美正义的'良序社会"不断遭受批评，但却持续具有理论的生命力及现实的意义。[②] 尽管人们会对什么是正义、怎样实现正义等问题有一定认识上的分歧，但却不会对我们的社

---

① See TJ, 3/3 rev.（说明：罗尔斯著作的引用在国际上已形成一定的习惯，TJ是《正义论》的英文书名缩写，第一个数字为初版页码，第二个数字为修订版页码。另要说明的是，尽管《正义论》出了修订版，但原版并没有退出市场，两个版本都同时具有各自的读者，所以一般情况下，引用《正义论》也就会出现同时引用两个版本的情况）。中译参见〔美〕约翰·罗尔斯《正义论》（修订版），何怀宏、何包钢、廖申白译，中国社会科学出版社，2009，第1页。

② 参见〔美〕萨缪尔·弗雷曼《罗尔斯》，张国清译，华夏出版社，2013，第466页。值得注意的是，尽管"良序社会"或者与其比较接近的"好社会"（good society）越来越成为社会科学研究和讨论的热点，但不可否认的是，这一概念或者理论的含义及所指却愈加富有争议性。在赵鼎新最新的论文中，他说："我并不对我的'理想社会'的实现抱有很大信心。我同时也认为，即使人类能在某时某刻建立了一个接近于我的理想（或者任何一种理想）的社会，我们也不能保证这一理想社会就一定能持久。没有一个制度能完美无缺。即使一个制度有着几乎完美的开始，人的追逐个人利益下的行为会逐渐把这一制度玩得千疮百孔，而环境、人口和资源等条件的变化则会使得初始完美的制度安排变得过时。"或许作者太过悲观了些，但其中的问题值得我们一直警醒。参见赵鼎新《哲学、历史和方法——我的回应》，《开放时代》2016年第5期。

会，以及人类对正义这个目标的追求产生疑问。① 更进一步，对法律、司法而言，正义更是人们追求的终极目标。

（一）"正义"：泛化的语言

无论我们怎样对正义进行分析，首先都需要先对其做出某种界定，其次才能对其实现途径及实践效果给予评价。公正、正义、司法正义、司法公正等这些相似、相近的表达无疑都是一些"大词"。哈耶克甚至对此予以极大的批评，认为它们都是被毒化了的语言（poisoned language）。②

客观地说，要对"正义"做普遍性的研究还是面临着相当大的困难。这不仅因为这是一个不易讨论、界定清晰的元问题，而且还如有学者所言："在某种意义上，作为一个现代人要开口讲正义时，我们觉得自己不配讲这个词。因为我们没有这种经验、这种智慧来谈论。"③ 在当下的我国，如果不是特别去细究正义的具体内容，而是从一种政治方法的角度出发，还是很容易发现这一泛化的语言大量存在于我们的生活中。我们也一直宣传和强调我们的制度能比其他任何制度更能实现正义。尽管我们知道不仅对于正义的理解实际上是多元多义的，而且正义的追寻路径也布满荆棘。④ 本书并不打算主要是从现实政治运行，亦即官方整体表达的角度来讨论"正义"问题，而是侧重于学理的角度来对此做一研究。

---

① 这中间的张力与紧张几乎是天然的，要达致对什么是正义这一问题的唯一解几乎是不可能的。但是如果换一个角度，问题的思考可能会清晰很多。德沃金的研究可以给我们一些启发，他提出了一个"愿望性概念"。德沃金举例说，我们都同意法治是值得追求的，但何者才是对该理念确确实实最好的一种陈述，对此我们却各执一词。这种情形同样适用于对"正义"的描述。参见〔美〕罗纳德·德沃金《身披法袍的正义》，周林刚、翟志勇译，北京大学出版社，2014，第 5~6、248 页以次。另见张静主编《转型中国：社会公正观研究》，中国人民大学出版社，2008。

② See F. A. Hayek, W. W. Bartley Ⅲ, ed., *The Fatal Conceit: The Errors of Socialism*, Chicago: University of Chicago Press, 1991: 106–120.

③ 参见於兴中《具体正义》，收于氏著《法理学前沿》，中国民主法制出版社，2015，第 49 页。事实上，直到今天，我们也没有在亚里士多德《尼各马可伦理学》（廖申白译注，商务印书馆，2003）卷五中关于"正义/公正"的讨论上走出多远。〔美国学者罗娜·伯格（Ronna Burger）专门总结了一个"正义的诸范畴"（《尼各马可伦理学》卷五），参见〔美〕罗娜·伯格《尼各马可伦理学义疏：亚里士多德与苏格拉底的对话》，柯小刚译，华夏出版社，2011，附录三〕。

④ 参见陈宜中《何为正义》，中央编译出版社，2016；〔美〕迈克尔·桑德尔《公正：该如何做是好？》，朱慧玲译，中信出版社，2012；等等。

揆诸学术典籍，在对"正义"自身的终极追问，以及达致正义的诸种条件等问题的探索上，吸引了太多理论者的智识。近几十年来，尤以罗尔斯的影响为大。为区别于功利主义的正义观，罗尔斯将自己的正义理论界定为"作为公平的正义/公平式的正义理论"，并且提出了正义二原则。不过，对于罗尔斯的这一理论并不都是肯定的声音，还有相当多的批评和质疑。比如，阿马蒂亚·森对罗尔斯的批评。森的观点是一种"广义的公正理论"，即"我们如何才能回答关于促进公正和消除不公正的问题，而不是为绝对公正的本质这样的问题提供答案"。①

正义是作为德性、善、正当②等抽象的、形而上的内容，还是具体的？这其实很难回答，正义是复杂的、抽象的，是需要感知和体认的——在中国这样一个缺乏理性传统的社会更是如此。然而正义似乎又是有标准的——只是这个标准到底是谁的标准？如果用哈耶克的观点来看，我们对他人的理解和分析，总是先体认到我们自身，然后以自己的可能作为及经验来进行推测。③ 于此，正义似乎又是能够落到实处，我自己不仅要有正义的感受和心理体验，还要有可期待利益的能够接受的实现。

如果只是从最后的这一点出发，可以看出我们对于司法正义的实现标准是很低的，也就是说我们对司法正义划分了层次。或许正好对应了"止于至善"这一古语，这是一个过程，我们现在先保证司法正义之实现不仅可欲，而且能够实现。换言之，如果是拿吃饭的问题来举例的话，我们先消除贫困、解决温饱问题。

（二）"正义"思考的"正、反、合"

对于正义的研究，罗尔斯写有皇皇巨著《正义论》，④ 其对后来的研究产生了广泛而深刻的影响——"《正义论》后的政治哲学家，要么在罗尔

---

① 参见〔印〕阿马蒂亚·森《正义的理念》，王磊、李航译，中国人民大学出版社，2012，序。除森的理论之外，又如诺奇克、科恩对罗尔斯的批评。参见〔美〕罗伯特·诺奇克《无政府、国家和乌托邦》，姚大志译，中国社会科学出版社，2008；〔美〕G.A. 科恩《拯救正义与平等》，陈伟译，复旦大学出版社，2014。

② Alasdair MacIntyre, *After Virtue: A Study in Moral Theory*, Notre Dame, Indiana: University of Notre Dame Press, 2007.

③ 邓正来：《规则·秩序·无知：关于哈耶克自由主义的研究》，生活·读书·新知三联书店，2004。

④ See John Rawls, *A Theory of Justice: Original Edition*, Cambridge: Belknap Press, 2005; *A Theory of Justice: Revised edition*, Cambridge: Belknap Press, 1999.

斯的理论框架内工作，要么必须解释为何不如此做。"① 罗尔斯从康德出发，从其自身的切肤体认出发，要为这个社会呈现一个理想的正义社会图景。② 尽管这是一种假设，但不可否认，这种理想是对社会——特别是美国社会的一种深刻的反思。表面上这是一种理想的理论研究，但从根本上，这确实有着完全的实践抱负。是故，我们可以说罗尔斯追求的正义理论——包括其后来的调整、修改，③ 都旨在为美国这样的社会寻求一种正义的药方。也正是因为这种社会背景上的差异，有观点便认为，相对于罗尔斯的正义理论，森的正义理念可能更加契合于中国社会。森的理论的一个核心，不是我们应如何设计、更换制度以实现正义，而是如何在现有的框架下通过制度的改善促进正义的实现。④这涉及另一个问题，在我们这个社会，正义是能够实现的还是仅仅是一种乌托邦？⑤ 是否真的如有论者所批评的"任何正义理论都是为不正义辩护"？⑥ 在对罗尔斯关于正义的理论进行批评时，布莱恩·巴利（Brian Barry）说："正义的主题不是制度本身，而是存在于社会之中的权利、机会和资源分配"。⑦ 而这也似乎正是目前我国司法所面临的主要问题。这也正是笔者将司法正义之可欲或者一种可欲司法正义的实现作为问题核心的意图。

借用黑格尔讲的"正""反""合"，如果罗尔斯关于正义的论述是一个正题的话，那么森的分析则是某种意义上的反题，但我们却看到，这里正反题最终在某一个点上又合到了一起。基于此，笔者想提出如下一个问题，或者更准确地说是提醒人们不要忘记如下之事实/现象。此即，我们设想了众多的"正义"模型，似乎这样的理想很快将会成为现实；与此同

---

① See Robert Nozick, *Anarchy, State, and Utopia*, New Yoyk: Basic Books, 1974: 183.
② See Samuel Freeman, *Rawls*, New York: Routledge, 2007: 8 – 12.
③ See John Rawls, *Political Liberalism*, Expanded Edition, New York: Columbia University Press, 2005; *Justice as Fairness: A Restatement*, Cambridge: Belknap Press, 2001; *The Law of Peoples: With "The Idea of Public Reason Revisited"*, Cambridge, Mass.: Harvard University Press, 2001.
④ Amartya Sen, *The Idea of Justice*, Cambridge: Belknap Press of Harvard University Press, 2009: preface.
⑤ 参见〔英〕布莱恩·巴利《社会正义论》，曹海军译，江苏人民出版社，2012，第 16 章"我们能够提供社会正义吗？"。
⑥ 汪丁丁：《新政治经济学讲义：在中国思索正义、效率与公共选择》，上海人民出版社，2013。
⑦ 〔英〕布莱恩·巴利：《社会正义论》，曹海军译，江苏人民出版社，2012，第 21 页。

时,我们也对种种"不正义"给予了最深刻的批判,更是立言要对此进行反思。这一逻辑似乎完美无瑕,也没有任何疏漏。然而,一如前述,现实却是——处于其中的个体既无法忍耐如此漫长的时间以等待一个理想的正义场景的实现;同时,某些对不正义的批判,不免是逞口舌之快,或只是理论上的推演,却无促进现状改善之可能。由此,一个很显然的问题便是怎样做正义才能是可欲的?由此,迫使我们将一个形而上的、抽象的、道德的问题迫切地转化为一个具体的问题,或者说几条简明的规则,以解燃眉之急。然而,我们似乎陷入了一个痛苦的圈子:要么某些"高大上"的理论铺陈、价值预设每每放空,要么匆忙的急就文不对题,或是没有发挥应有的作用。究竟何去何从?是寻找为什么,还是继续尝试其他的"应当如何"这样的价值前涉?

冯象曾经有过一个关于"木腿正义"①的隐喻,意在阐明实质正义与形式正义之间的张力。但在此处问题似乎是一种体制或机制上关于司法自身的一个终极追问。症结在于,"我国社会现实中法律资源分配或分享不公的问题,已经触及了社会公众所能容忍的底线。""尽管无法用定量数据加以佐证,但我国现实中社会成员法律资源分享的失衡应当是不争的事实。""概括地说……第一,政治权力对法律资源过度控制。第二,物质财富对法律资源的配置与分享具有较大的趋导作用。第三,各种其他的社会势力对法律资源的配置与分享具有较大的影响"。②

如果说这就是我们现在所面临的问题,那么如何才能够超然、平常地去对待这一问题,同时又能保证所提出的理论较具阐释力与说服力,还不是很清晰。在笔者看来,罗尔斯的理论还是能提供给我们相当的洞识。③

---

① 冯象:《木腿正义》,北京大学出版社,2007,第37~43页。
② 顾培东:《我的法治观》,法律出版社,2013,第13~14、157~172页。
③ 要说明的是,本书在对有关阐述罗尔斯正义理论材料的选取上,首先运用的是一位长期追随罗尔斯的学生萨缪尔·弗雷曼的著作《罗尔斯》,这本书并不是罗尔斯本人的传记,而是对罗尔斯其人主要理论的阐述。当然,研究罗尔斯本人理论的作者太多了,而选取萨缪尔·弗雷曼,首先是因为他本人多年跟随罗尔斯,持续对罗尔斯理论做了研究,也得到了罗尔斯本人的认可,包括罗尔斯文集的选编以及剑桥罗尔斯研究指南等都是萨缪尔·弗雷曼来完成的;其次是萨缪尔·弗雷曼的《罗尔斯》相当系统地梳理了罗尔斯本人的思想。罗尔斯在其一生中,对正义理论进行了持续的研究,而且其思想并没有发生很大的改变。他最主要的作品《正义论》也是在20世纪60年代成书,反复修改,直到他50岁时也即1971年出版。在对其观点的论述上,罗尔斯还是不断在做调整,(接下页注)

"哲学圣人的工作是如此之丰富,允许通过解释将其据为己有……从现在开始,我们每个人将为约翰·罗尔斯的恩惠而奋斗……在所有的书,所有的脚注,所有的精彩的讨论之后,我们才刚刚开始明白我们必须从这个人身上学的东西有多少"。①

无论怎样,即便罗尔斯的正义理论一再被批评为难以实现,也即便森的关于消除一个个不正义的行动多么现实,但是作为一项理论研究,笔者认为当下的中国社会及其法院司法仍需要在这二者之间进行兼顾。首先,正如下文将要阐述的:罗尔斯并不是那种完完全全的出世理论者,其理论是经由他自己切身的经验以及对社会深刻的体悟经由几十年的锤炼所审慎提出的。可以感受到他的理论表面上看去似乎是玄妙的,但是它却又处处映照着我们的社会。② 对于森,如果从知识社会学的角度看去,他的理论有他对印度社会的关切,然而如同我们批评罗尔斯正义理论过于玄妙而无法达致一样,森主张一个一个减少不公正的出发点,又何尝不是一项不能完成的任务。试想,如此之多的不公正,怎样才能消除?换言之,不公正的总量不是确定的,很难说消除了一项不公正,这社会中的不公正就减少了一个。是故,我们既不能陷入关于正义终极追求的理论冥想中,也不能只劳于具体不正义的消除中。理想的是,既要从制度上使得制度的架构符合正义的理念,也要在行动中去具体地减少不公正,只有在这二者之间进行良好的互动和循环才能达致我们期待中的正义目标。

以下笔者将首先阐述罗尔斯理论之于笔者在前面章节中设想的基层法院秩序结构的理论支撑。同时也是为了补强罗尔斯理论对中国问题的针对性,笔者选取了周保松的研究。而对于森的理论笔者将在下面一个标题论述。

(接上页③)这包括《正义论》两个不同版本的修改,《政治自由主义》中的新阐发,以及《作为公平的正义》这篇似乎并没有完成的作品,还有达到另一个高度的《万民法》和他的讲义的出版。这为一般读者及研究者理解罗尔斯的理论带来了很大的困难,同时问题的难度还在于罗尔斯正义理论遭受了很多的批评,而且有些批评者对罗尔斯的批评形成了相当重要的作品。在这一情形下,也只有将罗尔斯全部的理论以及论者对其批评全部整合起来,方能较为准确地理解罗尔斯的正义理论。但这对一般的研究者来说,太具有挑战性了。萨缪尔·弗雷曼的《罗尔斯》正好能解决这一问题。

① 参见〔美〕罗纳德·德沃金《罗尔斯与法律》,收于氏著《身披法袍的正义》,周林刚、翟志勇译,北京大学出版社,2014,第290页。
② 参见〔美〕涛慕思·博格《实现罗尔斯》,陈雅文译,上海译文出版社,2015。

三　罗尔斯正义理论的价值

（一）　正义理论二原则重述

对于罗尔斯广阔的正义理论，笔者选取它，首先看重的是罗尔斯"公平式的正义理论/作为公平的正义"（justice as fairness）针对的是"社会基本结构"（the basic structure of society）。其次，笔者想运用的是他正义原则中的"差别原则"。这在本书一开始阐述有关"涓滴效应"的部分已有所体现。这既是要通过"社会最不利者"①的观点解释"西北基层法院的司法问题"与"基层法院司法的西北问题"，也是尝试给出一个回答问题的方法。当然，差别原则是罗尔斯"第二正义原则"的第二部分。同时，对第二原则的理解，完全离不开"第一正义原则"。

具体而言，罗尔斯的正义二原则的表述为：

第一正义原则

（1）每个人都有平等的权利，在与所有人相类似的自由体系兼容的情况下，享有最广泛的总体自由体系所赋予的相同的基本自由。②

---

① 这个视角能够解释西北地区的基层法院作为一个整体的问题，但却无法回答区别对待的差异性问题。我们现在是要重新设置根本的制度，而罗尔斯是在根本的制度下考虑资源如何再分配的问题。这是他的二原则的核心。

② 何以翻译罗尔斯的正义二原则，现有的汉语文献还是有一些差异。这些差异部分是由于罗尔斯本人前后表述上的差异，部分是不同汉语学人对于关键词的不同把握而导致的不同。对这些争议的梳理参见张国清《罗尔斯难题：正义原则的误读与批评》，《中国社会科学》2013年第10期。亦见张国清翻译的萨缪尔·弗雷曼所著《罗尔斯》（华夏出版社，2013）一书，第48页注释①、第91页注释①。原文如下：The first statement of the two principles reads as follows. First: each person is to have an equal right to the most extensive scheme of equal basic liberties compatible with a similar scheme of liberties for others. Second: social and economic inequalities are to be arranged so that they are both (a) reasonably expected to be to everyone's advantage, and (b) attached to positions and offices open to all.... the final statement of the two principles of justice for institutions FIRST PRINCIPLE Each person is to have an equal right to the most extensive total system of equal basic liberties compatible with a similar system of liberty for all. SECOND PRINCIPLE Social and economic inequalities are to be arranged so that they are both: (a) to the greatest benefit of the least advantaged, consistent with the just savings principle, and (b) attached to offices and positions open to all under conditions of fair equality of opportunity (TJ, 302/266 rev.).

第二正义原则

（2）社会和经济的不平等应这样安排：

（a）在和公正的储蓄原则一致的前提下，对社会中最不利者（the least advantaged）最为有利；

（b）在公平的平等机会的条件下，职位与工作向所有人开放。①

罗尔斯正义二原则的价值在于其提供了一种思考"社会最不利者"的详细思路和具体制度安排方案。尽管社会理论不乏对"社会最不利者"的关注与研究，但却缺乏对该问题系统化的思考以及就其与其他社会成员利益的协调方法。

（二）"社会最不利者"的含义

笔者借用罗尔斯"社会最不利者"的理论经由西北基层人民法院司法的语境来讨论其中可能存在的关于当事人利用司法的问题可能并不是十分恰当，但这却在一定程度上反映了一定的社会现实。更具体地说，这是由于几方面原因的叠加导致了这种"社会最不利者"的形成。首要的一点即在于前面已经讨论过的制度运行中的功能异化，以及制度本身分化上的不全面；其次则指的是资源供给上的不足，从而导致的司法资源紧张。在这一方面，我们甚至可以说西北基层法院自身都是国家法院体系的"社会最不利者"。尽管罗尔斯的"社会最不利者"是用来描述社会中的"个体"的——当然这个个体指的是我们社会中的自然人。而笔者在这里所指的西北基层人民法院，即便是作为一个模糊的整体，它也不是一个"人"。不过，笔者还是认为作为一种理论，使用者可以对其做一些拓展的工作。② 至于西北基层人民法院是否相对而言就是全国基层法院的最不利者，这是需要论证的，而笔者给出的仅仅只是一个判断。笼统地说，至少需要从"人、财、物"三个方面给出比较数据。大多数情

---

① 参见〔美〕约翰·罗尔斯《正义论》（修订版），何怀宏、何包钢、廖申白译，中国社会科学出版社，2009。译文略有改动。

② 从罗尔斯的本意来看，笔者这样的扩展似乎也没有什么问题。"差别原则是针对制度的原则，而不是针对个体的原则。"参见〔美〕萨缪尔·弗雷曼《罗尔斯》，张国清译，华夏出版社，2013，第104页。

况下,我们都会接受如下观点,至少在业务能力上,西北基层法院的办案人员的综合素质要相对弱一些。这从他们的学历层次、再教育等可以反观。① 在财、物方面,2007 年国务院通过了新《诉讼费用交纳办法》后,基层法院财政日渐纳入中央财政预算,由中央财政予以保证。2012 年时任最高人民法院王胜俊院长在当年的《最高人民法院工作报告》中指出:"基层法院办案经费基本得到解决"。尽管还缺少清晰的数据来对比各地基层法院的实际经费水平,② 以观察西北基层法院在全国的情况;但至少有一点,在国内各地的情形肯定差异比较大。③ 此外,尽管人、财、物上的相对紧张并不一定必然导致司法产品生产上的廉价,甚至偷工减料;但是在一个物质相对比较匮乏的场景下,资源供给的质量比较容易受到影响。换言之,在司法资源总量不能增加的情形下,个案间的资源分配方法则完全有可能不利于"社会最不利者",甚至是产生新的"社会最不利者"。

"社会最不利者"是在罗尔斯第二正义原则的"差别原则"下进行论证的。需要首先表明的是,罗尔斯的正义二原则是一种词典式的(lexical)优先次序,即在第一原则未被完全满足的情况下,就不能达到第二原则;在第二原则之中,2(b)的公平的平等机会原则优先于 2

---

① 常见的一个新闻报道版本是,自实行国家统一司法考试("法律职业资格考试")之后,西北地区的法官面临断层,或者这些区域一个年份一个司考通过者都没有,当然还有司法考试所谓的 C 证这样的优惠、倾斜政策。笔者这里提出这些常见新闻报道的内容并不是说是司法考试的高门槛导致了"法官荒"(这一问题是值得商榷的。2006 年 3 月 9 日,中共中央组织部、中央机构编制委员会办公室、最高人民法院、最高人民检察院联合印发了《关于缓解西部及贫困地区基层人民法院、人民检察院法官、检察官短缺问题的意见》的通知,只是想从司法考试整体的通过率及 C 证的倾斜照顾政策来说明这里司法人员的总体业务能力。类似报道不时见诸报章杂志,如尹鸿伟《西部基层"法官荒"》,《南风窗》2009 年第 7 期;陈晓《守望西部法治光明》,《民生周刊》2011 年第 9 期;等等。另见朱景文主编《中国人民大学中国法律发展报告 2012:中国法律工作者的职业化》,中国人民大学出版社,2013。

② 最高人民法院的一些调研报告可参考唐虎梅、郭丰《2009 年度全国法院经费分析报告》,《人民司法》2010 年第 17 期;唐虎梅、郭丰、李军《全国法院经费保障体制改革情况调研报告》,《人民司法》2011 年第 17 期;唐虎梅、李学升、杨阳、郭丰《人民法院经费保障体制改革情况调研报告》,《人民司法》2013 年第 21 期。另见左卫民等《中国基层司法财政变迁实证研究(1949—2008)》,北京大学出版社,2015。

③ 大体上法院的经费主要来源于三个渠道:地方财政拨款;诉讼费收入返还;中央政法补助专款和省级政法补助专款。

(a)的差别原则。① 笔者指出这一点，是想表明罗尔斯所谓之"社会最不利者"有它的适用环境和条件。罗尔斯的正义理论，完整的表达是"作为公平的正义理论"/"公平式的正义理论"。一如上述，罗尔斯为什么要将其正义理论与"社会最不利者"（the least advantaged members of society）联系在一起呢？这是非常耐人寻味的。某种意义上，作为公平的正义，是要倾向于这些社会的最不利者的。换言之，这是要限制那些高于社会的最不利者群体的利益的，以达到社会在总体上的一种平衡。在现代社会，任何一个人都有可能成为最不利者，这是一个变动的概念。或是由于信息的不对称，或是由于个人境况的突然变故，都可能使一个原本占优者成为一个社会最不利者。当然，这个社会中还有诸多的人群或因为先天的个人禀赋、财富，或由于后天的资源分配，从一开始就是这个社会的"最不利者"。

就罗尔斯的立场而言，他不是放任自由主义（libertarianism）的，而是更接近于左翼自由主义（liberalism）或自由平等主义（liberal egalitarianism）——一方面强调个人权利的优先性，另一方面重视社会资源的公平分配。② 在这个意义上，罗尔斯所讲的"社会最不利者"是有条件的，相应地，社会给予他们的待遇也就不是那种宗教情怀的"扶贫济世"。③ 罗尔斯关于"社会最不利者"的论述如下：

> 指的是在享有基本有用物品（primary goods）④之份额意义上的最

---

① 要补充的是，笔者在这里主要是将西北基层法院作为一个整体来分析的。在本书第三章具体阐述甘南司法的实际问题时，是赞成差异（diversities）和区别对待的。显然，这一差异、区别同本部分所讲的差异（difference）并不一致。罗尔斯意义上的差异主要指的是，在怎样的一种前提下，我们才能允许社会差异的存在。更进一步，我们需要怎样对待社会最不利者。在这个意义上，更接近笔者有关西北基层法院在国家整体基层法院体系及整个司法结构中境遇的判断。而有关甘南司法所指的差异，则主要是指要区别不同情况不同对待，突出的是个体精神的实现。
② 参见周保松《自由人的平等政治》，生活·读书·新知三联书店，2013，第6页。
③ 参见〔美〕萨缪尔·弗雷曼《罗尔斯》，张国清译，华夏出版社，2013，第92～93、104页。
④ "primary goods"是罗尔斯理论体系中的一个核心概念，各中译本翻译并不一致。此处依据周保松译文，即"社会基本有用物品"。参见周保松《自由人的平等政治》，生活·读书·新知三联书店，2013，第16页。See also Samuel Freeman, *Rawls*, New York: Routledge, 2007: 478.

不利者群体。他（罗尔斯）说道，由于一个人享有收入和财富的份额一般吻合于其拥有能力、权威地位、自尊基础之基本有用品的份额，我们可以把最不利者看作在社会中经济上的最不利者，即最贫困的人（虽然他们事实上不是绝对意义上的穷人）。因此，最不利者不是最不幸福者或者最不幸运者，也不是最严重残障者……最不利者甚至不是因为不能或不愿工作而失业的人之中的最贫困者……最不利者，实际上是这样一些人，他们是收入最少的，他们具备的必要技能是最低的……

最不利者还有一种情形是指，人们能够进入或摆脱的其在社会中的某个相对境况。①

行文至此，我们已经大致能够理解罗尔斯差别原则之中所指"社会最不利者"的含义。显然，在罗尔斯的正义二原则体系中，我们很快发现，在笔者将西北基层法院作为一个整体抽象到罗尔斯的"社会最不利者"这个框架中的时候，无形中就是说在一个国家内部，司法正义之实现程度出现差别。从这个意义上，似乎我们还是要先回到第一个原则②去，接受同样的司法正义是作为一国公民的基本权利，是国家的基本义务所在。③这样似乎产生了矛盾，一方面我们说司法正义的阳光将普照社会的每一寸

---

① 此处译文主要参考了萨缪尔·弗雷曼的《罗尔斯》（张国清译，华夏出版社，2013，第110页），但有所改动。See also Samuel Freeman, *Rawls*, New York: Routledge, 2007: 106-107.

② 罗尔斯正义二原则的第一原则，笔者在前面正文的部分已经有过一个简单的摘述。要注意的是，罗尔斯在他的第一正义原则中所讲的"自由"前面加了限定词，完整的表达一如正文"基本自由"。参见〔美〕萨缪尔·弗雷曼《罗尔斯》，张国清译，华夏出版社，2013，第50、54页。一如笔者将会在下面的正文部分所要阐述的，罗尔斯关于他的正义原则的这种优先性安排以及他所谓之"社会基本有用物品"并非铁板一块，森就对此有过批评。参见〔印〕阿马蒂亚·森《正义的理念》，王磊、李航译，中国人民大学出版社，2012，第243~246页。

③ 对这一问题，下一章所阐述的德沃金的理论还将继续讨论。"德沃金告诉我们，平等关怀与尊重作为国家证立其统治正当性的整全性政治道德美德的核心权利，最终须立基在人性尊严的两个伦理原则上，第一个原则是肯认每个人的生命都有其同等且客观之重要性的'内存价值原则'（the principle of intrinsic value），第二个原则是强调每个人都负有实现自己美好人生愿景的'个人责任原则'（the principle of personal responsibility）。"参见〔美〕朗诺·德沃金《认真对待权利》，孙健智译，五南图书出版股份有限公司，2013，推荐序（第6页）。

土地；另一方面，我们却看到由于司法外部保障机制及其内在运行的差异导致这一目标并不能实现。对此，尚需对罗尔斯正义理论做进一步阐述，笔者拟以学者周保松关于罗尔斯的研究再作一补充。① 不过笔者还是要回到本书第一章已经强调过的观点，在变迁社会条件下，我们只能向前看——在这二者的张力下渐次寻求平衡。

（三）周保松对罗尔斯的评论

中文世界有太多的罗尔斯研究者，而且专门研究罗尔斯的中文作品也有不少。选择周保松，自然是由于他分析和研究的进路是契合于本章的思路的，最主要的还是他不失罗尔斯理论本真的对中国问题的阐释。或者说，经由周保松的研究我们能够部分地回答罗尔斯正义理论之于中国问题回答上的可能价值。周保松将罗尔斯的《正义论》总结为"自由人的平等政治"，作者认为"这一理念是理解罗尔斯的关键"。②

在上文中，经由罗尔斯差别原则中的"社会最不利者"这一概念，笔者分析了我国西北地区的基层法院司法。在这其中，笔者指出西北基层法院由于制度安排等方面的差异而可能会导致司法上的不正义。进而指出，这尚要返回罗尔斯的第一正义原则——最大的均等自由原则。这就有了一个问题，即罗尔斯的理论能适用在对中国问题的分析上吗？这需要进一步返回到罗尔斯正义二原则的推导、证成前提，罗尔斯的论证原点是我们都比较熟悉的著名"原初状态"（original position）。

> 原初状态是个假设性契约，其最大特点，就是假定人们在决定社会的正义原则时，有一层厚厚的无知之幕（veil of ignorance）将所有立约者的个人资料遮走……与此同时，立约者被假定为理性自利者，只会从保障和促进一己利益的角度，去策略性考虑什么样的分配原则才能令自己得到最多的社会基本有用物品……在这样的状态中，立约者会采纳一种保守的"小中取大"的博弈策略。③

也正是这一社会契约论式的讨论模式，对于我们来说首先要质疑的就

---

① 近年来，对于罗尔斯正义二原则研究（批评）比较有代表性的还可参见〔美〕玛莎·C.纳斯鲍姆《正义的前沿》，陈文娟、谢惠媛、朱慧玲译，中国人民大学出版社，2016。
② 参见周保松《自由人的平等政治》，生活·读书·新知三联书店，2013，自序第3页。
③ 参见周保松《自由人的平等政治》，生活·读书·新知三联书店，2013，第282~283页。

是这个前提，因为这本来就是假设的，也就是不存在的。既然如此，又何以能达到下一步二原则的存续？周保松在他的研究中指出："罗尔斯自己说得很清楚，原初状态根本不是真实的契约，而只是假设性的理论构造……既然如此，罗尔斯的理论在什么意义上仍可称为契约论，就很成疑问"，"也就是说，这些将原初状态塑造成公平立约环境的条件，才是支持正义原则的理据"。换言之，这一疑问可以通过对罗尔斯正义理论前提的分析而完全消去。①

在其研究中，周保松指出了两种可能否定罗尔斯理论在中国适用的观点。一种是"文化本质论"，另一种是"政治务实主义"。周保松对第一种观点的回应是："过去百年自由民主的理念席卷全球，很多非西方社会（包括东亚）早已完成或正在进行民主转型。中国自五四运动以来，对德先生的追求，更从未止息，并积累了颇为丰厚的自由主义资源。"② 周保松认为罗尔斯的理论对于我国也是一种能够展开实质而又建设性交流的理论资源。关于第二种观点，周保松认为，当下中国在走向现代化的过程中，传统资源已远远不够，尚需认真吸收西方的学术资源，了解现代性的优劣得失，逐步建立有效的知识框架，发展立足于本土的问题意识，以期为中国未来寻找出路。③ 现状我们会有："我们要有制度自信，但不是要相信自己的制度是最好的，而是要相信自己的制度能更好！"④ 就笔者自己的理解，周保松所提炼出来的"自由人的平等政治"也是一种对罗尔斯理论的解读。即是说，一方面我们得承认罗尔斯的理论有其价值，而且是丰富的；另一方面，即便我们不采用罗尔斯的理论，也需要给出我们不采纳的理由。而这种理由的得出首要的任务是找出其理论的内核，周保松的研究是否满足要求？本书认为这是一种理论自觉。

罗尔斯的理论并不是没有争议，即便是在自由主义的内部也有很大的争议。在下面的部分，笔者想再对目前同样重要的一位思想家——森的理论作一扼要介绍，目的主要是接续此处罗尔斯理论留下的疑问。罗尔斯前

---

① 参见周保松《自由人的平等政治》，生活·读书·新知三联书店，2013，第284页以次。
② 参见周保松《自由人的平等政治》，生活·读书·新知三联书店，2013。
③ 参见周保松《自由人的平等政治》，生活·读书·新知三联书店，2013，自序第5~7页。
④ 何家弘《卖大麻的丹麦"自由城"》，法学家茶座何家弘微信公众号，2019年11月20日。

述理论无疑具有很强的阐释力，但一如笔者在前面已经提出的，对于中国当下的情况而言，我们需要在他的两个正义原则之间往复来回，但是罗尔斯认为这中间根本就没有折中的可能，一定是第一原则优先。尽管笔者所引周保松论述提到罗尔斯理论对于中国的意义，但无论如何这更多是一种愿景与理论期待。於兴中教授就有过一个判断，认为在中国目前套用罗尔斯的正义论还为时过早，相反对于森的理论赞赏有加。相对于周保松从罗尔斯理论本身进行的批判性分析，森的理论就更为完整了。尽管森的理论有着相当程度的罗尔斯背景，但他跳出了罗尔斯的理论，他不仅分析了美国的社会现实，还注意到了美国之外的世界，比如印度的情况。由此，森和罗尔斯的理论实在伯仲之间，他的理论很值得注意。

四 森的正义理念再思

（一） 森的正义理论的基础

在前文，笔者引用罗尔斯的"社会最不利者"概念来概括我国西北地区的基层法院整体。下面要述及的观点是森关于"发展"的理论——"作为自由的发展"（development as freedom）。① 森在他的这部同名著作的开篇，便指出尽管我们过去的世纪取得了原来都不可想象的成绩，但同时我们的社会也面临比以往更加严重的"剥夺"、"贫困"与"压迫"——不管是那些落后的国家，还是发达的国家。"解决这些问题的一个核心要务就是发展"。② 而发展与自由紧密关联，理由如下。③

> 发展即是消除各类不自由。这些不自由使得人们很少能够有选择和机会去做那些合理的事情。

而自由之所以对发展这样重要，森认为有两个方面的重要理由。④

---

① See Amartya Sen, *Development as Freedom*, New York: Anchor Books, 1999. 另有中文译本，参见〔印〕沈恩《经济发展与自由》，刘楚俊译，先觉出版股份有限公司，2001；〔印〕阿马蒂亚·森：《以自由看待发展》，任赜、于真译，中国人民大学出版社，2012。
② See Amartya Sen, *Development as Freedom*, New York: Anchor Books, 1999: Preface.
③ See Amartya Sen, *Development as Freedom*, New York: Anchor Books, 1999: Preface.
④ See Amartya Sen, *Development as Freedom*, New York: Anchor Books, 1999: 4-5.

1) 评量上的理由：进步的评估主要须视人们的自由是否得以增进；
2) 有效性的理由：发展的成就完全取决于人们的自由施为。

最终，做出这样的安排：①

从"被动接受者"到"主动施为者"这种带有中世纪风格的区分的角度来看，以自由为中心来了解经济学与发展过程的方式，就像一种施为者导向的观点。拥有适当的社会机会，个体就能有效地规划他们的前途，也相互帮助。他们不需要被看成是精巧的发展计划下的被动受惠者。

将森的"他们不需要被看成是精巧的发展计划下的被动受惠者"这句话用在本书的框架下，再适合不过。作为一个个体，他需要有尊严的生活。森无疑是我们这个时代少有的百科全书式的大师之一，他有很多很有影响力的作品。他获得了1998年的诺贝尔经济学奖，他同罗尔斯一样也是哈佛大学屈指可数的校级教授（University Professor）。

2009年，森出版了一部以正义命名的著作《正义的理念》。在这部作品的题献里，他表明这部著作是纪念罗尔斯的。他与罗尔斯共事多年，也对罗尔斯的正义理论非常了解。某种意义上，《正义的理念》就是因罗尔斯的正义理论而生发的。② 在这部很重要的著作里，森提出我们要超越罗尔斯——要反思罗尔斯理论中的一些难点。在《正义的理念》的开始，森便比较了他和罗尔斯在研究正义理论上的路径差异。森关心的是"现实、生活和可行能力"，尤其是"可行能力"（capabilities）在他的正义理念中占有相当突出的地位。就笔者所阅读的文献，森不仅在《正义的理念》中对"可行能力"做了论述，在他较早时候的《自由式的发展》一书中业已对此做过阐述。

本书的分析方式是将个人的自由视为发展的基石，所以特别将关注的焦点置于个人"能力"的扩展上，以达到个人所珍视——而且愿

---

① See Amartya Sen, *Development as Freedom*, New York: Anchor Books, 1999: 11.
② 关于这些内容森在他的著作《正义的理念》中有详细的交代，参见〔印〕阿马蒂亚·森《正义的理念》，王磊、李航译，中国人民大学出版社，2012，第47~48页。

意珍视——的生活方式。①

在一部晚一些出版的以森的可行能力方法为书名的著作中，维布克·库克雷斯（Wiebke Kuklys）将森的这一理论提炼为：

  可行能力是一个派生性概念，它不仅反映了人们潜在地可以达到的各种机能，还包含每个人在不同生活方式下进行选择的自由。②

在《正义的理念》中，森说，"我对可行能力方法的研究始于寻找一个比罗尔斯的基本有用品更好地认识个人优势的视角……但我很快发现，这种方法可以有更广泛的意义。""可行能力方法的关注焦点不在于一个人事实上最后做什么，而在于他实际能够做什么，而无论他是否会选择使用该机会。"③

（二）自由、发展与正义

上文对森的理论中的"发展""自由""可行能力"做了一定阐述，森关于正义的理论便与他对这些关键词的界定密切相关。前文已经述及，森对罗尔斯的正义理论是批判、怀疑的。森在他关于正义理论研究的《正义的理念》一书中，首先是梳理总结了两种关于正义研究的经典方法——"着眼于制度安排"（arrangement-focused）的方法与"着眼于现实"（realization-focused）的方法。两者之间存在较大差异，前者是先验制度主义的，后者"通常主要着眼于消灭所见到的这个世界上的明显的不公正"。④森的取向是后一种思路，但他一再强调，尽管他与这后一种思路的主要理论家，如斯密、孔多塞、边沁、穆勒等人的出发点一样，但并不都赞同他们的观点。

森对于他的正义理论的定位是："如何才能回答关于促进公正和消除

---

① See Amartya Sen, *Development as Freedom*, New York: Anchor Books, 1999: 18-20.
② See Wiebke Kuklys, *Amartya Sen's Capability Approach: Theoretical Insights and Empirical Applications*, Berlin: Springer, 2005: 10-12.
③ 参见〔印〕阿马蒂亚·森《正义的理念》，王磊、李航译，中国人民大学出版社，2012，第214~217页。对于森的能力理论的进一步发展可参见〔美〕玛莎·C. 纳斯鲍姆：《寻求有尊严的生活：正义的能力理论》，田雷译，中国人民大学出版社，2016；〔英〕拉尔夫·达伦多夫《现代社会冲突》，林荣远译，中国人民大学出版社，2016，第12页以次。
④ 参见〔印〕阿马蒂亚·森《正义的理念》，王磊、李航译，中国人民大学出版社，2012，第6页。

不公正的问题，而不是为关于绝对公正的本质这样的问题提供答案"。① 他在这个问题上给出了自己的回答，也正是在这一点上他批评了以罗尔斯为代表的后期先验制度主义。在森看来关于什么是不公正，在经过理智的思考之后是能够达成共识的，也就是说这不一定要预先存在一个关于什么是绝对正义的标准。同时，森也认为，关于正义/不正义我们不能只关注制度，一些不公正是由于行为上的僭越而非制度的缺陷本身造成的。② 基于此，森认为对于正义理论的构建，不能只局限于制度的选择、完美的社会安排，而对人们实际能过上的生活熟视无睹。亦即"过于关注制度方面，而忽略人们的实际生活，是有严重缺陷的。研究公正问题时，关注实际的生活对理解公正理念的本质和影响范围具有深远的意义"。③ 如前所述，森在他的整个理论体系里特别强调一种"可行能力"的方法，他将这视为值得人们珍视，并且能够珍视的。而这又要回到自由、发展上去，最终都是为了一种生活。

就笔者的认识，森的这一观点非常具有现实意义。前文笔者已论及就中国的现状，目前只能在罗尔斯的两个正义原则之间往返来回，但罗尔斯并不允许第一个原则没有达到而进入第二个原则。亦即，第一正义原则具有优先性。对于这一点，森在他较早的论著——《以自由看待发展》中质疑了罗尔斯这一观点。实际上，经常会有这样一种观点，当我们发现某一制度没有发挥它应有的效果，或者觉得某一制度推行力度还不够时，就想当然地将此推向国家——希望国家来解决。这比如西北基层法院目前所遇到的问题。姑且不论这种观点根本就没有回答问题，而且它还有更深的问题没有意识到。尽管我们说现代国家权力极大，几乎是无所不能，但这样的巨无霸国家恰恰经常暴露出它左支右绌、顾此失彼的境况。换言之，国家不是全能的，它所能够分配的资源并不是无限的。即是说，当我们对某一制度存在问题的彻底解决完全依赖于国家的时候，差不多已经预设了该制度不能有好的结果。是故，对于现实的制度疑难，如何让国家尽力去分

---

① 参见〔印〕阿马蒂亚·森《正义的理念》，王磊、李航译，中国人民大学出版社，2012，第3页（序）。
② 参见〔印〕阿马蒂亚·森《正义的理念》，王磊、李航译，中国人民大学出版社，2012，第4页（序）。
③ 参见〔印〕阿马蒂亚·森《正义的理念》，王磊、李航译，中国人民大学出版社，2012，第4页（序）。

配它能够分配的资源才是重要的。正是在这个意义上,笔者认为森的观点是很有价值的。国家不能分配一切资源,但作为自由这样一种政治资源,国家是能够分配的。

森也一直强调,一些严重社会问题的发生,往往是人为的结果,或者说是因为个体的一种能力贫穷。在本章开篇,笔者说正义是贫困的,其中的原因便暗含了森所揭示的理论洞识。那么在这个意义上,固然由于种种原因而导致西北基层法院现在所处的"不利者"地位,我们需要国家在分配资源时的重点考虑,但还是要寻求如何培育西北基层法院自身接近司法正义的能力。需要强调的是,笔者只是反对那种将西北基层法院问题的解决完全放在依靠国家的政策——特别是经济支持的基础上。

对他关于正义理论的观点,森有过一段很著名的论述。①

> 呈现在这里的是一种广义的正义理论。其目的在于阐明我们何以回答——促进正义、消除不正义,这样的问题;而非给出怎样才能达到完美正义的解决方案这样的问题。

这段文字就像宣言一样,成为诸多对罗尔斯正义理论的批评最有影响力的一种,特别是在中国。结合森之前的作品,比如《以自由看待发展》(development as freedom),笔者认为,将这些理论结合在一起,更能带给我们启发。部分的理由笔者已在前面做过阐述——森回答了一些罗尔斯所没有回答的问题。既然我们承认有我们社会的最不利者,但他们怎么办?罗尔斯是在他的差别原则下进行一种初始的制度调整,这对于成熟的现代范式国家而言是极有反思性的,但对于正处于现代化过程之中的国家呢?②或许罗尔斯的正义理论并不是一个很契合的范式。

森认为罗尔斯的正义理论回答不了下面的问题,即"存在多个不同的公正的缘由,且它们都能经得起批判性审思,但结论却大相径庭"。他以

---

① See Amartya Sen, *The Idea of Justice*, Cambridge: Belknap Press of Harvard University Press, 2009: ix.
② 这是一个很难讨论的问题,在短期内也很难给出一个标准的答案。中国的路怎么走,因着不同的立场可能是完全不同的方向。马立诚在他的研究中归纳了当前中国的八种社会思潮:中国特色社会主义、老左派、新左派、民主社会主义、自由主义、民族主义、民粹主义、新儒家。大体上一种社会思潮是代表着一种立场。另见马立诚《当代中国八种社会思潮》,社会科学文献出版社,2011。

"三个小孩与一支长笛"的案例做了说明。① 森也因此认为,对于正义思考的新的理论,不是去寻找一个先验的、难以实现的、不清晰的正义的标准,而是以探究不公正为起点,来减少和消除不公正。而对于不公正的判断,"我们完全可以出于不同的缘由而产生强烈的不公正感,而不必就哪一条是其主要原因达成共识,这一点也正是正义理念的核心。"② 他将这称为"多重论据"(plural grounding)的方法。不过在这一判断的背后是所谓"理智"(reasoning)。

(三) 异曲同工

就个人的理解,笔者并不认为罗尔斯和森之间的分歧很大,毋宁说他们各自选择了不同的出发点——他们只是在做关于正义分析的不同工作而已,而且这些工作可以被看作是相互补充的,尽管森甚至使用了"决裂"(separation)这样的表述。③ 换言之,这有夸大之嫌,他们在正义的落脚点和终极指向上并没有那样大的鸿沟。做一个不太恰当的比喻,罗尔斯从一开始就设计了一个相当完美的正义社会模型,即他所谓"'完美正义的'良序社会"。④ 罗尔斯也知道这样的理想模型的实现是有难度的,于是他对这一社会进行"立法"——正义二原则。他还通过相当复杂的论证来阐述他推导正义二原则理论成立的前提,同时还给这两个原则的实现附加了种种限制——几个优先性。申言之,罗尔斯认为,只要不违背他审慎设立的条件,当下社会按照这一模式运行就能很好地实现正义。⑤ 这样的自信和

---

① 非常值得深思的是,如此多的或回应或批评,甚至反对罗尔斯正义观点的理论,尽管一再指出罗尔斯理论的不完善乃至缺点,但却无一例外又都回到罗尔斯的问题本身,显然罗尔斯的正义理论讨论的是问题的根本。
② 参见〔印〕阿马蒂亚·森《正义的理念》,王磊、李航译,中国人民大学出版社,2012,引言(第2页)。
③ 参见〔印〕阿马蒂亚·森《正义的理念》,王磊、李航译,中国人民大学出版社,2012,引言(第14)、94页。
④ 参见〔美〕萨缪尔·弗雷曼《罗尔斯》,张国清译,华夏出版社,2013,第466页。
⑤ 弗雷曼在他关于罗尔斯的著作中对《正义论》的成书背景及罗尔斯的个人经历有一个较为细致的叙述。参见〔美〕萨缪尔·弗雷曼《罗尔斯》,张国清译,华夏出版社,2013,第466页。笔者也特别感谢郭春镇老师,他在给笔者讲述比较罗尔斯与森的理论脉络时,提醒笔者注意《正义论》(1971年出版,1999年修订)成书时的美国社会背景——美国经济的"黄金时代"。事实上,《正义论》初版时美国经济达致世界顶峰,这种繁荣一直持续到《正义论》修订,即所谓"金发女孩经济"(Goldilocks Economy)。可参见〔美〕沃尔特·拉塞尔·米德《上帝与黄金:英国、美国与现代世界的形成》,涂怡超、罗怡清译,社会科学文献出版社,2017,第9章。

理想愿景，不只是在罗尔斯那里，德沃金也有这样的倾向。德沃金在他晚于罗尔斯《正义论》15年后出版的《法律帝国》中阐述了他"作为整体的法"理论，他认为这是一个法律向着纯净化迈进的过程。①

但森却不一样，直到今天他还保留着印度国籍。他的著作也经常用到来自印度的案例。同时，阅读森的作品读者也会发现他所举的例子都是取材于活生生的社会现实，而非专门设计。这些例子多有一个特点，即都是那种特别难以取舍，而且都是那种社会底层很差的生活片段。森也被称为"经济学的特蕾莎修女"。当然这一点也不影响他叙事里透出的清晰逻辑。笔者要指出的是，森无疑比罗尔斯更加知道正义对于像印度这样的社会的重要性，但他更明白就特定的社会现实而言直接套用罗尔斯的理论模型并不一定成功。他的理论无疑像一个穷小子，但森觉得只要给他一定的基础，同样会实现理想的社会。换言之，罗尔斯是要对一个较为理想的社会进行保鲜和自警，森是要给一个还不太理想的社会提供向前的路径。就笔者的理解，正是在这个层面上，森特别看重发展，而他所讲的发展又倚重自由。即是说，森是想通过不断减少和改善现实社会的不公正来达致最终的正义。

总体来看，无论是森还是罗尔斯，他们都相信这个社会是能够达到正义的理想的，也是需要一个关于正义的理论的。只不过，罗尔斯的理想成分更大一些，毋宁说他的理论是呈现了一艘"正义的方舟"②。他认为，这个社会以及其间的个体具有走向"善""理想"的"希望"——"人拥有两个'道德能力'和一个自由采纳的善观念"。③ 森就很务实了，他强调的"能力"，这个笔者在前文已有过一定论述。借用一句中国古语："临渊羡鱼不如退而结网"。道理很简单，如果没有"1"，后面的"0"再多也不起作用。

笔者以前述论断来归纳森的观点，可能森并不会同意——他认为他的工作和罗尔斯有根本上的区别。笔者认为他们是关于正义研究的两种不同路径。实际上，就森关于正义研究的这种思路，对笔者关于西北基层法院

---

① 参见〔美〕Ronald Dworkin《法律帝国》，李冠宜译，时英出版社，2002，第11章。
② 参见曹瑞涛《多元时代的"正义方舟"：罗尔斯后期政治哲学思想研究》，浙江大学出版社，2008。
③ 参见〔美〕萨缪尔·弗雷曼《罗尔斯》，张国清译，华夏出版社，2013，第57页以次。

研究的思考有很大的冲击力。一如笔者在本章开篇所言,本书第二、三章所描述的那种情形在司法上是不正义的,但为什么不正义?正义的最终判断标准是什么?理想的正义的司法模型又是怎样的等问题笔者都没有给出肯定的答案。一如森所表示的,笔者会认为这是不公正的,也可以推断在这样的司法模式下,其中的当事人的"生活"是可以改善的。这些都正应对了前面论述中的大量疑惑,包括本章所列的主要论述目的——一种可欲司法之追寻。但是笔者为什么还要坚持去寻找一个最低的关于司法正义或者理想司法模式的答案呢?这个问题可以从两个方面回答,首先是森的回答,其次是笔者的思考。

森在《正义的理念》一书中有一章专门回答了这个问题,也很显然地在这里他特别地批评了罗尔斯理论上的本质缺陷——"先验主义方法本身不能回答关于推进公正的问题,也无法对各种使社会更为公正的建议进行比较,而只是幻想一蹴而就地实现绝对公正的世界"。① 为反驳这一观点,森将问题整理为:"是否必须先回答先验主义问题,才能建立一个完整的比较性公正理论,否则后者将会残缺不全?关注绝对公正社会的先验主义方法是不是比较性评价公正问题的必要条件?"需要首先指出的是森是站在社会选择理论的框架下的,森本人也较多被视为福利经济学的扛鼎人物。森在这里举了两个例子,他说"为了证明梵·高的画好于毕加索的画,我们并不需要去找一幅世界上最完美的画","当实际的选择在达利和毕加索的画作之间进行时,知道《蒙娜丽莎》是世界上最完美的画作,既不是充分条件,也没有任何帮助";"……珠穆朗玛峰是世界上最高的山峰……这一认识对于比较其他两座更高的山峰,比如乞力马扎罗山与麦金利山的高度,既无必要,也没有什么特别的帮助。"一言以蔽之,"如果一套正义理论旨在指导合理的政策、战略或制度选择,那么试图确立绝对公正的制度可以说既非必要条件也非充分条件"。②

通过将他采用的方法同以罗尔斯为代表的先验主义方法的比较,森说"尽管'什么是一个公正的社会'这一问题在思想上具有一定的吸引力,

---

① 参见〔印〕阿马蒂亚·森《正义的理念》,王磊、李航译,中国人民大学出版社,2012,第86页。
② 参见〔印〕阿马蒂亚·森《正义的理念》,王磊、李航译,中国人民大学出版社,2012,第91、13(引言)页。

但对于一个有用的正义理论来说,这个问题并不是一个好的出发点……也不是一个合理的终点"。① 在这样的基础上,一种相对意义上关于司法正义标准的界定是否还有必要?又是否可能?这是笔者要回答的第二个问题。似乎是,继续在森批评罗尔斯方法的思路上走下去将会成为一个无限追溯、不断循环的过程。尽管如此,就个人对森关于正义理论的粗浅理解,笔者认为森的理论的展开同样需要具备一定的条件。无论是森讲到的对不正义经过理智思考达成共识,并去消除它,还是他说的可行能力方法,如果是在非常糟糕的一种情形下,即便是那些很明显的不正义,包括司法上的不正义也极有可能得不到消除。这一现象在笔者前文所引慈继伟的研究中已经有很清楚的论述。同样地,森倚重的"作为自由的发展"如果被极大地限制将如何?当然对这些问题的进一步追问,一定程度地将涉及根本立场的问题。在这个意义上,笔者并不认为森和罗尔斯的理论差异会很大。

五 从普遍"正义"到司法正义

前文主要讨论的是有关罗尔斯、森的正义理论及其理念,亦对有关西北基层法院司法的个别问题做了必要补充阐述。这些论述自是为了最终讨论关于司法正义的问题。尽管在本章开始有关个案研究目的的说明中,笔者已经说明个案研究重要的是其背后的"内容"而非个案本身;然则要从本书前面所描述的关涉西北基层法院的两个方面的问题上升到关于司法正义的普遍阐述上还是要再做一些补充。更具体地说,既然本书认为现有司法机制没有能够关照到甘南藏区司法的独特性,以及当下变异的基层法院同其上级法院的关系是不符合司法正义之要求的,那么,支持这一判断的应然司法逻辑又是什么?申言之,究竟什么才是司法正义的判断标准?

前文已经笼统地分内外原因对此做了一些列举,但这并不具有很强的说服力,而且也使得该观点没有拓展的能力,只是作为一种无力的回旋。罗尔斯、森的理论的引入,固然是为了论证一般的正义研究,但对于这两

---

① 参见〔印〕阿马蒂亚·森《正义的理念》,王磊、李航译,中国人民大学出版社,2012,第94页。

位理论家的观点笔者是有选择的。这一点笔者在之前已经有过交代,即将社会的最不利者对应于西北的基层法院,只是在不自觉中笔者又部分地将论述的精力分散到了在这一场景下的其他一些当事人。当然,笔者也部分地接受了森的观点——通过一种发展的观点,培养一种实现正义所需要的"能力"。是的,西北基层法院或由于种种原因使得自身处在了某种意义上的"社会最不利者"地位,但这种不平衡的再分配,在国家整体的调节过程中,尚需要西北基层人民法院自身的奋进。至于那种理想的司法模型,是否有再进一步的上升空间只能留给哲学家去思考。换言之,是否理想的司法过程指的就是那种司法的应有范式,而这种范式正是一个法院能去做它想做之事,而且也能够去做——这自然是排除了那些专断、恣意的。①亦即,尽管如此,似乎从表面上看这是一个相当自由的空间,但还是要受到多重原则的限制,也包括司法自身的规律、法官的职业伦理等。更进一步,法院的设置、司法机构的运行都有其终极目的。

(一)"身披法袍的正义"

如上所述,笔者关于司法之可欲性进而关于"正义"的一般性阐述,已经有些偏离本章的主线了。特别是前述罗尔斯关于"社会最不利者"的理论观点,明显地显示出笔者隐喻西北地区的基层法院为"社会最不利者"。这也意味着笔者意图通过外部力量而提升、改变现有西北基层法院条件的愿望。现在再由外部的环境转向内部的讨论——基层法院在纵横方向上的运行机制问题。同时,也将从正义的一般理论研究转入司法正义的考量。

习惯上,我们都会接受法与司法在追寻和实现正义,以及它们作为正义象征的观点。但细致考虑,法与正义之间、正义与司法正义之间都有着距离。这倒不是因为它们各自都是很难界定的术语,不同立场下的观点可能全然不同。本书主要讨论的是司法正义的问题。或者说,笔者希望的是能够通过对基层法院与其上级变异关系的消除以及各基层弹性的增大等使得司法的可欲性能够增强,以期让当事人在诉讼中更为便利,也更为有效。进一步说,这是否还说明这种基于司法可欲性的论证代表了一种关于法及司法的观念?笔者认为这可以看作由讨论本书中关于西北基层法院的

---

① 参见〔美〕Ronald Dworkin《法律帝国》,李冠宜译,时英出版社,2002,第96页以次。

两个个案而起所能抽象到的第三个层次。

这种关于法及司法的根本观念，从一个以法律为业的职业人的角度，我们能放下什么？又能拿起什么？又如何才能有自信让司法在社会中的作用能够自然自在？或者说，我们是否可以超越自身所带有的关于法律功能与作用的前见？这种跳脱，是要站在法律之外的，但我们面临的问题是，我们的确又处在法律之内。这是一个悖论。

德沃金写过《身披法袍的正义》一书，这本书主要的还是对他的一些论敌观点的回应，以及他个人观点的重申与进一步明确。不过很有意思的是他的出发点，他深刻地批评了他认为的那种关于法律理想的犬儒主义，希望能够回归（确实的）法律理想主义——不仅在法学院中，还在司法实践中。德沃金也就把这个法律的理想主义观念视为身披法袍的正义。他的观点具有相当的吸引力，在他之前的著作《法律帝国》《认真对待权利》中，他系统阐述了关于法的诠释性概念、作为整体的法、赫拉克勒斯（Heracles）大法官等的观点。顺着德沃金的观念，法及司法最终都能够圆洽、完美地实现。

"身披法袍的正义"，这是指某种形式的司法正义。当然，对于德沃金观点的批评者有很多，这其中包括一些非常重要的法理学家。不过在这个普遍变得有些平庸的社会，"作为整体的法""赫拉克勒斯大法官"在哪里？其实，应该说自从有了人类，自从产生社会时起，这个世界每时每刻看起来都存在某种程度的"混乱"。完全理想的社会，即便是中国人念兹在兹的上古三代，也未必就没有不公正，也未必都是自那之后才"礼崩乐坏"。这即是说，一如关于正义的一般理想处于人们不断的追求与实践、调试中，司法正义的理想也是一直存在于人类生存的社会及具体的司法过程中。我们并不因为对社会秩序的悲观而丧失了向前追寻的力量，也不至于听之任之。

从这里，笔者也将自己关于司法正义的阐述重点放在所谓"可欲性"的讨论上。司法之可欲性，反面来说，即是不可欲。亦即，司法正义之实现受条件限制。这种条件限制，部分系之于法的空间性及正义的具体性。

（二）正义问题的中国背景

慈继伟在他的著作中对什么是正义/不正义做了一个分类。

> 正义与不正义有两个迥异的所指：正义或指一个建制（上至整个社会制度，下至一个具体的安排）的规范是公正的，或指一个大体上公正的建制的规范得到了遵守，而不正义或指一套规范本身是不公正的，或指大体上公正的规范未得到普遍的遵守。①

显然，本章所言之"可欲司法之追寻"，首先考虑到的是当事人面对现实中的法院司法所感受到的不正义，这种不正义首先是它在实现上的困难。按照慈继伟的划分，笔者似乎很难分清这究竟是"建制是否公正"的问题，还是"人们是否基本遵守构成一个建制的规范"问题，似乎这两个层面都不同程度地存在一定问题。② 申言之，笔者在前面的章节中以我国西北地区的基层人民法院为样本，从"分层区别治理"的角度来思考基层法院目前的结构，意在表明其还有调整的必要。在另一方面，笔者也指出，我们已经有了相当多的规则和制度用来支撑司法正义的实现。而且，在中国，司法正义的实现，不仅仅是司法自身对自身的要求，而且还是执政党对人民的承诺。在中国，司法是中国共产党领导下的司法；亦即，司法正义的实现，有司法和政治的双重保障。但是，"同党和国家事业发展要求相比，同人民群众期待相比，同推进国家治理体系和治理能力现代化目标相比，法治建设还存在许多不适应、不符合的问题"，③ 这其中当然包括司法不正义的问题。

六　法的空间性与司法正义

司法正义，其与一般意义上所讲的"正义"，或者政治哲学、道德哲学意义上强调的"正义"会有一些侧重点上的区别。这在本章开篇已经有过一些交代，更具体地说，笔者在这里讨论司法正义，是从这个意义上讲的——为基层法院司法寻求一个"正义"（作名词用，即作为一个抽象概念的"正义"本身，而将一定场景下的具体正义。）的理由。司法与正义本身并不是同质的，它们之间有所区别。这多少有些类似于那个关于"正

---

① 慈继伟《正义的两面》，生活·读书·新知三联书店，2014。
② 参见慈继伟《正义的两面》，生活·读书·新知三联书店，2014，序。
③ 《中共中央关于全面推进依法治国若干重大问题的决定》（2014 年 10 月 23 日）。

义的领域"的观点,即是说,司法正义有其独特的一面。① 申言之,尽管我们能够为抽象的司法正义归纳总结出若干核心要件、条件、指标等,但具体到案件中,或者说在一定的空间下,我们还要考虑到抽象正义实现的可能及所应具备的条件。

有关法的空间性,笔者已在第三章法律地理学的内容中讨论过,此处主要是为本章所要论述的司法正义提供一个讨论的场景。② 对于这个场景,本书第三章介绍的更多是甘南那样一个地理学意义的实在空间。在这本部分,笔者想再扩大一些空间的范围。首先,无论如何,我们都得接受中国在同西方国家理解司法、司法正义上的差异。尽管我们可以说司法、司法正义是法律概念,但现实中,它们往往又是在政治概念的范畴下讨论的。当然在不严加区分的情形下,就当下中国的实践,源自西方法治国家意义上的关于司法品性的理念与经由传统中国文化引申出来的司法,它们在行动逻辑上是有区别的。就它们各自的司法者形象的化身,张伟仁有较为详细的论述,一个是蒙眼持秤的女神,一个是铁面三眼的包公。③ 当然,它们有共同的内容。现在也已经有学者尝试超越东西,提出一种新的关于法治的观念,当然也包括对作为其中很重要的一部分的司法秩序的设想。④ 但现在的问题是,我们到底要从哪一个起点开始,不同的开始所导出的程序是有很大差异的。具体来说,就笔者的观点,会认为本书第二、三两章所阐述的那种司法现象是不正义的;但换一种思路,其他人也许并不会觉得这有什么问题,甚至也会觉得司法本来就应该是这样。

其次,在中国的空间之内,我们还需要将分散在各处的关于司法正义

---

① Michael Walzer, *Spheres of Justice: A Defense of Pluralism and Equality*, Basic Books, 1984.
② 需要做出补充的是,苏贾(Edward W. Soja)有关空间正义的研究特别值得注意。参见〔美〕Edward W. Soja《第三空间:去往洛杉矶和其他真实和想象地方的旅程》,陆扬等译,上海教育出版社,2005;〔美〕爱德华·W. 苏贾《寻求空间正义》,高春花、强乃社等译,社会科学文献出版社,2016。
③ 张伟仁:《天眼与天平:中西司法者的图像和标志解读》,《法学家》2012年第1期。另见於兴中《非终局性、"青天大人"与超级法官赫尔克里斯——简论传统中国的公正观》,《杭州师范大学学报(社会科学版)》2012年第5期。
④ 於兴中将法治看作一种文明秩序,即作为法律文明秩序的法治。他认为,"较之亚里士多德的模式、戴雪—哈耶克的模式、富勒的模式、拉兹的模式,以及罗尔斯、德沃金等自由主义者的模式,还有晚近比较流行的所谓薄—厚的模式,应是一种相对全面的看法",对于中国而言,是要"走向法治",最后"超越法治"。参见於兴中《法治东西》,法律出版社,2015。

的不同见解归集、提炼出来。换言之,笔者在强调不同的空间形塑着不同的关于正义的理念的同时,也想强调即便是不同的空间,也需要将这些分散的观念整合起来。一个必须要考虑的问题就是在中国的社会背景下,人们对于司法及司法正义的想象。无疑,这是一种非常主观的个人体会。笔者想要讨论的是,我们是否能够将这些分散在各处的个体关于司法正义/不正义的观点集中起来,并归纳为具体内容。否则,就会使我们的司法很难真正形成属于自己的积淀,难以发挥社会"定盘星"的作用。

最后,笔者还是要再回归罗尔斯、森关于正义理论思路的讨论。尽管笔者已提及森的理论更有利于协调我们当下改革的步伐,更能找到其在渐进思路下的正当性,不似罗尔斯的理论那样激进。但我们即便不能确定一个终极的指向,也需要有一个最低的出发原点。当然,原点一直都是存在的。只是在中国当下这一变迁的社会背景下,原点注定是一个动态的变化过程,不可能是静止的。即是说,我们还得考虑罗尔斯观点的意义。就当前的社会共识以及国家政治安排来看,中国要推进法治是确定的。但是要看到,在给出具体的实现路线图时,不同观点之间的争论是很激烈的。但对这些不同观点下的理论来源稍加考察,我们就会发现多数时候,辩论的各方所借助的批判武器多是来自域外的,这是很值得深思的。

是否能够有一种新的思路或者"范式"指向一种较为恰切、合理的目标,这是需要再思考的。不过还是要回到最初的问题,我们到底要什么?从根本的"人"出发算不算一种探索的思路?而这其中,康德关于"人是目的"的观点最值得注意,① 康德 1785 年发表的《道德形而上学原理》、1788 年发表的《实践理性批判》对此都有阐发。② 如果引申一步的话,人又何以才能实现"人是目的"而不是"手段",或者说不至于沦为"手段"?这从理念上来说,又与康德关于人之尊严的理念相关。对此,从理念上本章最后一部分将做补充,那么在制度上又该如何呢?对于后者,实

---

① 有关康德"人是目的"这一观念提出的时代背景及意义可参见李泽厚《批判哲学的批判——康德述评》,人民出版社,1986,第 288~291 页;而对此的一个批评与反思可参见俞吾金《如何理解康德关于"人是目的"的观念》,《哲学动态》2011 年第 5 期。
② 参见〔德〕伊曼努尔·康德《道德形而上学原理》,苗力田译,上海人民出版社,2012,第 36 页以次;〔德〕康德《康德三大批判合集》(下),邓晓芒译,人民出版社,2009,第 100 页以次。

际上我们要考虑的是怎样才能让"理想照进现实",实现由理念到实践的过渡和转化。① 于此,我们不会否认正义作为司法的根本价值及其在维护人之尊严及实现人之为目的方面的作用。但是,基于种种缘由,我们很难确保现实的司法总能很好地实现这一点,那么作为一种最低的限度——司法本身要是可欲的,这应当是成立的。更明确地说,在做大蛋糕和分配蛋糕这一问题上,笔者认为目前的一个问题还是蛋糕不够大,制度供给上还存在不足。这不仅造成司法资源实际的缺乏,还造成司法资源利用上的不平等及权力寻租。客观地说,就我国之现实国情来看,分好蛋糕应该更重要。因为我国是一个平均资源比较匮乏的国家,大蛋糕便意味着更大的成本;套用费正清"捕鼠器"的比喻,② 力求分好蛋糕主要是希望在短期内能够有更多当事人——特别是那些属于我们社会最不利者的当事人能够获得司法救济的权利。③ 从长远来看,这不仅需要制度建构的优化与革新,更需要对人之价值的启蒙和重视。

余 论

如果从一种比较中立、客观的立场出发,大概下面的内容是能够被普遍接受的:基层司法正义之实现,或者说作为一种理想追求目标的"接近正义"(Access to Justice)之实现,也不只是司法自身的单方努力所能全部实现,尚需社会之配套。换言之,司法正义的实现,除却司法机关这一"工具"和"活动场所"外,尚需一定之环境。犹如基层法院设置的合理化,并不只是司法体系内部的调整,还需"大政治"结构的整体安排。另外,尽管此处的检讨主要涉及基层法院司法本身,但同样要注意到社会之

---

① 将一项理念付诸社会实践,这不禁使人想起马克思在《关于费尔巴哈的提纲》中的第十一条论述:"哲学家们只是用不同的方式解释世界,问题在于改变世界"(中共中央马克思恩格斯列宁斯大林著作编译局:《马克思恩格斯文集》第一卷,人民出版社,2009,第502页)。不过,客观地说,这种理念的转化工作更多的还是体现在政治学、社会学等领域。
② 参见〔美〕费正清《美国与中国》,张理京译,世界知识出版社,1999。
③ 当然,很快就会有人去反对这样的做法,因为如果完全按照本书第一章有关涓滴效应的示意图,即便是再大的蛋糕也无济于事。或许这就是当下中国问题的复杂性所在。但不论怎样说,我国司法资源投入还是存在有效制度供给上的不足,需要先改变这一现状。

法意识及当事人在实现法治上的空间及可能。在一个人人都不愿以法律规则来行事的空间里，法律作用的发挥便只能是一种想象。同时，即便是当事人有法律的意识，也愿意通过法律途径来实现自己的权利，但资源的某种有限性会使其成为一种奢谈。①

具体到本书，通过对西北地区基层人民法院的考察，笔者认为现时的基层人民法院在整体的结构上还能再做一些调整，以使法院之运行更契合于社会，裁判也更能被社会所认可。②但是就笔者设想的"分层区别治理"这一模式，特别是其中的区别，并没有给出最终的依托点。而笔者认为这是人及人的尊严本身，这也是本书采取社会-法律研究进路的目的所在。尽管就人及人的尊严这一起点本身而言，其实还是比较空泛、抽象，但是只有考虑到这个原点，才能在之后的制度计划中不致使本来是为人服务的制度目的蜕变成对人的奴役。本来设置法院是为了解决人的纷争，自然是要便利于人，但是现在却变成人要迁就、受制于制度本身。那么，我们需要的是反思和回归——回归到更有利于人的角度去。③

尽管上面这些价值宣示一样的内容是令人疲倦的，但这却是日渐分化的社会所能达致的最不会产生争议和分歧的共识。社会生活不可能在这些抽象的价值下展开，终究要在各种具体的细节下前行，而这又严重依赖现代国家之下的种种官僚机器。司法机关亦是如此。但问题是，在实实在在的各种行动不断展开的过程中，我们的社会只能将所有的期望都寄托于一套不带情感、日渐陌生、完全程式化、预测化的法律及司法模式中去。我们似乎别无选择，只能看着社会"熵"的不断增大。一些问题解决后，然而新的问题又接踵而至，这是我们"社会"的宿命吗？④ 抑或阿伦特"人

---

① 现实中有太多这样的法律实例，比如合伙人之间的赔偿，既无法通过司法途径来解决，又易招致合伙人另一方拒不履行义务的情形；又如当下商品房买卖过程中开发商同业主所签订的一系列所谓"合同"，典型如交房不通水电，进而在业主拒领钥匙时，便能合理拒绝支付违约金；等等。
② 需要强调的是，这种认可与通常意义上法院裁判的社会效果是不同的。就笔者的理解，二者的起点与终点都不同。前者是让事先确定的规则更契合社会本身，而后者是让已然确定的法律迁就于现时的社会舆论。可见，它们的关键在于，后者可能危及法的安定性。
③ 参见严存生《法律的人性基础》，中国法制出版社，2016。
④ 参见〔德〕卡尔·雅斯贝斯《时代的精神状况》，王德峰译，上海译文出版社，2013；〔英〕卡尔·波兰尼《巨变：当代政治与经济的起源》，黄树民译，社会科学文献出版社，2013；等等。

的境况"[1]？在本章第四部分结束的时候，笔者提及罗尔斯与森正义理论的差异并没有想象中那样大，还提到对于他们所触及的根本问题的讨论会涉及立场的问题。这里再对此做一补充。

在变迁社会的背景下，以上这些问题只会更为明显，加之中国千年文化传统的惯性，人事诸端、千头万绪总有定于一尊的倾向。在这一情况下，至少从外部形态来看，前述森的关于正义理论的思考似乎对中国社会目前的发展更加有启发意义，但在拍板定音上，罗尔斯的理论似乎更有说服力。在这个意义上，对于那个指导终极价值的思想实际上一直是有争论的。

合并本章所有的观点，终究还是想说明如下问题。在今天，相较而言我们的社会已经有了很大进步，包括司法制度在内的各项社会制度也都有了相当的改观。但这并不意味着处在我们社会之中的每个个体的状况都得到了很好的改善，也不代表我们的社会正在距离罗尔斯的"良序社会"越来越近。事实上，以司法领域为例，一些当事人得不到本应能够或者是更容易得到的司法的切实救济，一些案件无法得到妥善处理或者是不能更接近正义。易言之，当我们越来越将希望寄托于社会之时，这些缺憾或不足就显得越来越扎眼——正可谓"盛世的饥饿"。同时，更令人沮丧的是，快速发展的社会，在其繁荣总量不断增大的时候，也正在不断地将越来越多的个体抛在"社会最不利者"的群落中。我们是将这作为社会发展所必然要付出的代价而任凭这个社会将那些因种种原因而成为社会最不利者的群体就此遗忘，继续让那些力量不平衡、资源悬殊的"自由"关系"正常存在"，还是认为这本是能够解决的并努力做出改变？笔者认为，要实现社会的可持续发展，那么就必须去改变这种现状，这是对我们共同体的一种自救与维持。

是故，笔者以可欲之司法来作为思考司法正义的一种思路，是要说明对于那些遭遇司法过程的"社会最不利者"而言，仅仅拥有诉诸司法的机会还是不够的，而是要使其也能达到至少是通常社会成员运用法律之水平。作为一种社会秩序建构的理想，笔者想转用马加利特（Avishai Margalit）关于"正派社会"的观点以完成本章的论述。马加利特在他 20 多年

---

[1] 参见〔美〕汉娜·阿伦特《人的境况》，王寅丽译，上海人民出版社，2009。

前出版的《正派社会》① 一书中,特意区分了"正派社会"同"文明社会"(civilized society),以及罗尔斯意义上的"正义社会"(just society)的不同;作者也部分地提到他的"正派社会"观念与奥威尔(George Orwell,1903~1950)的关系。马加利特说他所指的"正派社会"是指"不让社会制度羞辱社会中的任何一个人"。而他所指的"羞辱"则是指"任何一种行为或条件,它使一个人有恰当的理由觉得自己的自尊心受到了伤害。"作者强调,这里所说的羞辱是"规范"而非"感觉"意义上的。即是说,是否有感觉羞辱的理由,这是一种社会共识,并不只是个人想法。那么,笔者在前文所描述的情形是否也正符合马加利特的描述呢?答案应该是肯定的。笔者在前文曾指出,在当下的司法制度框架下,即便是司法机关及其人员再努力,也很难使问题得到根本解决,还得从社会上去寻找解决的出路。

或许,在任何情景下,我们都很难满足于制度安排的现状,这就使得对制度的检讨显得很有必要。什么才是一种理想的司法制度?或者说怎样才能使司法制度良好运行?圣埃克絮佩里的童话《小王子》的主角在听了狐狸一番关于"驯养"——"建立感情联系"的话语后领悟了,尽管作者没有继续描述小王子返回他的 B612 星球后与他的那朵独一无二的玫瑰的生活,但我们还是可以通过他对那 5000 朵玫瑰所说的话猜想出来。② 那么我们是否也可以在这种不断的联系中达到一种制度理想呢?客观地说,我们今天的目标是"建设中国特色的社会主义法治体系,建设社会主义法治国家",但法律究竟能够在我们的社会中发挥多大实际作用,社会治理秩序之展开又在多大程度上依赖于法治等问题都值得我们继续深思。③

---

① See Avishai Margalit, *The Decent Society*, tran. by Naomi Goldblum, Cambridge, Mass.: Harvard University Press, 1996;中译参见〔以色列〕阿维沙伊·马加利特《体面社会》,黄胜强、许铭原译,中国社会科学出版社,2015。另见徐贲《社会言论:正当性理据的变化》,载吴敬琏、江平主编《洪范评论》第 8 辑,中国法制出版社,2007。
② 参见〔法〕圣埃克絮佩里《小王子》,周克希译,华东师范大学出版社,2015,第 63~69 页;周保松《小王子的领悟》,香港中文大学出版社,2016,第四章。
③ 参见汪丁丁《论中国社会基本问题》,《财经问题研究》2012 年第 9 期。

第六章

图绘:(西北)基层法院司法的另一种想象

引 论

图绘（Mapping），① 究其本义，一者在于描述西北基层人民法院的司法，或者说在于将西北基层人民法院之司法置于我国基层法院司法的整体之中，进而如地图一般，较为明了地显示西北基层人民法院司法的样态。所谓西北基层人民法院的司法问题与基层人民法院司法的西北问题也更为清晰。二者则是希望给出较为明确的关于西北基层法院司法的未来图式。

在前面第二、三章的论述中，笔者分别论述了关于西北基层法院及其司法的一些个案。在这些个案中，首先我们发现的是以基层法院和中级法院为审判主体的审级制度并没有显示出其明显的司法本性，其中的终审法院并没有充分发挥终审的作用，初审法院也没有反映出其与基层社会深刻关联上的优势；其次，在"尼江问题"的处理上，尽管由于历史、民族、传统等多方面的原因，其超出了司法的解决能力，但这需要我们反思设立在这里的以基层法院为代表的司法机关能够在多大程度上发挥作用，以及对于国家司法展开的方式和路径。在第四章，笔者希望能够从"个体"意志发展的角度完善现今的基层法院，让其成为一个独立的主体发挥作用。或者说，笔者希望基层法院能够同其纵向体系上的上级法院在机理上有所区别，这一方面是松动其在司法上并不能完全实现之严格性而接近于社会，另一方面使得基层法院司法能够在形式和内容上与其他纠纷解决机制相互配合，以更利于纠纷之实际解决。在第五章，笔者则是考虑到当下司法机制设置上的一些不足，亦即哪些因素、现象的存在使得司法对于当事人来说并不是可欲的。

在本章，笔者将继续前面几章的问题，以更为明了地对笔者所期望的

---

① 图绘（Mapping）在今天已经比较广泛地运用在社会科学研究的各个领域中。图绘，宜从地理学的视角去理解，不过当其借用在社会科学的研究领域时，更多的是要对对象做一种概括的、全景的、整体式的描述，这种描述既是对到当前为止状态的一种描述，亦是对未来图景的一种合理期待。人类利用地图对于世界及物事的想象，可参见《你看到过哪些有意思的地图？》，知乎，https://www.zhihu.com/question/34378366，最后访问日期：2019年10月16日。

理想基层法院的司法样态进行阐述，这也是受德沃金理论的启发德沃金是一位很了不起的理论家，他在建构、论证自己的理论体系时，几乎对他所在时代的所有相关理论都进行了深刻的批判，分别指出这些理论中的漏洞和缺点，并一步一步导入自己的思想体系。① 换言之，他为树立自己的理论结构做好了所有的清理工作，这是其一。其二，他的清理工作并不是只有批判，而是那种建设性的批判。他在这个基础上建立起了完整、自洽的关于法及司法的体系。尽管笔者并不完全赞同他建构理论的路径，但不可否认，德沃金是在一种全新的范式上建构关于法律的帝国。他不仅从法的诠释性概念出发完整阐述了"作为整体的法"的观念，而且为这个法结构配备了赫拉克勒斯式的法官。他还借最能辩护的赫尔墨斯之口不断设问，并最后迈向赫拉克勒斯。② 他也说明他的"作为整体的法"就是我们的海王星③——要知道海王星是唯一利用数学预测而非有计划的观测发现的，可见他对自己的理论是多么的自信。

毫不夸张地说，德沃金"作为整体的法"以及他的赫拉克勒斯大法官对法及司法的进展起到了锚定的作用。尽管如此，笔者还是想给出自己关于未来法及司法想象的观点。这主要是因为尽管在最终的结果样态上笔者也会期待"作为整体的法"这个"海王星"，以及他的大力神法官赫拉克勒斯，但笔者得出这样的路径却不是从法律帝国的内部得出——恰恰相反，笔者是通过自己所假借之"社会-法律研究"的思路而得出。④ 在这之下，笔者对法及司法——特别是本书所依赖的我国西北地区基层法院司法所做的思考，是从社会的角度来反思的。尽管这种模式从德沃金的理论出发是遭受批判的。不过从批判的视角来看，显然地，德沃金的思维不一定就是终结性的。况且一如前述，笔者提及德沃金是在另一种范式下来思

---

① See Justine Burley, ed., *Dworkin and His Critics: With Replies by Dworkin*, Oxford: Wiley - Blackwell, 2004.

② 一个针对德沃金主要理论的批判性研究可参见季卫东《法律体系的多元与整合——与德沃金教授商榷解释方法论问题》，《清华法学》第一卷·2002·第一期，清华大学出版社，2003。亦可参见该辑其他文章，这一辑为德沃金2002年中国行专辑。

③ 参见〔美〕Ronald Dworkin《法律帝国》，李冠宜译，时英出版社，2002，第194页。

④ 德沃金对待法律与社会是这样的，他说："……强调原则的法理学研究取向，不能止于说明法律与社会事件之间的关联，还必须继续基于一贯性与洞见的独立判准，继续检验并评论社会实践"。笔者则是从社会来检讨法律。参见〔美〕朗诺·德沃金《认真对待权利》，孙健智译，五南图书出版股份有限公司，2013，第52页。

考。只要回顾一下库恩在提出"范式"① 这个概念时的场景——科学革命的结构,我们就会知道某一范式之下的概念及其逻辑在它的体系内是自洽、完备的,尽管它也是从对旧范式的批判而来。而这作为范式不断发展的动力,今天的新范式也得接受更新范式的批判——德沃金的范式自然也不例外。换言之,德沃金的论证及组成其论证的诸概念和理论框架本身是完整的、成系统的,但范式并不一定具有继承性,即德沃金的范式在另一个范式下可能并不一定都起作用。事实上,自从德沃金与哈特的论战以来,就有声音要"超越哈特-德沃金"。② 在2013年德沃金去世后,也就正式进入了后哈特-德沃金时代,也已有学人指出,法理学的世界进入了"无王期"时代。③ 那么,社会-法律研究的思路是否能够有这样的抱负与担当,这是可以尝试的。

是故,在接下去的论述中,笔者将从"社会"——尽管这是一个宏大的词——来图绘(mapping)自己心目中的法及司法的走向趋势。在进行这一工作之前,还是要再对本书的方法取舍作一补充。因为行文至此,笔者是以一套主要是来自西方的理论话语,尝试去阐释论证中国的法律问题,尤其还是一个以基层法院及其司法合理化为内容的地方司法分权问题。这其中的矛盾甚至是悖谬似乎相当突出。很难理解在一种极力突出地理、地域、地方独特性的思维下,笔者却是用他种的、转借而来的知识来证明一种理论的正当性。同时,在我国强调中央集权的传统下,又尝试论证地方的分权,特别是司法领域的。这其中的张力是自然的。在这一章,笔者拟对前述问题给予一定回答。

一 "中国问题"的思考理路

运用那些立基于西方社会的思想和理论来阐述一个中国的问题,这是

---

① 〔美〕孔恩:《科学革命的结构》,程树德、傅大为、王道远、钱永祥译,远流出版事业股份有限公司,1994。
② 参见〔美〕布莱恩·莱特《帝国的终结:德沃金及21世纪法理学——在拉特格斯大学法哲学学院成立庆典上的演讲》,吴展译,《比较法研究》2007年第1期。
③ 参见於兴中《反阿基米德-笛卡尔点-线思维的认识论》,收于氏著《法理学前沿》,中国民主法制出版社,2015,第29页以次。

可行的吗？大抵对每一个时代的人来说，都会面临"古今中外"的问题。在今天，这些问题就是如何在传统与现代、中国与西方的交汇点上发展自身。① 坦率地说，这很难有一个标准答案，甚至于达成一定的共识都有一定的困难。这完全依赖各人所持之态度——保守、激进抑或折中。在今日，就绝大多数的观点来说，大致都可以接受借鉴西方的理论而又不忘中国自身的传统。正所谓"他山之石，可以攻玉"，只是这到底是怎样的一种结合形式？②

在"民族-国家"的思路下，一定之意识形态倾向于选择某一特定的文化、思想作为其发展的主要结构。③ 这就使得问题更为复杂——谁来决定我们是谁？换言之，选取什么样的理论，这并不是由知识及论证自身的需求而决定的，而是取决于社会主流意识形态需要什么样的理论及什么样的论证结果。这在民族/民粹主义的姿态非常明显的时期，更是如此。④ 也就是说，不论根由地排外占据了最高与压倒性的话语领地。但最终的事实

---

① 赵鼎新教授的新书《儒法国家：中国历史的新理论》（Dingxin Zhao, The Confucian——Legalist State: A New Theory of Chinese History, New York: Oxford University Press, 2015）可以看做是这方面的一个具体个案。参见《开放时代》2016 年第 5 期题为"中国大历史与比较历史研究"的专题文章，特别是赵鼎新《哲学、历史和方法——我的回应》一文。另见吴励生《思想中国：现代性民族国家重构的前沿问题》，商务印书馆，2011。

② 比库·帕雷克（Bhikhu Parekh）在他的文章中将非西方国家在"如何回应现代性，如何能够抵御西方，以及重建传统社会等问题上"的思想总结为"现代主义"、"调和主义"、批判性的传统主义、宗教原教旨主义。参见〔美〕特伦斯·鲍尔、〔英〕理查德·贝拉米《剑桥二十世纪政治思想史》，任军锋、徐卫翔译，商务印书馆，2016，第 473 页。

③ "民族-国家"这一概念体系在今天我国语境的使用中有时不免有一些混乱。于其本意可参见朱邦造《欧洲文明的轨迹》，江苏人民出版社，2018，第 184 页；至于其在中国的引入与发展，可参见方维规《概念的历史分量：近代中国的概念史研究》，北京大学出版社，2018，第 112 页；而于这一概念与传统中国上的理念差异可参见〔日〕王珂《从"天下"国家到民族国家：历史中国的认知与实践》，上海人民出版社，2020。

④ 在中国的语境下，"民族主义"这个舶来词，变得非常多义。除却在本书第三章笔者业已论及的姚大力的研究外，沈旭晖的研究也很有价值。沈旭晖以为，"按'民族主义者在追求什么'这个问题细分，可发现当代中国民族主义者有下列类型：追求中华民族利益最大化的，可称为'Realist Nationalism'（现实民族主义）；支持中华民族所建立的政体及其强大的，可称为'Statist Nationalism'（中央集权民族主义）；支持在国际社会推广中华民族代表的价值观的，可称为'Civic Nationalism'（公民民族主义）；强调血浓于水、坚持捍卫中华民族的尊严与地位的，可称为'Primordial Nationalism'（原始民族主义）"。参见沈旭晖《当代中国的民族主义》，载许知远主编《东方历史评论》第 4 辑，广西师范大学出版社，2014，第 249~250 页。另见袁南生《中国千年外交与"愤青"现象》，《同舟共进》2016 年第 4 期；《当代中国民粹主义言说：涵义·样态·动因》，《探索与争鸣》2016 年第 4 期。

第六章 图绘：(西北)基层法院司法的另一种想象

往往还是，一定的理论及社会运行轨迹终究有它自身的逻辑，在短期内或许被诸如民粹主义的力量所压倒，但最终的发展还是要依靠那些根本的规范。在这个意义上，无论是法国人、德国人，还是英、美等国理论者的观点，有何妨不能用来阐述我们的问题？① 只是对于"中国问题"的阐述，它有其独特性，不要食洋不化罢了。总之，"人同此心、心同此理"的解释还是有其说服力的。更包容地看，如果真能站在中西比较的视野，倒是"知己知彼"。②

当然这并不是说前述的担心没有必要。因为就中国未来的发展来说，仅有传统文化足够吗？或完全依赖域外知识这是可行的吗？实际情况是，二者都促进了现代社会发展。因此，一定要在这中间分出伯仲，不仅不可能，而且也没有必要。只是在社会发展的不同层次、不同部分，其中所可

---

① 问题是怎样才能够利用域外制度/资源阐述好中国的问题？尽管我们说没有哪一种理论是万能的，能够回答所有的问题，源于西方的理论也不例外。我们也常常感觉到西方理论在解释中国问题上的局限。但客观地说，至少在当下中国完善法治的制度建设中，我们本土可发掘的资源受限或者说并不具有比较优势，那么在这一情况下何以平衡域外与国内的资源？（相关研究探索可参见黄宗智的一些作品）由此，我们也不难理解现时语境下的我国法治讨论，无论立法、司法等层面，都能看到域外——特别是英、美、德、法诸国制度的强有力鼓吹者，以致有学者批评这是研究上的"空间错位、时间错位、人物错位和学科错位"（参见邱本《当前我国民法研究中的几种错位——兼论法学研究方法》，《法制与社会发展》2016 年第 2 期）。事实上，我们也一直都有既对中国传统文化，亦对中西文化比较有很深造诣的学者，比如梁漱溟、牟宗三、钱穆、余英时、孙隆基、许倬云、李泽厚等先生都有这方面的著作，但是在"强势文化"的语境下，我们何以自足？这值得深思、反思。这种来自非西方国家研究者在对待本国制度完善与建设上的矛盾与焦虑，也为西方国家学者所指出。比库·帕雷克指出，"……非西方的政治理论家……他们无法确定自己的信仰和前提是不证自明的，或仅仅满足于对其做表面的维护，因为他们很清楚，自己所在社会中的其他人以同样的力量和真诚坚持相反的观点……（因此，他们）就需要跟总体性学说打交道，对它们进行系统性批评，指出它们逻辑上不足以及道德和政治意义上的不可行，并且将自己的政治理论建立在一套有说服力的关于人和世界的观念之上。这样的哲学课题并非不可能……然而，它需要持续而有力的哲学分析、广泛的理智和道德同情、敏锐的历史感等因素，这就不是大多数政治理论家力所能及的了。"（参见〔美〕特伦斯·鲍尔、〔英〕理查德·贝拉米《剑桥二十世纪政治思想史》，任军锋、徐卫翔译，商务印书馆，2016，第 490~492 页）尽管比库·帕雷克的这段论述是针对政治哲学的，但其中所表明的困境同样存在于包括笔者所讨论的基层法院及其司法在内的我国法律、司法制度建设中。另见童世骏主编《西学在中国：五四运动 90 周年的思考》，生活·读书·新知三联书店，2010。

② 谢宇在他的研究中总结了中西比较视野中的中国社会的三个特点：强有力的政府角色、家庭重要性超过其他国家、"分层级、家长式管理"的传统。参见谢宇《中西比较视域中的中国社会特色》，《文汇报》2016 年 1 月 17 日，第 6 版。

能面临的这一问题的程度有所不同。这就如统一个平衡池,有进有出,不过从长时期来看,总要达成一种平衡。

人性有很大的弱点,我们多是言语上的巨人、行动上的侏儒。事后诸葛亮的角色总是很容易去做的,正所谓"此情可待成追忆,只是当时已惘然"。① 但中国作为一个大国,任何改革试错的代价都是巨大的。法律存在于社会之中,那么大约社会之中关于其他事物的理论和道理也是能够适用到法律和司法之中的。我将选择三位学者的研究做一阐述。

首先是於兴中在他关于儒学"如何在变革中保持传统的问题"的文章《价值转换与主体的失落——当代儒学面临的困境》,其次是刘东的《再造传统:带着警觉加入全球》②,最后是邓小南的《祖宗之法——北宋前期政治述略》。③

对于於兴中而言,他所提出的问题是:我们该有怎样的努力和作为才能"在面对西方各种理论的挑战的情况下,以一种开放的心态去对待这些挑战,充实和发展自己的理论传统。在和西方的传统对话的基础上来发展自己的学说或者重新找回自我,恢复自己学说传统的信心"?

> 知识系统的开放与认同危机实际上是所有古典理论和学说都面临的重大问题……一方面应该汲取其他知识系统中的养分,另一方面又要保持自己的传统;愈发展就愈有可能丧失自己,但又不能不发展,这实在是一件非常困难的事情……概念系统作为文化的最基本的内容是一个相对自主的知识体系;各概念之间存在着相互依赖、互为表里的有机联系。如果接受某个概念系统中的某个范畴,必然会导致接受该系统中相应的概念范畴……不是去认识和反思这些概念的功与过,而是尽力在自己的传统中发掘与之相近的概念,以表明儒学的无所不能。这就把儒学摆在一种非常被动的位置上,忙于应付来自别的流派的挑战,而不可能主动提出建设性的研究范畴或者系统理论来。④

---

① (唐)李商隐《李商隐诗集》,朱鹤龄笺注,上海古籍出版社,2015,第1页。
② 参见刘东《再造传统:带着警觉加入全球》,上海人民出版社,2014;另见刘东《思想的浮冰》,上海人民出版社,2014。
③ 参见邓小南《祖宗之法——北宋前期政治述略》,生活·读书·新知三联书店,2014。
④ 参见於兴中《法治与文明秩序》,中国政法大学出版社,2006,第77~84页。

第六章 图绘：(西北)基层法院司法的另一种想象

於兴中的描述揭示了一个根本性的问题，它表明我们在回应西学的挑战以及在传统的转身上所可能遭遇的那种宿命式的不幸。刘东则从另一个方面来阐述这个问题。刘东这些年创办并主编了"海外中国研究丛书"、"人文与社会译丛"及《中国学术》杂志等侧重关注中西之比较方面的作品。他提出要为中国熬出一个传统来，要再造传统，用他自己的话说，是要寻求中国文化的现代形态。在《再造传统》一书中，他特意加了一个副标题——"带着警觉加入全球"。从刘东的观点看去，这是一种维护和寻找现存共同体的文化主体性基础上的中西对话。① 这自然是一种理想的状态，但到底怎样才能达到这一程度还是很难的。经常出现的其实是前述於兴中所讲的被动以及下述邓小南描述的保守。

邓小南很平静地陈述了一个事实，即祖宗之法。换言之，发展中，"稳定至上"、"事为之防，曲为之制"②。至于"说法"与"做法"的分歧，那只是一种判断。在这三种思路中，第一种大致是说传统是好的，不能因为近世中国的积贫积弱而否认我们的文化，特别是不能在面对强势文化时，而简单去以我文化比附他文化，丧失自我。而再造传统，则是觉得传统需要发展，以使其适应当下社会。祖宗之法，则表明了一种相对绝对的态度，一切依祖制。

> 遵循"祖宗之法"，说得浅白一些，就是"一切按照祖宗的既定方针办"……宋人心目中的"祖宗之法"，是一动态累计而成、核心精神明确稳定而涉及面宽泛的综合体。它既包括治理国家的基本方略，也包括统治者应该循守的治事态度；既包括贯彻制约精神的规矩设施，也包括不同层次的具体章程……作为"祖宗之法"的精髓，它强调保持对意外事变的戒惕心态，强调防范纤悉，同时以制度的平缓调适保证政治的稳定。③

---

① 参见刘东、姚大力《2014 文景艺文季：刘东、姚大力共论"再造传统"》（2014 年 8 月 13 日），凤凰读书网 http://book.ifeng.com/special/detail_2014_08/14/171612_0.shtml，最后访问日期：2019 年 3 月 6 日。
② 邓小南《祖宗之法——北宋前期政治述略》，生活·读书·新知三联书店，2014。
③ 参见邓小南《祖宗之法——北宋前期政治述略》，生活·读书·新知三联书店，2014，第 1、9、284 页。另见虞云国《祖宗之法：在因革两难之间》，《东方早报》2009 年 6 月 28 日，第 B06 版。

邓小南对北宋前期政治的研究，乍看上去是一段历史时期的叙述及反思，似乎并不牵涉此时此刻。但紧要的是如果结合笔者在绪论中的相关论述，中国的历史文化和社会政治的传承太有连续性了，以至于我们一直都走不出历史的三峡。邓小南研究的意义再次表明在今时社会传统转身的困难。"祖宗之法"有它极强的说服力和正当性，当然也很难的是，对于身在其中的当事人，我们基本都是当局者迷。我们无法尽知与分辨出此时此刻自己走的是遵循祖宗之法的路，还是已经外化了的西方的路。芸芸众生愈发迷失于红尘之中，失却了主体性，对社会事务的发言能力越来越弱，更多的是被裹挟着向前。

追根溯源，这里的问题终究还是跳脱不出对张之洞所言之"旧学为体，西学为用"① 以及钱钟书"通学方法"的理解。② 本书不再专门对此进行论述，但总要注意的是，如果不是只将中国作为一个孤立的存在，而是将其置于世界的范围内，那么，对于其间的法律、司法以及法学就要提供更有创造力、更富吸引力的作品。而这并不是老树抽新芽、玄奘取经式的一套方法所能完成的工作。从这个意义上，至少在法学研究领域，任何不落窠臼、不入俗套的新理论都值得探索。是故，我们为什么要保持一种关于法律"统一"的观念呢？又为何关于司法统一的答案只能有一种呢？笔者相信，中国这样一个大国，其在法治探索上的经验和教训不仅是对中国自身，亦是对世界文明发展的一种贡献。一如有学者所言："我们中国法学家要在世界上获得法学的学科优势，不在于我们找出多少中国的法学问题，并谦逊地把问题特殊化，从特殊的问题中创立特殊的理论……用力的方向当是，其一，改进理论，从事学术活动主要就是对既有命题的真或错误做出判断，并且充分论证判断的根据，对既有的理论提出改进方案。其二，改变问题，即我们用自己创立的新理论改变旧的问题或提问方式，实际是创立新理论。"③

---

① （清）张之洞《劝学篇》，上海书店出版社，2002，第 41 页。
② 参见赵一凡《从卢卡奇到萨义德：西方文论讲稿续编》，生活·读书·新知三联书店，2009，第 845～860 页；李泽厚《说西体中用》，上海译文出版社，2012。
③ 参见郑永流《"中国问题"及其法学辨析》，《清华法学》2016 年第 2 期。

二 "走出区域"抑或"进入区域"

"走出区域"① 这是借自一部研究文集的题目。与走出相对的是走入，或者一如鲁迅的呐喊，要叫醒那沉睡的同胞，睁眼看外面的世界。然则，在这里笔者只是很狭义地使用"区域"一词，因为本书所设定的主要研究对象是我国西北地区的基层人民法院及其司法。"西北"，从其表面就可以读出这是在强调一个地方、一个区域，或者笔者更喜欢的，也更接近文化、地理概念的"地域"。从出发点来看，是因为考虑到当前的司法模式并没有充分考虑到地方司法的个性，或者即便是考虑到，也由于司法在我国的特殊构造，没有留给地方考虑自身司法个性的余地。正是基于这样的考量，笔者才尝试从地方司法的"个殊性"出发，希冀证成地方司法分权的理论假设，达致司法分层区别治理的可能。② 从这一理路出发，其中的逻辑前提是"区域"性的，换言之，这是一种"进入区域"的思考模式。

然则，这种对地域、地方司法自我身份的认知，却恰恰是从其外部的比较，或者对整体法律、一般司法的反思开始的。从这个意义上讲，这又是"走出区域"的研究。由此，如果不讲建构，只是去解构的话，在一种偏向自由主义的意识形态下，自然是考虑如何揭示整体思维及全体模式的"霸权"。然则，这在极端的一面，很有可能会导致统合的困难，使得某种即便是最低意义的司法裁判模式都难以展开。也许是基于这样的考量，作为一个建构的思路，在西方，主要是由社会-法律研究学者所主导，提出了一种"一般法理学"的概念及理论体系。这一理论首先是对西方主要法治国家的法律及司法图式的批判，再考虑到世界其他地方，特别是那些不发达、欠发达地区的法律运作，甚至是一些在他们看来并不能用法律来框

---

① 董玥主编《走出区域研究：西方中国近代史论集粹》，社会科学文献出版社，2013。本处只是借用这一表述的字面含义，细读编者的序语，编者大抵是要让我们从自身的区域研究中先跳脱出来，看看域外的眼光是怎样面对我们相对的论域的。这其中的意义既在于磨砺我们对相同、相近问题的观察视角，也在于反思我们研究的问题本身，包括我们是否有所遗漏，抑或其他。总之，这是为了更好地提升我们的研究。
② 值得注意的是一些学者如程金华关于"中国式法律联邦主义"的研究。参见程金华、柯振兴《中国法律权力的联邦制实践——以劳动合同法领域为例》，《法学家》2018年第1期。

定的规则、规范、习惯、习俗、风俗,在此前提下提出一种更加包容的有关法律的理论框架体系。①

也正是从这个角度,笔者认为还是很有必要给出专门的篇幅来讨论这中间的一位代表人物桑托斯的作品——《迈向新法律常识——法律、全球化和解放》②。与此相关,还有推宁的《一般法理学:全球视野下的法律》③ 以及格伦的《世界法律传统》等④。

在第三章关于"以区域作为方法"等问题的讨论中,笔者指出,无论怎样,在中华民族这一大的文化底色下体现着"多元的统一",或者说:

> ……其"构图"的基本框架与"底色"却依然是"中国的",其"中国性"或"中国式的一致性"或明或暗地显示出来,并构成"多样性"与"多元性"的基础……总体方向或"终极指向"却是相对一致的;其历史进程无论具有怎样的时空差异与地方特点,以及在这一进程中又形成越来越多的区域差异和地方特点,而"统一性"却越来越成为"大势所趋"。⑤

鲁西奇有一个比喻,他把这种基于区域的研究看成是一个个的"圆圈"。笔者也深为赞同他的观点,"'画圈圈'并非目的,'走出圈圈',在地方社会或民众与国家权力之间建立起联系,才是其根本目标"。⑥ 这在本书第三章"强调'差异'、突出'区别'的意义"部分笔者已有所阐述。

---

① 特别值得关注的是刘作翔关于"规范体系"的研究。参见刘作翔《当代中国的规范体系:理论与制度结构》,《中国社会科学》2019 年第 7 期。
② Boaventura de Sousa Santos, *Toward a New Legal Common Sense*, Cambridge: Cambridge University Press, 2002. 〔葡〕博温托·迪·苏萨·桑托斯:《迈向新法律常识——法律、全球化和解放》,刘坤轮、叶传星译,中国人民大学出版社,2009。需要说明的是,在以下笔者对该书的引用中,主要是中文版本为主,但对部分关键词的处理上亦会参照英文版本。
③ William Twining, *General Jurisprudence: Understanding Law from a Global Perspective*, Cambridge: Cambridge University Press, 2009.
④ Patrick Glenn, *Legal Traditions of the World: Sustainable Diversity in Law*, Oxford: Oxford University Press, 2014. 〔加〕帕特里克·格伦:《世界法律传统》,李立红、黄英亮、姚玲译,北京大学出版社,2009。
⑤ 参见鲁西奇《中国历史的空间结构》,广西师范大学出版社,2014,第 23~24 页。
⑥ 参见鲁西奇、林昌丈《"画圈圈"与"走出圈圈"——关于"地域共同体"研究理论的评论与思考》,载周宁主编《人文国际》第 4 辑,厦门大学出版社,2011。

三 桑托斯"迈向对法的对抗式后现代理解"

桑托斯这位运用葡萄牙语、西班牙语、英语、德语、法语、意大利语等多种语言写作的科英布拉大学（University of Coimbra）、威斯康星－麦迪逊分校教授，著述颇丰，是当下很有影响力的一位法学家。在他的《迈向新法律常识——法律、全球化和解放》一书中，如其书名所揭示的，他提出要"迈向对法的对抗式后现代理解"（Toward an Oppositional Postmodern Understanding of Law）。①

桑托斯是通过对现代性过度与不足管理过程中科学与法律所扮演的角色的批判来阐述他自己的观点的。现代性的过度与不足，主要是指现代性对于其承诺的完成，某些是超额的，而另一些却不可避免地无法兑现。问题是，这些过度与不足并不像人们所设想的那样可通过一种重构的方式来解决。在这种观点下：②

> 过度被看作是偶然的背离，而不足则是一种暂时的缺点。并且，人们认为，这两者作为问题都可以借助不断扩展的现代性的物质、智识和制度资源的更好地和更广泛地运用而获得解决。

桑托斯首先是将现代性界定为一种范式，在他看来，支撑这一范式的两个支柱是规制与解放。规制支柱由国家原则、市场原则和共同体原则所构成；解放支柱由韦伯所概括的三大理性（rationality）逻辑所构成，即文学和艺术的审美表现理性、科学和技术的认知工具理性、伦理和法律的道德实践理性。③ 而且，现代性是建立在规制和解放的动态张力上，但是"解放这一支柱崩塌了，陷入规制这一支柱中……这是对现代性的过度与不足进行重构管理的结果，这种重构管理已经首先委任给现代科学，其次

---

① See Boaventura de Sousa Santos, *Toward a New Legal Common Sense*, Cambridge: Cambridge University Press, 2002: Chapter 2.
② 〔葡〕博温托·迪·苏萨·桑托斯：《迈向新法律常识——法律、全球化和解放》，刘坤轮、叶传星译，中国人民大学出版社，2009，第5页。
③ See Boaventura de Sousa Santos, *Toward a New Legal Common Sense*, Cambridge: Cambridge University Press, 2002: 3.

是现代法律。"①

不过后现代——桑托斯称之为"赞美式后现代主义"——的主张也并不能回应和解决这一问题,桑托斯指出的第三条道路处在现代主义立场与后现代主义的赞美式立场之间,即他所谓之"对抗式后现代主义的法律观"。桑托斯分别批评了现代法观念(conception of law)的三个支柱,即作为国家垄断和科学建构的法,在国家和公民社会区分下法的去政治化,以及作为政治上合法的社会转型的原则和统一工具的法。桑托斯的理由是,与第一个支柱相反,他主张一种强势的法律多元主义概念和一种修辞学的法概念。关于第二个支柱,他认为那种区分应当破除,而代之以结构性的时间-空间系列——家务空间、工作空间、市场空间、社区空间、公民空间和世界空间。就笔者而言,桑托斯的这种观点还是比较激进的,它与笔者在第三章所阐述的法律和空间进路下关于法律、司法思考的路径并不太相同。于此,在下文笔者会进一步论述。对于上述的第三个支柱,桑托斯的观点是,"突破现代性的限制重新思考规制和解放,将法的宽泛再政治化想象为规制与解放之间辩证张力的条件。"②

桑托斯这样的立场与他对现代性及其法律表现的整体否思有关,桑托斯提出要迈向一种新的法律常识。显然这一新常识肯定不是国家中心主义的。他提出法与国家应是相对分离的。在他看来,"民族-国家远不是法的唯一或自然的时空,它不过是其中一支",法还有地方的和全球的时空。③ 就本书的论述而言,从时空的角度去看待法律及司法,这是有很大启发意义的。在本书第三章,在寻求如何从法律的角度来处理"尼江问题"时,一如笔者在本书其他部分所述,要在现有的法律、司法框架下回答这一问题答案必然是否定的、单方向的。

在现代国家的框架下,至少从意识形态的角度来说,问题的解决都希望回归到法律的层面去,只有这样似乎才能找到它的正当性。换言之,即

---

① 〔葡〕博温托·迪·苏萨·桑托斯:《迈向新法律常识——法律、全球化和解放》,刘坤轮、叶传星译,中国人民大学出版社,2009,第9页。
② 〔葡〕博温托·迪·苏萨·桑托斯:《迈向新法律常识——法律、全球化和解放》,刘坤轮、叶传星译,中国人民大学出版社,2009,第19~23页。
③ 〔葡〕博温托·迪·苏萨·桑托斯:《迈向新法律常识——法律、全球化和解放》,刘坤轮、叶传星译,中国人民大学出版社,2009,第103页。

便是政治的话语,也将最终通过法律的语言来达成。然而问题是,现有的法观念、法意识似乎并没有提供一个能够将如"尼江问题"生发地的藏区社会整合进一个主要以汉民族社会为背景的机制的通道。换言之,从桑托斯的角度来说,现代法律是自上而下的。自上而下,这其中必然带有一定的霸权;而且即便是很温和的,从现代国家立基之主权观念来看,亦是不允许法律、司法之分叉的。① 这的确形成了一个问题的僵局,当然国家是可以直线突进的。不过,在现代社会条件下,国家却无法总是通过其权力来达致所有的目的,它同样要寻求合理性、正当性。在这个意义上,桑托斯的观点能够成为一个解决问题的恰切路径吗?

桑托斯的研究既不是理论主义的,也不是经验主义的,而是——用他自己的话说——"扎根理论"(grounded theory)②,这种理论既有坚实的根基,又拒绝被绑住手脚而妨碍自由发挥。桑托斯"法的对抗式后现代理解"是要在地方(local)、国家(national)、全球(global)的视野下,寻求一个可以通约的关于法的观念及理论框架。就本书而言,笔者暂且不论世界的这个维度,只选取桑托斯在地方-国家这个维度上的论述路径。就地方的法而言,桑托斯列举了他在巴西帕萨嘎达(Pasargada)田野调查的一个个案,犹如塔玛纳哈描述的关于密克罗尼西亚(Micronesia)的经验。③

桑托斯有一个比喻,他说"法律和社会现实之间的关系与地图和空间现实之间的关系极为相似。确实,法律是地图:成文法是制成地图(cartography maps);习惯法和非正式法是思想地图(mental maps)"。④ 能够将法律与地图关联起来,桑托斯觉得是因为"法律和社会现实之间的关系与地图和空间现实之间的关系极为相似"。只不过,桑托斯在这里所讨论的

---

① 这一点是很清晰的,这也是这些年国内关于习惯法的研究尽管热烈,但却进展缓慢、突破有限的一个原因。参见谢晖《敞开习惯研究之视界》,《原生态民族文化学刊》2007年第1期;另见张洪涛《边缘抑或中心:大历史视野中习惯法命运研究》,《法学家》2011年第4期。
② 关于该研究方法的中文介绍可参见陈向明《扎根理论的思路和方法》,《教育研究与实验》1999年第4期。
③ See Brian Z. Tamanaha, *A General Jurisprudence of Law and Society*, Preface, DOI: 10.1093/acprof: oso/9780199244676.002.0008.
④ 〔葡〕博温托·迪·苏萨·桑托斯:《迈向新法律常识——法律、全球化和解放》,刘坤轮、叶传星译,中国人民大学出版社,2009,第515~516页。

并不是地图的指引功能等一些为我们熟悉的观念。①

> 地图是对现实规则化的歪曲（distortions），是对地区的有组织的歪曲解读，该解读创造对应物的可信虚像。通过想象真实虚像的不现实性，我们将虚像的对应物转化为实用的定向（pragmatic orientation）……正如地图一样，法律是社会领域的规则化的歪曲或误读……地图之所以歪曲现实乃是为了确定方向……法律歪曲现实则是为了确定独占性（exclusivity）……这种对现实的误读并不是杂乱无章的，他们乃是通过确定的（determinate）和可确定的（determinable）机制和操作发生。

桑托斯进一步说，地图通过三个特定机制——比例尺、投影法和象征符号——歪曲现实。相应地，法律也能够同这三种机制对应起来。是故，（1）我们可以假定"地方法是大比例尺的法制（legality）、国家法是中比例尺的法制，而世界法是小比例尺的法制"；"这三个限度由于法律形式的比例尺不同而不同，但是，统一个法律比例尺也可以允许在它的调整限度内的差别"。② （2）"投影法是法律秩序确定它的运作界限和组织它们内部的法律空间的秩序"，"根据所采用的投影法的种类，每个法律秩序都有中心和边缘"——"这意味着一定的法律秩序在它的法律空间不是均等地分布的……在中心地区占统治的概念、解释类型和技术以及思想结构倾向于脱离他们起源的语境而输出外围。因此，它们被适用到法律外围而不注意提防法律调整的需要，因为总是按照中心的观点解释和满足需要。"③（3）桑托斯区分了两种对立的法律符号化的理想类型：荷马型的法律和圣经型的法律。

> ……荷马型的法律：把现实日常连续的变动转化为相互不同的一本正经的片段（合同、法律纠纷等）的前后相继性，依赖于抽象的形

---

① 〔葡〕博温托·迪·苏萨·桑托斯：《迈向新法律常识——法律、全球化和解放》，刘坤轮、叶传星译，中国人民大学出版社，2009，第516页。

② See Boaventura de Sousa Santos, *Toward a New Legal Common Sense*, Cambridge: Cambridge University Press, 2002: 426, 430.

③ 〔葡〕博温托·迪·苏萨·桑托斯：《迈向新法律常识——法律、全球化和解放》，刘坤轮、叶传星译，中国人民大学出版社，2009，第528页以次。

式化的语言描述，通过习以为常的认识和参照符号。这种符号化的类型以一种合法律性形式为前提，我称之为工具性合法律性。相反，我称圣经型的法律是一种以想象为基础的合法律性，其前提是把法律互动的非连续性铭记在它们发生的多层次的语境中，通过偶像、感情和表现性的符号，以形象的非正式的语言描述它们。①

桑托斯关于法律的这些认识无疑是相当具有洞识的，只是他这样的论述是否会造成法律在现代国家的震荡？这在表面上看去是相当自然和平静的论述，但却以一种相当颠覆的观点在描述现代国家的法律本身。然而，如果不是采用这样的方法，一些问题的确将无法解决。那么这究竟是法律自身的危机还是现代国家自身的危机？——以一种虚假的姿态在维持一种事实上根本无法实现的法律及司法的统一适用。不过这样的论证路数并不是很突兀和奇怪，早在100年前，埃利希的论述甚至在今天看来都更为激进。下文将论及有关埃利希的观点。

这是否说明，到今天为止，国家法的路子是不是越走越窄？然而它又能退步到何处，或者它又如何来回答现实社会那些问题，是否会柳暗花明呢？

四 埃利希的"法律与社会"图景

不可否认的是，尽管现代社会的进展已经越来越离不开法律及法院的司法，然而，我们也要看到，现代国家之名义下的法律在解决社会问题方面，越来越显示出一定的力不从心。即便是法律得到最严格的适用和执行，即便是当事人以最虔诚的心态来遵守法律或者按照法律的规则安排自我的生活，我们还是会发现，最终结果既可能是法院始料未及的，也是当事人无法全然接受的。换言之，这一情形下，出现了两个一样迷失的无辜者。亦即，在法律与社会的遭遇中，路是愈走愈窄。这其中的原因部分可以归结为社会，但终究法律是为社会服务的，却不能让工具反过来宰制社

---

① 〔葡〕博温托·迪·苏萨·桑托斯：《迈向新法律常识——法律、全球化和解放》，刘坤轮、叶传星译，中国人民大学出版社，2009，第533~534页。

会本身。

　　由此，我们需要反思"民族－国家"条件下的法律及其司法。这样的问题早在百年前奥地利法学家埃利希的著作《法社会学原理》中就有清晰的阐述，但奇怪的是这并没有引起足够的重视。尽管"埃利希在法社会学界无疑是属于那种人人知晓，但其著作少有人问津的名人，在我国法社会学界也是如此，凡对法社会学略有专攻的学者大体都知道埃利希曾经提出过所谓'活法'的思想，不过我们的研究也仅此而已"。① 埃利希的贡献也绝不只是标签化的"活法"这么单调和平面。塔玛纳哈在他的文章中指出，埃利希的贡献在于他不仅揭示了法律与社会内在关联上的复杂原因，而且他还辨识了那些法律变迁中的作用因素。退一步讲，即便我们不去考虑埃利希关于"活法"的概念，他的前述观察和思考在今天仍然是具有相当启发意义的。②

　　就笔者的阅读，以社会－法律的视角研究问题的作品不在少数，但那种非常透彻又不是特别激进、具有说服力的作品并不是很多。社会－法律研究或者法社会学发展至今，一种很糟糕的研究现象是普遍带有深刻的偏见和固执，抑或是不顺畅。这其中的原因，部分是太过拘泥于社会学等学科本身，而不能反观社会。换言之，此时的法社会学研究或者社会－法律研究已经是在进行一种建构之上的再建构，它脱离了社会本身。这也是笔者为什么选择社会－法律研究这样的方法的一个原因。另一个层面，法社会学在自身的发展中，早早地给自己设想了完全没有必要或者并不是那样严重的假想敌人，致使其不能专注于自身应有的发展，过早地陷入了一种防御的境地，这致使它的学科领地不断萎缩。

　　埃利希的思路提供了非常开阔的研究视野。在本书第二、三章，尽管笔者指出因着地理等原因基层司法在实践中呈现出一定的差异，但对于这种差异的解决却没有给出一个相对清晰的路径。现在看去，可以通过埃利希的理论找到比较有力的说服论据。埃利希的思路是社会和国家二分，国家乃是社会的机关。法、裁判规范、国法等之间有关联，但却不能混同。

---

① 参见〔奥〕欧根·埃利希《法社会学原理》，舒国滢译，中国大百科全书出版社，2009，译者后记。

② See Brian Z. Tamanaha, "A Vision of Socio－Legal Change: Rescuing Ehrlich from Living Law", *Law and Social Inquiry* 36（2011）: 297.

从国家的角度,通过法条、国法实现统一是其追求。然而,自社会看去,却并不是这样。国法对社会中的规范是选择性适用,有些直接适用,有些予以反对,有些则完全是融合创新的。换言之,国家通过法律控制社会之目标与社会自身之发展之间有着一定的间隙。尽管国家并不是要掌控社会的每一个领域,也不是社会的每一个领域都需要国家的法律介入,但在国家认为必要的地方,总会去延伸其权力并展示出立法、司法的冲动。

是故,在"尼江问题"的处理上,法律和司法的位置大致是如下的:在能够适用法律和司法的地方,进行相当的解释;而在暂时介入不了的地方就让它以其自身的逻辑前进。因为社会并不是离开法律之后就无法运作,法律也无法时时刻刻都规制社会生活。在"尼江问题"的法律层面之外,尽管官媒否定这是民族问题及宗教问题,但在某种意义上,对这一问题的认识需要从民族和宗教的背景入手,也就是从社会自身入手。更进一步,这些问题有它自身发展与解决的规范。只是在今天,当国家垄断了冲突的解决权之后,那些原有的或者传统的解决纠纷的方式就退居其次了,甚至成为非法。

也许正是在这个层面上,显示了社会-法律研究进路的意义。当国家的权力触角越来越长,国家的意义也越来越凸显的时候,以至于社会已经要完全被掌控或笼罩在国家之下时,法律、司法的地位及身份愈发特殊,其体系也越来越庞大。这或许是现代国家发展所无法避免的,然而国家力量的无限膨胀带来的社会危机也越来越无法克服。进而问题的解决只能是硬性的,而没有了社会自身本有的位置。尽管埃利希的论述并不是针对这些问题的,至少在他作品成书的 100 余年前,所面临的问题并不同于今日。埃利希在他的著作中批判了自然法学与历史法学派,认为它们尽管做了很好的工作,但在最终的结果指向上——无论是呼吁立法或是追求法的体系性都落入了某种陷阱。他分析的切入点便是对社会和法关系的阐述。他区分法与法律、法条等概念,辨析它们各自在内容上的差异。他所理解的法是变动的、流动的,不是凝固的。因此,对法律的理解端赖我们看待法律的视角。其中,国法与活法是有差异的两种思路,前者是排他的,后者是开放的——无主权的制序①。埃利希对"习惯法"的理解也是深刻的。事实上,惯常以"活法"标签化看待埃利希的理论贡献,这是对他理论理解上的一种损失,他的理论要远较此为多。②

在今天,相比于埃利希的时代,国法的力量愈加炽烈,社会-国家/国家-社会之间的关系更加紧张。这一点也正是前述桑托斯的理论所阐述的。是故,在国法的意义上,面对本书前面以"尼江问题"为个案而提出的有关甘南藏区司法独特性的问题,如果从统一性的角度来看是无解的。换言之,一如桑托斯所言,在现有的范式内是找不到答案的。③ 但如果转换范式,因袭国家对文化差异以及多元性反思的角度,它又是有解的。我们不应忽视社会自身所具有的能量和能力,这种能量和能力也并不是国家所能改变的。埃利希的理论还对变动社会及法关系做了阐述。需要补充的是,笔者这些思考的逻辑有一个前提条件,那就是需要将法、法律、法学区分开来。因为它们各自的任务并不一致,虽有关联但还是分属三个不同的范畴。换言之,它们各自得出的结果无法一一对应起来。④

以上这些论述是对前述桑托斯问题予以展开的一个理论背景,也是下面要进一步阐述的。

五 "在分化社会中寻找凝聚的力量"

(一) 法律在分化社会中的作用

"在分化社会中寻找凝聚的力量",⑤ 这是2006年达芙妮·巴拉克·爱莱兹(Daphne Barak - Erez)⑥ 为弗里曼主编的《法律与社会学》撰写的其

---

① 刘坤轮:《埃利希:无主权的制序》,黑龙江大学出版社,2010年。
② See Brian Z. Tamanaha, "A Vision of Socio - Legal Change: Rescuing Ehrlich from Living Law", *Law and Social Inquiry* 36 (2011): 297.
③ 参见〔葡〕博温托·迪·苏萨·桑托斯《迈向新法律常识——法律、全球化和解放》,刘坤轮、叶传星译,中国人民大学出版社,2009,前言(第4页)。
④ 这在埃利希《法社会学原理》一书中有很细致的说明。
⑤ See Daphne Barak - Erez, "Law in Society: A Unifying Power or a Source of Conflict", in Michael Freeman, ed., *Law and Sociology*, Oxford: Oxford University Press, 2006: 165 - 184. 另一部较早时期的相似作品是〔法〕阿兰·图海纳:《我们能否共同生存:既彼此平等又互有差异》,狄玉明、李平沤译,商务印书馆,2003。
⑥ 达芙妮·巴拉克·爱莱兹是一位很多产的法学教授,原任职于以色列特拉维夫大学(Tel Aviv University)法学院,后于2012年起转任以色列最高法院法官。

中一篇文章的一个小标题，笔者借用在此处。她那篇文章的题目是《社会中的法：一种统一的力量还是冲突的来源？》，巴拉克·爱莱兹这篇文章的主旨是要回应那些质疑法律和司法可以作为我们这个社会统合力量的观点。鉴于以色列复杂的国际形势及曲折的建国历史，一般情况下，我们也并不认为以色列的法律发展有何借鉴意义。事实上，国内有关以色列法律及司法的文献还很少。如果我们能够暂时先放下那些先见和想象，将目光主要放在其正常的国内社会生活中，那么我们就会看到这个国家不只有战争和动乱，它的国内法律发展和我们一样面临各种困难。巴拉克·爱莱兹的研究还是很有启发性。以色列的法律及司法制度比较复杂，它在1948年建立国家后，开始建设自己的法律及司法体系。作为一个严重的继受法国家，以色列的法律体系借鉴了普通法的内容，不过也不全是，它的法院体系中还有宗教法庭。①

或许有论者还是坚持以色列的国情和中国相去甚远，但某种意义上，以色列在立法、司法上处理这些问题的经验未尝不是一种我们反思自己问题的途径。如果从笔者在本书第一章所论及的"现代性"、现代与后现代交织、全球化这个大的场景来看，实际上很难说我们所面临的困境会与其他国家有多少不同——现代化、全球化所带来的"疾病"，它的"传染"速度和范围都是惊人的。还需注意，巴拉克·爱莱兹对她所描述的社会使用了"分化/分离"（divided）这一修饰语，而不是我们习惯的"多元社会"（multicultural society）。② 申言之，如果是狭义地解释"文化"的话，导致社会异常的不都是文化的多元，还有其他因素。巴拉克·爱莱兹列举了导致以色列社会分化的一些因素，比如众多不同的民族、意识形态与社会的分裂等。③

在这一情形下，尽管有人不断质疑法律及司法在修正这些"疾病"上的能力，巴拉克·爱莱兹还是认为法律及司法的作用是不可替代的，只不

---

① See Aharon Barak, "Some Reflections on the Israeli Legal System and Its Judiciary", in https://www.ejcl.org/61/art61 - 1.html, last visited on May 29, 2017. See also Menachem Mautner, *Law and the Culture of Israel*, Oxford: Oxford University Press, 2011.
② 从巴拉克·爱莱兹的文章可以看出她是有意区分这两个词的。
③ See Daphne Barak - Erez, "Law in Society: A Unifying Power or a Source of Conflict", in Michael Freeman, ed., *Law and Sociology*, Oxford: Oxford University Press, 2006: 173.

过是法律和司法要怎样发挥其能力。她也分别以以色列在立法和司法上的经验,详细分析了为什么法律能够扮演统合的角色,也回应了"多元主义"及"法的政治性观念"(the political concept of law)对此的批评与质疑。同时,就法院的社会统合角色也进行了细致的分析。而在这个过程中,笔者非常受启发的是她以以色列最高法院的裁判作为例子来阐明分化社会下法律及司法的重要价值。

尽管本书的主要目的是阐述我国西北地区的基层法院司法,而且笔者所持的观点是要达到一种中国法院的分层区别治理,但巴拉克·爱莱兹的研究仍具有参考意义。在她文章的后面部分,她说法院的确在那些涉及社会根深蒂固的本质争议上作用受限,但这并不影响法院在正常社会领域与改善社会正义上的作为。换言之,法院在对自身的定位上,不能只考虑居于国家中心的政治意图,还要去积极回应社会现实。申言之,法院的裁判要有其根本的理念坚守。法院要真正成为社会政治生活的中心,就要敢于应对那些棘手的、有争议的社会案件。只有这样的法院,才是有担当和受人尊敬的法院。

这也在提醒我们,一个国家法治状况的根本改善,还是取决于司法。只有司法,才能让法律真正运行起来。真正的司法过程,也绝非简单地机械适用法律。法院的判决能够影响社会,也能够引导社会。巴拉克·爱莱兹也提醒我们,法律和司法要真正扮演统合社会的角色,不仅依赖于法律及司法自身的发展,还依赖于教育发展。

(二) 推宁研究的启发

在这里笔者还要介绍另一位学者的相关研究,他是伦敦大学学院退休教授推宁(William Twining)。推宁和前文桑托斯的研究旨趣颇为相近,不过他们的研究就不像前述巴拉克·爱莱兹的思考那样沉重,想来这也是一种国家制度自信的体现。推宁的研究领域是"一般法理学"[①],

---

① 不得不强调,此处推宁意义上的法理学,以及德沃金意义上的法理学与国内一般的《法理学》教科书所理解的"法理学"还是有不少差异。他们这里所讲之法理学主要是偏向司法的。推宁本人就是著名的证据法学专家,曾获得威格摩尔大奖(John Henry Wigmore Awards for Lifetime Achievement in the Law of Evidence and the Process of Proof, 2008)。对于推宁在全球化、一般法理学方面的研究成果,参见〔英〕威廉·退宁《全球化与法律理论》,钱向阳译,中国大百科全书出版社,2009。See also William Twining, *General Jurisprudence: Understanding Law from a Global Perspective*, Cambridge: Cambridge University Press, 2009.

他的问题视角与思考范围并不在国内法,而是同桑托斯以及笔者在前文提及的塔玛纳哈一样,是要在全球的范围内寻求一种能够有更大容括性的法及司法框架。当然他们并不是预言家,而是出于对当前世界法律版图的整体考量,特别是那种"北强南弱"现象,以及他对西方法学的批判。无疑,推宁的研究为法律及司法发展提供了一种相当开阔的思维。①

在推宁和巴拉克·爱莱兹的研究之间做一比较,巴拉克·爱莱兹还是在寻求国内法的安宁,特别是怎样通过完善、优化本国的法律和司法去维护、修补分化中的社会;而推宁考虑的则是如何在一种全新的思维下去寻求法治、法律与司法的另一种可能,而不是死守已经困境重重的当下西方法治。但是矛盾的是,那些以西方法治先发国家为样板的后发国家,如果不去接纳当前这个明明知道"有病"的系统,又能如何?它们能够短期内从容发展出自己的法及司法模式吗?中国的司法改革还在长征的路上,最近几年,我国设立了一些全新的法院,我们希望这些实验中的法院能为今后中国法院的改革提供可复制的经验。我们是一直向前,还是要回望反思?当下的我们又身在何处?更高层面地看,我们现时握的是一幅怎样的法院地图?又打算绘制一幅怎样的法院地图?

六 理想的基层法院及其司法

我们的目标是从诸多的点出发,努力去绘出一幅"全面""准确"的地图,问题是有这样的理想地图吗?卡尔维诺的小说《看不见的城市》②(推宁在前述著作中已经讲过一次),"叙述了一个发生在中国元代的故事。中国皇帝忽必烈汗接见意大利旅行家马可·波罗(Marco Polo,1254~1324),后者向皇帝汇报一生游历的各个城市的奇谈异闻。"全书一共描写了55个不同的城市。

为什么是看不见的城市?有城还是没有城?如果有城,为什么看不

---

① 对推宁观点的一般性介绍可参见於兴中《法理学前沿》,中国民主法制出版社,2015,第85~88页。
② 参见〔意〕伊塔洛·卡尔维诺《看不见的城市》,王志弘译,时报文化出版企业股份有限公司,1999。

见？如果没有城，那忽必烈与马可·波罗谈的又是什么城？小说第九章提道：

> 大汗有一册地图，画着帝国和邻近国家所有的城市以及它们的房屋、街道、墙、河流、桥梁、港湾、山崖。
> ……
> 大汗有一册地图，画着整个地球、每个洲、最辽远的国土疆界、船只的航线、海岸、最著名的都城和最富饶的港口。
> ……
> 大汗有一册地图，里面集中了所有城市的地图：城墙建筑在坚固地基之上的、已经坍倒而且逐渐被泥沙吞没的、暂时只有兔子挖的地洞但是总有一天成为城市的。
>
> 大汗还有别的地图，绘制的是尚未被人发现而只在想象中见过的、幸福的土地……

令人惊异的是，在整部小说中，忽必烈似乎和马可·波罗一直在谈论城市——马可·波罗在汇报，忽必烈在应答，而且是极默契与会意的；忽必烈不时地问，马可·波罗会意地答。但他们似乎又什么都没有谈，只是在各自的世界里想象和描述。不过，这样的对话却为何共生在了一个场景下？具体到本书，笔者想叙述的是关于西北基层法院司法的图像，而且笔者认为肯定是一种相异于非西北基层法院司法的图像。笔者希望能够从这幅图出发，依葫芦画瓢，不断细分，画出一幅幅关于基层法院司法的局部图，连缀起来成为一幅全图有还是没有这样的图？这代表的还是我们对于法律及司法的认识观念。

（一）何种意义上的"图绘"

图绘（mapping）法院，它代表了我们对以往司法图景及其表象的一种观察和抽象，也代表着我们对于未来的一种期许与设计。[①] 这只是一种比喻的说法，目的是期望这一努力能使我们把握处在社会中的法院及其司

---

① 受德勒兹、瓜塔里"块茎"理论的启发，图绘"不是追踪复制，不是制造模式或建构范式，而是制造地图或实验"。参见陈永国《代前言：德勒兹思想要略》，收入氏编/译《游牧思想——吉尔·德勒兹、费利克斯·瓜塔里读本》，吉林人民出版社，2011，第7页。

法。有意无间，人们在诸多领域以各种方式开展着这一工作。① 当然，这里的图绘与地理世界中的地图还是有一些差别，也许一如推宁所言我们难以绘出一幅司法地图，但是这却代表了一种把握、掌控未来的意图与趋势。这是能把握的吗？可以找到吗？有这样一个中心吗？② 还是很有必要对本书之前的一些论述及本书所阐述之西北基层法院存在之场景再做回顾。

伴随社会的发展，越来越多的冲突、矛盾、纠纷暴露了出来，而且大量纠纷正在以暴涨的趋势进入法院之内。尽管我们一直在多方面地宣传和加强各种诉讼以外的纠纷处理、矛盾化解途径和手段，但事实上这些诉讼外部的纠纷解决方式正在出现萎缩，当事人之间通过第三者来解决的纠纷绝大多数仍然是通过诉讼这一途径来最终解决的。国家投入审判的资源是很难匹配这种呈几何级数递增的案件数量的，退一步讲，司法的扩张不可能是无限的，需要控制在一个有限的范围内。职是之故，我国的基层法院司法至少要同时完成以下几个任务。（1）实现对基层社会的治理控制。这表现在"纠纷化解在基层、矛盾不上交"等。（2）在不大量增加司法供给的基础上实现对纠纷数量快速增长的应对。这些任务的完成变得越来越困难，基层司法自身不断遭遇来自内部和外部的批评。③ 在不断向前的现代化中，在不断将司法推向前台的情形下，如何才能既达到对制度的（合理的）充分供给，又能让这种供给是能获得的？

问题终究要解决。无论是积极借鉴他国的经验还是完全地立基于本土的探索和实践，都不可能不去了解自身所处的大环境。当下社会越来越成

---

① See Jane Holder and Carolyn Harrison, "Connecting Law and Geography", in Jane Holder and Carolyn Harrison, ed., *Law and Geography*, DOI: 10.1093/acprof: oso/9780199260744.003.0001.
② 很值得注意的是克罗地亚裔耶鲁大学比较法教授达玛什卡于近30年前所做的关于"法律程序"的比较工作，在他这项杰出的研究中，作者设定了司法和国家权力多重关系这样一个分析/定位的维度，清晰地将世界上主要的法律程序图景呈现了出来。换言之，只要我们能够设定适当的参数，便能图绘出实际的法院及其司法程序。在本书中，笔者观察的切入点是司法的差异性，而具体的维度则是地理。参见〔美〕米尔伊安·R.达玛什卡《司法和国家权力的多种面孔：比较视野中的法律程序》，郑戈译，中国政法大学出版社，2015。早期的有关法律地图的研究，See John H. Wigmore, "A Map of the World's Law", *Geographical Review* 19 (1929): 114 - 120。国内学者这方面的研究可参见谢晖《作者和读者：心镜中的法律图像》、《理解与解释：法学家心镜中的法律图像》，收于氏著《法律的意义追问：诠释学视野中的法哲学》，法律出版社，2016。
③ 参见〔葡〕博温托·迪·苏萨·桑托斯《迈向新法律常识——法律、全球化和解放》，刘坤轮、叶传星译，中国人民大学出版社，2009，第391～392页。

为一个开放的社会，从大的方面来讲，有必要了解各主要国家的司法架构模式。具体而言，需要知晓他国在民事一审上的具体程序式样，以及在这一层面纠纷的解决方式。有学者以亚洲主要国家和地区的法院为样本，总结出了以下几种关于法院的运作模式——日本的法院呈现出"形式法治模式"、中国呈现出"政治统治模式"，中国韩国则呈现出"社会交互方式"。①

  除却审判机构本身的问题外，还要考虑整体的社会氛围。在前者，以基层法院为例说明，一方面，基层法院处在整个法院科层体制的底部，需要不断应付与完成来自上级的各种任务，从这个角度看它是一个弱势群体；但另一方面，基层法院却能够在自己的范围内自由行事，这完全依赖于其一把手领导的能力及管理水平。就社会方面而言，某些时候，明明是能够进行维权的案件，但出于成本的考量却不得不放弃。

  追到问题的根本，理想的基层法院应该是怎样的？客观地说，这是一个不太容易回答清楚的问题。从最宏观的层面来看，这首先需要看一国对待法律、司法的态度，如果法律及司法并不是社会的最终权威，那么即便是最高法院的裁判也难以发生实效，何况基层法院？其次还要视社会民众对于法律、司法的态度，如果民众并不接受、认可，那么再好的法律制度建设其作用都会大打折扣。基于前面宏观层面上的整体背景，那么中观上基层法院的具体设计就会有所不同。客观地说，即便是法治发达的英、法、德、美等国，它们各自司法的文明程度主要还是体现在其最高法院以及司法在社会中所具有的权威作用，而非它们的基层法院及其司法设置的法律指数。由此，也不难看到这些国家在初审法院设置上的特点——分层次的初审法院、非职业的法官等。这倒也并不比我国先进几许，但问题是在我国两审终审的审级制度下，由于二审的压力而特别强调一审的质量，而作为初审的一审在实现那种严格意义上的司法裁判上有其难以克服的困难，这种困难笔者在前面的章节——特别是第二、三两章中多有阐述。由此一个本来不会成为问题的问题出现了，这就是司法的专业化/职业化与

---

① 叶俊荣编《转型中的东亚法院——基本形貌、纷争解决与行政治理》，台湾大学出版中心，2014。

大众化/民主化。① 在笔者看来，这一问题之所以会成为一个问题，固然是由于我们传统上对待法律、司法及治理社会所秉持的态度，以及新民主主义革命以来迄至新中国成立后有关社会主义法律及司法观念上的教条化态度，但最主要的还是我们没有能够真正认识基层法院司法的性质。理想来看，基层法院司法是不排斥大众化/民主化等这些看起来有些反法律、反司法的特质的，作为化解的方法，我们可以在制度上对主要是由基层法院来担当的初审法院进一步进行职能分化，即让一切都各就各位——在生活与法律、司法之间设立过渡带。② 这样无论是大众化的理念还是职业化的理念都得到了吸收和安排，而这也恰是微观上的基层法院司法的具体展开过程。

（二）布隆里与"解开法律"

法律与社会间的纠葛总是剪不断、理还乱。是否只能在法律有其独立性、与社会无涉和法律在社会之下二者中进行选择？布隆里认为还可有其他答案，因为法律实践的技术形式给它圈定了一个相对独立的空间。换言之，法律就是法律。当然，布隆里主要是从空间的角度来看待法律与社会的关系的，他是法律地理学领域的开拓性学者。他最新的研究——《解开的法律：置括之实践》，还是很值得我们思考。③ 布隆里说，他所谓"置

---

① 比较典型的研究如何兵《司法职业化与民主化》，《法学研究》2005 年第 4 期；范愉《从诉讼调解到"消失中的审判"》，《法制与社会发展》2008 年第 5 期；范愉《诉讼调解：审判经验与法学原理》，《中国法学》2009 年第 6 期；范愉《诉讼社会与无讼社会的辨析和启示——纠纷解决机制中的国家与社会》，《法学家》2013 年第 1 期；苏力《法律人思维?》，载《北大法律评论》第 14 卷·第 2 辑，北京大学出版社，2013；江国华《转型中国的司法价值观》，《法学研究》2014 年第 1 期；等等。事实上，这一争论在新民主主义革命时期就已经展开。参见侯欣一《从司法为民到人民司法——陕甘宁边区大众化司法制度研究》，中国政法大学出版社，2007，第 124 页以次；刘全娥《雷经天新民主主义司法思想论》，《法学研究》2011 年第 3 期；黄东海《陕甘宁边区司法的机构、运行和审级》，载耿化敏主编《青年党史学者论坛》第 3 辑，社会科学文献出版社，2015；等等。

② 有学者提出如下基层法院派出法庭改革建议："通过适度增加县（区以及县级市）域范围内人民法庭的设置，合理调整人民法庭的区域布局，充实人民法庭的审判力量，强化人民法庭的功能，充分发挥人民法庭在基层法院案件（主要是民事案件）处理和解决中的主导作用，确立人民法庭在基层法院审判工作中的基础性地位，塑造并形成基层法院'重心下移'的审判资源配置格局，从而更好地适应基层社会对审判工作的实际需求，加强司法审判与基层社会的融合与互动"。参见顾培东《人民法庭地位与功能的重构——基于 P 县人民法院相关实践的分析》，《法学研究》2014 年第 1 期。

③ See Nicholas Blomley, "Disentangling Law: The Practice of Bracketing", *Annu. Rev. Law Soc. Sci.* 10 (2014): 133 - 148.

括"(bracketing),主要借鉴了"述行性"(performativity)理论及 M. Callon 的框架理路(framing)。作者认为,透过置括,可以确定一个固定的边界。这样一来,就能让发生在这个边界内的交互行为或多或少独立于其周围的环境。即是说,如果这只专属于边界内部,那么就要求它必须同外部的纠缠脱离开来。而法律,就其正式的表现形式而言,就是这样一个解开化的过程(process of disentanglement)。

布隆里特意指出,他的理论与波兰尼的"脱嵌"理论是一样的。"脱嵌"是假设社会像一个容器,但作为置括结果的解开过程却不是如此。"解开"不是要将法律和社会分开,而是对具有文化意义的事物的一种重新组合,它不会不考虑其外在意义。布隆里也认为法律的解开过程不是要将法律视为一个自治领域(autonomous field)。因为与其将这一分离过程看作既定的,或者一种简单的社会建构,还不如将其看作理性影响的结果。总之,布隆里是想尝试指出社会与法律间的关系频繁地转向纠缠和置括(entanglement and bracketing)、截与留(cut and flow)这些运动的具体方式。布隆里还认为尽管法律与社会研究不仅很好地揭示出了法律嵌进社会、作为其产物的具体方式,以及法律不可能与社会完全割裂开来成为一个纯粹的、不受任何沾染的独立王国,还通过运用法律来稳定社会的风险。然而,我们的危机(danger)是忽略了处于法律中心的实践技术形式(technical forms of practice)——失此,法律将不再是法律。

布隆里的文章要说明什么问题？大约 2000 年的时候,有一首流行歌曲《放爱一条生路》,歌名与此似乎特别应景。我们都承认也接受法律是一种实践。但这是一种怎样的实践,却充满了歧义。人类几乎没有办法再去认识本来的法律。因为法律要么总是不断被抽离,以致都快成为僵硬的教条；要么总是被稀释,以致都快成为模糊的影子。布隆里的研究,就是要让法律及司法从种种的缠绕中解脱出来。

(三) 基层法院"个殊化"的可能/殊相

法律及司法是一种实践,但它又是一种怎样的实践呢？为什么我们一定要对法律及司法给出一个整合性的答案？我们会发现,一旦法律真正运行起来,即便是最完美的理论形式,也会在实践中左支右绌,终究一种统全的法是否只是一种理想？那么,这是不是说一种"个体"式的关于法律及司法的观察一定会肢解一国法制的统一与公正性？似乎还可以再去思考，至少答案并不是那样肯定的。申言之，对法院司法过程的具体考察可以是整体－局部的、综合－个案式的，即是说，法院司法过程差异性的存在；那么在原初规则的制定上为何不能是分开的呢？有观点肯定会指责这种观点是荒谬的，因为当前中国的问题是如何让既定的法律规范得到切实的落实。但问题是为什么这些法律明定的规则没有得到遵守、执行，又为什么会被一些司法惯习所替代？笔者要指出的是，这样的问题并不全是规则自身引发的，而可能是社会大环境乃至制度本身的原因导致规则的跑偏。如果以一种前瞻性的观点来看，我们应考虑一种更能改善我们社会的、更加符合人性的规范模式。换言之，将法律及司法之运行不断切分开来，形成相对恰切的小循环，这并不代表对民族－国家法制根基的根本挑战。

那么，对于司法整体构图中的各元素——划分到最小如西北的基层法院这样的单元，是否如同卡尔维诺的《看不见的城市》，只是连缀在年轻的马可·波罗和年迈的忽必烈的想象之中？没有人能够了解全部司法的真实运作状况，他/她不过是根据自己的理解或大或小地扩展出去，并尽力画出一个个或远或近大体相似的同心圆。司法是一种制度建构，它有自己的目的。在今天，它越来越作为一种治理秩序形成的方法而存在。换言之，它距离那种自然生长的理想状态愈来愈远。即是说，法律的工具面相及其对社会的统合、加工能力越来越强。易言之，法律自身的规训能力与社会期待之间的张力愈来愈大。法律及司法的发展也越来越疏远于人本身，现代民族－国家也更是愈加混合、模糊其职能与法律本义的界限。此即有学者所指出的"国家法制主义"。[①] 究竟是国家绑架了法治，还是法治自身的先天不足，这值得深思。总之，就当下的情势而言，至少在司法层面，任何对司法运作方式多元化的尝试，都会受到各种阻力，似乎这当然地会松动司法的权威乃至国家法治的根基。有些悖论的是，现代民族－国家的法治是如此地强大，却又如此地脆弱。

最后，再略做一些解释，本章以上内容可看作全书的一个中间性结论（intermediate summary）。某种意义上，本书目前所呈现的无疑更像是笔者

---

① 参见於兴中《法治东西》，法律出版社，2015，第八章。

关于西北基层法院司法有关文献资料及思考片段的一次相对集中的梳理。坦率地说，本应具有的中心问题尚不清晰——还是在研究论题的边缘。① 换言之，笔者只是就关涉西北基层法院司法的一些问题，从个别角度切入，做了一些初步的论述；同时，也假设了一些可能的质疑，并做了一些回应。对于研究者而言，"一个悖论在于，时代往往是有意义问题意识的来源，但是为时代写作又有可能导致问题感的短视。"② 中国法院的司法短期内终究会变成怎样的形态，已经安排了的改革举措在实践中会以怎样的方式展开，实践多大程度上修改或者偏离了理论的判断，诸如此类的问题似乎都很难给出确定的答案。从另一个层面来说，迈向未来的路充满了多种可能。申言之，一些在我们今天看来非常坚固的理念，也不排除在将来就必然不会发生向相反的方向改变的可能。即便是在中国，至少是理论上，笔者还是会坚持基层法院司法自治是有可以讨论的空间的。福山（Francis Fukuyama）20多年前提出"历史的终结"，20多年后他认为他的根本思想基本是正确的。2011年他以中国的个案作为主轴再次全面回应了他之前的理论，作者指出，"纵然我们会质疑要多久之后全人类才能抵达那个终点，但我们不应怀疑某种社会形态就挺立在历史的终结处。"③ 我们也不能非常肯定在进一步的司法改革中，中国会完全不去考虑在地方基层

---

① 对于这一不清晰，笔者希望能在接下来本人关于"西北基层人民法院及其司法研究"的另一部作品中能够交代清楚。
② 参见刘瑜《重新带回国家》，收于〔美〕弗朗西斯·福山：《政治秩序的起源：从前人类时代到法国大革命》，毛俊杰译，广西师范大学出版社，版2014，导读。
③ 对福山（参见〔美〕弗朗西斯·福山《历史的终结与最后的人》，陈高华译，广西师范大学出版社，2014；〔美〕弗朗西斯·福山《政治秩序的起源：从前人类时代到法国大革命》，毛俊杰译，广西师范大学出版社，2014）这一颇具争议的理论阐述的看法，端赖我们是从哪个层面或角度切入。某种意义上，其实我们一直都在追问与思索我们最终要到哪里去，我们最终要迈向的那个理想究竟是怎样的等等问题。黑格尔在他的著作中已经阐明了这种追问的可能与意义。由此，我们追问"如何在中国思考法律/司法"也同样是这样一个问题。那么，这一问题有没有答案？逻辑地说，答案应当是有的，否则人们也不会去设想种种的理想模型及反思当前的制度结构。问题是就我们的认识而言，那个理想只可能被逐渐接近，而无法最终达到；同时，理想之实现总是一个和现实妥协的结果。只是，当现实之表现过度地脱离所谓基本规律时，要么做出改变，要么是现实难以为继。这比较明显地表现在自然法学的研究视野中（参见 A. P. d'Entrèves《自然法：法律哲学导论》，李日章译，联经出版事业股份有限公司，2000；等等）。另一方面这也正是所谓"关于法律"（about law）与"根据法律"（of law）研究的不同旨趣所在（参见周赟《法理学》，清华大学出版社，2013）。

法院司法的层面做一些接近于分权的探索。

　　对于法律/司法的社会考察，韦伯、卢曼等社会学巨擘已做出了伟大的探索。究竟理想的法律、司法应该是怎样的？具体来看，就我国的基层法院及其司法而言，怎样的一种制度安排和实践才是最合理的，而且也最具正当性，这的确需要思考。一方面，如果要拉长制度的谱系，找寻那些来时的路，并条分缕析、爬梳清楚，我们会发现在较为久远的时代，这有其差异：现时的法治国家彼时并未就标示出其因法治而必将成为今日的文明国度；今时的中国至少在18世纪甚至更早一些时期足以显示出其"强力"，然则其法律及司法不仅一再被截断，而且被放弃——即便不是全部，也是相当程度的。这样的矛盾纠缠在近世的百年多历史中一直都没有停止。不过在另一方面，互联网经年的发展，不但影响了我们的生活，还日渐更改了我们社会的运行发展。申言之，网络社会带给了法律及司法新的问题。如果仅仅只是单纯地将包括基层法院在内的司法机关的司法活动对应为纠纷之解决的话，那么这一影响的结果已经有所显现。只是，当国家出现之后，司法活动就不再只是纯粹的纠纷解决。那么这又回到了本书前面的一个问题，国家对个体遥控的范围有多大？至少就目前来看，表达与实践之间的距离似乎越来越远。即是说，理想的基层法院秩序设定永远是一个变动、博弈的场。

　　林乃树林的古名。林中有路。这些路多半突然断绝在杳无人迹处。
　　这些路叫作林中路。
　　每人各奔前程，但却在同一林中。常常看来仿佛彼此相类。然而只是看来仿佛如此而已。
　　林业工和护林人识得这些路。他们懂得什么叫作在林中路上。[1]
　　海德格尔（Martin Heidegger, 1889～1976）在其后期的一本文集《林中路》的扉页上写下了前面的这段话，或许这对于法院及其司法的长久思考也是恰当的。

---

[1] 〔德〕马丁·海德格尔《林中路》，孙周兴译，上海译文出版社，2004。

索　引

埃利希，170，171，172
边缘革命，129，130，131
变迁社会，1，3，8，22，97，158
变异，47，50
波兰尼，177
布迪厄，27
布隆里，72，177
差异，24，26，70，82，100
初审法院，36，37，38，55，161，177
德勒兹，24，76
德沃金，107，136，151，154，161，162
邓小南，165
狄骥，31
地理，6，7，8，9，13，24，28，29，100，127，162，166，171
多元化纠纷解决机制，68，103，105，106
法国年鉴学派，2，80，130
法律地理学，3，68，70，71，72，73，78
法律多元主义，73，82，83
法律与地理，1，70，72，74
法律与空间，72，73，77，78，79，108
房龙，125

费孝通，32
分层区别治理，1，2，10，29，34，35，137，158，166，173
分权，10，28，34，35，103，104，162，166
冯象，138，142
福柯，69
福山，179
甘南草场/草山纠纷，83
戈尔迪乌姆之结，23
革命传统，121，122，123
格尔茨，16，80，81，82
个案，1，2，3，9，10，16，17，33，50，51，68，70，71，73，77，78，83，100，107，134，137，153，169，179
个殊性，26，107，166
个体，109，110，111，112，127，132
哈维，75
哈耶克，140
核心-边缘，30
黑格尔，24
后现代，19，20，21，24，168
积案，38，39，49，50，51，56
基层法院，44，54，60，62，64，94，

109，126，137，173，176，178，179
基层法院司法的西北问题，10，31，33，143
吉登斯，1
季卫东，7，23
接近正义，139，157，159
纠纷，2，13，14，37，44，50，51，52，56，57，58，60，64，68，89，161，176
纠纷宝塔，92
纠纷金字塔，92
纠纷树，92，93
涓滴效应，23，33，143
卡多佐，17
卡尔维诺，3，174，178
卡夫卡，135
康德，109，112，156
科层制，12，23，62，127，128
可欲之司法，136，159
空间，3，9，16，22，29，58，69，72，74，76，77，88，155，177
孔飞力，100
孔杰荣，125
李商隐，164
列斐伏尔，38，39，69，75
刘东，164
卢曼，82，179
鲁西奇，79，167
罗尔斯，13，29，139，140，141，142，143，146，151，152，153，156
罗森贝克，136
马凌诺夫斯基，32
孟德斯鸠，69，72

穆勒，128
内卷化，66
尼江问题，25，33，68，69，77，85，86，88，90，98，103，107，161，168，171
帕斯卡尔，72
庞德，17
裴宜理，122
《秦窑法庭》，14，15，16
以区域作为方法，79，167
日常生活，8，36，38，39，130
桑托斯，21，166，167，168，169
森，136，142，147，148，150，151，152，153，156
上网裁判文书，36
上下级关系，45，48，55，65，127，134
社会－法律研究，9，171
社会中的法院，62，175
社会最不利者，136，143，144，145，146，153，154，157，159
深描，16
事件－过程，10
司法改革，2，5，6，8，17，22，47，49，50，65，103，115，123，124，126，131，136，179
司法规律，6，99，125
司法权，13，28，40，103，104，113，114，126
司法实践，37，48，64，102，131
司法与政治，7，113，114，115，116，125，128，129
斯科特，131

塔玛纳哈，27，171，174

图绘，3，161，162，175

推宁，27，167，174

汪晖，79

王亚新，40

韦伯，80，112，127，168，179

五年改革纲要，2，5

西北，12

西北基层法院的司法问题，10，31，33，143

西北基层法院司法，1，10，15，16，23，24，30，32，136，153，161，175，179

西北基层人民法院，8，13，134，144，153，161

西北社会，1，3，9，25，33

现代化，18，19，21，22，95，100，147，151，155，173

想象，3，76，90，138，156，157，162

心像地图，90

央地关系，13

杨庆堃，133

一般地理学，74

一般法理学，27，166

伊哈布·哈桑，19

异化，48

意识形态，7，8，18，21，22，49，66，91，111，113，116，119，121，126，132，138，158，163，166，168，173

於兴中，20，147，164

扎根理论，10

正派社会，159

正义的理念，148，152

正义的贫困，138

政法传统，115，117，124

支配关系，2，37，38，42，45，47，65

制度－结构，10

中国问题，121，143，146，163

中央事权，28，35，70，103，104

终审法院，2，37，38，40，42，46，54，56，64，66，129

周保松，147

最高人民法院，37，49，62，116，126

跋

这本为稻粱谋的小书年前就交出去了，觉得似还应再交待一些什么，但又不知道从何处说起……从来没有想到2020年是以这样的方式开启。在这样的日子，匆匆翻了一遍加缪的《鼠疫》，看完后习惯性地到豆瓣评论区看看，有一个评论，大意是"你说加缪这书里隐喻的是什么，那描写的鼠疫不是真的吧"。是啊，若非瘟疫年，又有谁会想到会是如斯呢！可目下还有比这更真实的吗。也是这个时候，两部（系列）影片《传染病》（Contagion，2011。曾经被评为烂片的大片）、《切尔诺贝利》（Chernobyl，2019）重回视野。真可谓"当年不解剧中意，再看已是剧中人"。十七年前"非典"蔓延的时候正在读大学，留下的印象只有一段时间不上课，满宿舍楼的消毒水味道、熏醋的味道，或许还有在宿舍里看到的珠峰登顶的一个镜头——后来又看到一些关于珠峰的，比如埃里克·瓦力的《喜马拉雅》（Himalaya – l'enfance d'un chef，1999），一两年前还看到华东师范大学出版社"薄荷实验"系列预告的一本书《生死珠穆朗玛》（Sherry B. Ortner, *Life and Death on Mt. Everest : Sherpas and Himalayan Mountaineering*）——希望这本书早点能够译出来。

扯得有些远了，这大概就是自己写作的风格，即便是学术著述，也是这样东拉西扯。信马由缰、缠缠绕绕，这或许就是自己"不学无术"的最大特点。某种意义上，个人并不是一个合格的法科生，也不是一位称职的法学研究者，或许自己就像卡夫卡笔下的那个乡下人，尽管来到了法的门前，但是一直不知怎么才能够进入。也正是这些与法律有一些关联，却一直是在边缘或者周边的话题，让自己勉强忝列法学研习之列，不过也正是这些话题激起了个人不断的好奇，并乐在其中。

大体上，这本书写下第一个字的时间是在2012年春天，而有相对完整的写作计划则是到2013年冬天，主体的完成和修改是在2015年春天，之后就是断断续续的各种改写和调整。现在看去这本书的硬伤是明显的，这主要有两点，一是书中第二、第三章两章的个案，主要是由于个人的偷懒和没有狠下决心，做得并不彻底，进而使得说服力上总感觉缺了什么；二是我要讲"分层区别治理"和图绘西北基层法院的司法地图，但还没有给出清晰的答案。就这样草草出版，的确有祸枣灾梨之嫌。略给自己找一个可以下台阶的理由，大概只能是这其中的主要理论脉络还可以讲得通，或许也能够继续深入下去，一些话题也不乏意义。

在这本书告一段落之后，我便将主要的精力放到了法律地理学的学习思考中。我之所以还要继续法律地理学的思考，首先还是在于从西北这一地理视角来考察基层法院司法的提示，在这个意义上，法律地理学的一项工作便是研究一个"地方"的法律。沿着这样的思路，前人的思路提供给了我们太多的养分，华裔人本主义地理学家段义孚先生的研究，布罗代尔及其之后一代法国年鉴学派的著作，法兰克福学派的某些论著精神都是这方面的有益典范。2018年以来，也惊喜地发现一些同仁和朋友早已作了不少探索。在这本书里我有些生吞活剥地化用了罗尔斯的"社会最不利者"以及阿玛蒂亚·森的"可行能力"（capabilities）理论，此情此景，还是可以再读和深挖，在我国这样的一个国家，构筑怎样的正义理论及伦理才是比较理想的呢，这或许是不断需要探索和调整的。森那本写于1981年的《贫困与饥荒》（*Poverty and Famines: An Essay on Entitlement and Deprivation*）今天再去看，意义不是更大吗！

尽管是一本小书，却远非个人一人所能完成，需要太多的感谢。常常会想起过去曾经在厦门的时光，常人只道厦大的漂亮，但我觉得在这之外是这所学校可能与大多数高校不一样的对学生的"溺爱"。在这里，作为一名学生，尽管可能暂时还不能全部受到如北清一般的研究资源和优势，但是就"享受"的一面，学校应该是做到满格了。走在西村的群贤楼群前、站到演武场上面，你能感到学校的开放与包容。大抵正是这样的一种态度和精神，也使得老师对学生的研究和写作充满了包容和鼓励。在这个无所适从或许有些尴尬的时候，写自己的导师/老师似乎不是那么适合

"时宜"，但我想那些成为笑话的仅仅只是个案。博士时候的导师张榕老师到今年应该是要招收第10届博士生了，自己毕业也快五年了，在这求学和毕业之后的时间里，至少就自己而言，如果说教学科研还有那么一点章法，大概也是时时告诉自己，想想看，老师是怎么做的。我想，也不只我自己，同门师兄弟姐妹，我们或多或少都在照着老师的样子在做。一如天下理想老师的样子，老师尽她的努力给我们以关心和鼓励，尽可能让我们这些已经毕业以及仍然在读的师兄弟姐妹大家互相鼓励，互相帮助。或许老师教给了大家什么知识，怎样去指导论文等等这些学术的日常慢慢都成为了回忆，但唯有这给我们的榜样和精神支持让我们大家有了更多自信，也能知道自己身在何处而不那么迷失和慌乱。也很幸运的是，自己也是硕士时候的导师易萍老师的第二届学生，转眼间，进入易门都15年了，想想看真是感慨，时至今日，老师依然视我们如刚入学时的小孩一般照顾！我也谢谢周赟、郭春镇、魏磊杰、吴洪淇、马腾、董少谋老师！

厦大民诉学科在传统的民诉研究之外，于司法改革、多元化纠纷解决机制研究方面一直持续推进，这也使得我们这一届又一届的学生受益匪浅。这要特别感谢齐树洁老师，齐老师是一位非常有心的老师，也是一位让你觉得学术要特别认真才是的老师，齐老师有厦大人和北大人的两样气质。

学习的过程不能没有玩伴和朋友，谢谢达理、利红、毅坚、朝钰、徐进！

谢谢同学启明，她帮助我以个人难以想象的高效安排妥当了出版最初，也是重要的各样工作。也谢谢编辑李晨老师，一直以来都对自己的文风和表达非常失望，感谢李老师忍受这种不友好阅读的折磨和她给出的许多有益的建议。

感谢国家社科基金项目的支持，正是这一笔经费支持了过去几年本人的研究，使得自己相对自由地参加相关的学术交流，购买有关的研究资料。

感谢我所在的单位甘肃政法大学，到今天，断断续续在这所大学已经20余年时间。就个人所经历的五所法学院，无疑她还需要太多的成长和磨砺，但是过去的时间里，我确实得到了她最多、最需要的关心和支持。

  最后是感谢我的家人，尽管我知道对自己的家人，感谢是显得太微不足道了！

韩　宝
2020 年 2 月

图书在版编目(CIP)数据

变迁社会中的西北基层人民法院/韩宝著.--北京：社会科学文献出版社,2021.2
ISBN 978-7-5201-7720-7

Ⅰ.①变… Ⅱ.①韩… Ⅲ.①法院-工作-研究-西北地区 Ⅳ.①D926.22

中国版本图书馆CIP数据核字(2020)第255480号

变迁社会中的西北基层人民法院

著　者／韩　宝
出 版 人／王利民
责任编辑／李　晨

出　　版／社会科学文献出版社·政法传媒分社 (010) 59367156
　　　　　地址：北京市北三环中路甲29号院华龙大厦　邮编：100029
　　　　　网址：www.ssap.com.cn
发　　行／市场营销中心 (010) 59367081　59367083
印　　装／三河市尚艺印装有限公司
规　　格／开　本：787mm×1092mm　1/16
　　　　　印　张：18　字　数：282千字
版　　次／2021年2月第1版　2021年2月第1次印刷
书　　号／ISBN 978-7-5201-7720-7
定　　价／79.00元

本书如有印装质量问题，请与读者服务中心 (010-59367028) 联系

▲ 版权所有 翻印必究